교양으로 읽는 뉴질랜드 이야기

대단한 뉴질랜드

교양으로 읽는 뉴질랜드 이야기

대단한 뉴질랜드

윤경철 지음

Great New Zealand

푸른길

지구 상에서 가장 어린 나라, 뉴질랜드

인류는 태어난 곳에서 그대로 눌러 살아가기도 하지만 먼 곳으로 떠나 새로운 곳에 터를 잡고 살아가기도 한다. 인류의 선조들이 아프리카 동부에서 태생하여 유럽과 아시아를 거쳐 아메리카까지 가서 정착하였고, 다른 무리는 동남아시아를 거쳐 태평양 여러 섬으로 널리 퍼져 나갔다. 그들 중 일부가 뉴질랜드에 도착한 마오리들이다. 18세기 후반부터 뉴질랜드에는 유럽 인들이 정착하여 살아가며, 현재는 우리나라 사람들도 이곳까지 이주해 와서 살아가고 있다. 이처럼 뉴질랜드는 지구에서 가장 늦은 약 1000년 전부터 다른 섬이나 대륙으로부터 사람들이 모여서 이루어진 나라이다.

뉴질랜드는 웅장한 산, 깨끗한 강, 맑은 호수 그리고 싱그러운 자연림과 비옥한 목초지 등이 서로 조화를 이루며 형성된 나라이다. 실제로 뉴질랜드에 도착하여 구불구불한 시골길을 드라이브하다 보면 초록색 숲으로 덮여 있는 산과 목초지 그리고 해안의 빼어난 절경에서 눈을 뗄 수 없다. 계속 달리면 울창한 산과 원시림, 빙하 그리고 들판의 가축들까지 다양한 경치가 다가온다. 그래서 뉴질랜드는 "자연에 가장 가까운 나라", "100% 퓨어 뉴질랜드", "지구 상에서 가장 어린 나라"로 불린[   ]와 같이 뉴질랜드는 원시적 자연과 친환경 자연으로 이루어진 세계적 관광지이다.

뉴질랜드의 캐서린 셰퍼드Katherine Sheppard는 세계 최초 여성이 참정권을 행사할 수 있도록 하였다. 또한 뉴질랜드는 하루 8시간노동 제도와 사회복지 제도를 처음으로 실시한 국가이다. 특히 424만 명의 국가에서 어니스트 러더퍼드Ernest Rutherford를 포함한 3명의 노벨상 수상자를 배출한 것은 대단한 업적이다. 에드먼드 힐러리Edmund Hillary는 세계 최초로 에베레스트 산을 정복하였고, 피터 블레이크Peter Blake는 요트로 세계 일주를 기록하였다. 그 외에 여류 소설가 캐서린 맨스필드 Catherine Mansfield, 영화 「반지의 제왕」과 감독 피터 잭슨Peter Jackson, 마오리 오페라 가수 키리 테 카나와Kiri Te Kanawa 등은 뉴질랜드를 대표하는 이름들이다.

뉴질랜드라고 하면 우선 관광이 떠오르겠지만 이 책은 관광이나 여행을 위한 가이드북이 아니며, 뉴질랜드의 역사를 기록한 책도 아니다. 다만 뉴질랜드 전반에 대해 포괄적

으로, 일반인들에게 읽을 수 있도록 엮은 교양 도서이다. 이 책은 중학생 이상이라면 누구나 큰 부담 없이 읽을 수 있다고 생각된다. 독자들이 이 책을 읽고 뉴질랜드에 대해 보다 더 자세히 알게 되고 친밀감을 느낄 수 있다면 저자로서는 더없이 행복하다. 뉴질랜드는 영어와 마오리 어를 쓰는 나라이기 때문에 이해를 돕기 위하여 어쩔 수 없이 본문에 영어와 마오리 어 표기가 많음을 이해 바라며, 본문 내용 중에 극히 일부는 필자의 경험을 기록하였음도 밝힌다.

　이 책의 구성은 이 나라의 주인인 마오리 이야기를 시작으로 제임스 쿡의 도착과 식민지 시대에 있었던 이야기 그리고 뉴질랜드의 영토와 지형, 자연환경과 기후, 주거 생활, 사회 문화와 교육 등 분야별로 나누어 꾸몄다. 그리고 산업과 경제에 관한 이야기를 비롯하여 우리나라와 다른 교통 시스템, 여가 생활과 레포츠 이야기, 끝으로 우리나라와의 인연에 관한 내용으로 마무리하였다. 하지만 각 도시별로 식민지 시대에 전개되는 이야기라든가 유명한 관광지 등은 지면 부족으로 게재하지 못하여 아쉬움으로 남는다.

자료의 신빙성을 높이기 위해 가급적 뉴질랜드 정부의 기록물을 근거로 하였으나 필자의 지식 부족으로 잘못 인용한 부분이 있을 수 있다. 추후 오기가 발견된다면 수정할 계획이다. 또한 내용 중 일부는 예고 없이 변경되는 정보가 있을 수 있으므로 반드시 확인하여 인용 바란다. 끝으로 원고를 읽어 주신 원용묵 님, 김기열 님, 사진을 제공해 주신 김익현 님(미국), 김인호 님에게 감사드리며, 특히 마오리 관련 내용을 꼼꼼히 수정해 주신 마오리 교회의 허영근 목사님께 감사의 말씀을 드린다. 그리고 이 책이 발간되기까지 관심을 가져 주신 모든 분들에게 거듭 감사드리며, 어려운 여건인데도 불구하고 편집에 애써 주신 푸른길 김선기 대표님께도 감사의 말씀을 드린다.

2015년 4월, 호주 시드니에서

윤경철

| 차례 |

Chapter 5 — 만물박사가 되어야 살아남는다 | 주거 생활 |

Chapter 6 — 함께 살아가는 평등 사회 | 문화·사회 |

아오테아로아에 꽃피운
마오리 문화

뉴질랜드에 도착한 마오리들이 주장하는 고향 하와이키는 어느 지도에도 없지만 분명
한 것은 남태평양의 폴리네시아 여러 섬으로부터 도착한 것은 사실인 것 같다. 왜냐하면
마오리들의 언어와 문화가 지금의 폴리네시안과 유사하기 때문이다. 이 시기에 뉴질랜
드에 도착한 사람들을 뉴질랜드 원주민(Indigenous people)이라고 하며 그들을 마오리
(Maori) 족이라고 한다.

하얗고 긴 구름의 나라에 도착

마오리 전설에 따르면, 용감한 항해가 쿠페Kupe는 약 1000년 전 호우루아 카누Hourua Waka를 타고 조상 대대로 살던 고향 땅인 '하와이키Hawaiki'를 떠나 뉴질랜드 북섬 호키앙아Hokianga에 도착하였다고 한다.

쿠페에 관한 전설문어, 마우이, 태양신 등은 여러 가지로 전해 오지만, 그 내용이 각 부족마다 조금씩 다르며 조사나 연구를 한 학자에 따라 다르다. 그래서 전설과 신화 이야기는 가급적 생략하고, 사실에 가까운 내용만 간략하게 요약하였다. 뉴질랜드에 도착한 마오리들이 주장하는 고향 하와이키는 어느 지도에도 없지만 분명한 것은 남태평양의 폴리네시아 여러 섬으로부터 도착한 것은 사실인 것 같다. 왜냐하면 마오리들의 언어와 문화가 지금의 폴리네시안과 유사하기 때문이다. 이 시기에 뉴질랜드에 도착한 사람들을 뉴질랜드 원주민Indigenous people이라고 하며 그들을 마오리Maori 족이라고 한다. 그러므로 마오리의 고향 하와이키는 어느 한 곳의 섬이 아니고, 태평양의 여러 섬을 지칭하는 것으로 보인다. 그리고 부족마다 각자의 섬에서 각자의 방법으로 뉴질랜드에 도착하였을 것으로 추정하고 있다.

픽턴 근처 카라카 포인트에 위치한 마오리 조형물로서 아래쪽에 전설과 관련된 문어가 조각되어 있다.

폴리네시안의 이동 경로

    쿠페가 뉴질랜드에 도착한 것은 10세기경이라고 알려져 있으나, 오늘날 가장 세력이 큰 이위Iwi 족의 가문과 혈통을 거슬러 올라가 보면 대략 1250~1300년경에 뉴질랜드에 도착하였다고 한다. 장거리 항해로 지친 그들은 육지 같기도 하고 하얗고 긴 구름 같기도 한 '아오테아로아Aotearoa'에 도착한 것이다. 신천지에 도착한 그들 중 일부는 다시 그들의 땅인 하와이키로 되돌아가 좀 더 신중하게 계획을 짜서 많은 부족들과 함께 이주해 오기 시작하였는데, 이때부터 그들의 고향과 뉴질랜드를 수차례 들락거렸을 것으로 보인다. 그 후 타이누이Tainui, 테아라와Te Arawa, 마타아투아Mataatua, 쿠라하우포Kurahaupo, 토코마루Tokomaru, 아오테아Aotea, 타키티무Takitimu 등 7척의 카누Waka가 뉴질랜드에 속속 도착하였다고 한다. 대부분의 카누는 베이오브플렌티Bay of Plenty를 비롯한 북섬에 정착하였는데, 그들 중 이위Iwi 족은 오늘날 가장 큰 규모의 세력으로 성장하였다. 러셀Russell에서 영국의 깃발을 꺾은 것으로 유명한 호네헤케Hone Heke 족도 이위 족의 후손들이다.

크라이스트처치Christchurch 동쪽 약 800㎞ 떨어진 채텀Chatham 제도에 살던 원주민인 모리오리Moriori 족을 마오리 족보다 먼저 뉴질랜드 본토에 들어온 선주민으로 보는 견해도 있다. 또는 뉴질랜드 본토에 살던 마오리 족 중 일부 무리가 1500년경에 채텀 제도로 건너가서 모리오리 족이 된 것이라는 견해도 있다. 아무튼 채텀 제도에 살던 종족도 언어와 문화 면에서 폴리네시아계 종족으로 지금의 마오리와 유사한 면이 아주 많다. 본토의 마오리 족과 채텀의 모리오리 족은 수백 년간 서로의 존재를 모르고 살았지만, 19세기 후반에 바다표범을 사냥하던 마오리 족의 배가 채텀 제도에 정박한 후부터 그 존재가 알려지기 시작하였다. 모리오리 족이 처음 발견되었을 당시에는 그 수가 2000여 명이 넘었다고 하지만 마오리 족에게 정복당하여 멸족되었는데, 모리오리 족의 마지막 혈통이 1933년에 죽은 것으로 알려져 있다.

뉴질랜드에 처음 도착한 마오리들은 의외로 생활이 쉬웠을 것으로 생각된다. 왜냐하면 이곳에는 각종 새와 어류, 포유류 등 먹을 것이 많았기 때문이다. 마오리들은 동물의 뼈로 낚싯바늘을 만들고, 아마의 일종인 하라케케Harakeke로 낚시용 그물을 짰다고 하므로 고기잡이에도 능숙했을 것으로 생각된다. 또한 함정과 덫을 만들어 토착 조류인 모아 새를 비롯한 여러 새를 사냥하고, 고구마의 일종인 쿠마라Kumara를 가져와 경작하기도 하였다. 게다가 뉴질랜드 기온에 적응하기 위하여 풀로 옷감을 짜고 외투도 만들어 입었다고 한다.

마오리 족을 이끌어 가는 힘

마오리 세계에서 막강한 권력이나 영향력을 행사하는 힘을 '아키탕
아Akitanga'라고 하는데, 아키탕아는 세 가지 관점에서 보는 경향이 있
다. 즉 신God들이 가지는 힘, 가문에서 가지는 힘, 마지막으로 부족의
영토를 소유하거나 이익을 취하고 통제하는 힘 등을 일컫는다. 이들
중에서 가장 중요한 것은 역시 신들이 가지는 힘이지만, 이들 세 가지
모두를 가진 자를 마오리들은 '아리키Ariki'라고 부른다. 아리키는 '족
장 중의 족장chief of chiefs' 즉 '최고 권력자'를 지칭하는 말로서 영어로는
'패러마운트 치프Paramount chief'라고 한다. 아리키가 되면 부족 소속의
마오리들로부터 존경받음과 동시에, 부족을 리드하고 통제할 수 있어
야 한다. 이는 유럽의 귀족 계급과 같이 세습이 되는데, 뉴질랜드, 쿡
Cook 제도, 이스터Easter 섬, 토켈라우Tokelau, 투발루Tuvalu, 사모아Samoa,
하와이Hawai, 소시에테Society 제도, 타히티Tahiti, 통가Tonga 등 폴리네시
아의 여러 지역에도 이름은 다르지만 아리키 제도가 있다.

약 700~800년 전 하와이키에서 카누를 타고 올 때 카누의 선장 격
인 사람들 대부분은 뉴질랜드에 정착하면서 자연스럽게 아리키가 되
었다. 당시 타이누이라는 이름의 카누를 지휘했던 선장도 타이누이
족의 아리키가 되었는데, 이들 아리키들은 지금까지도 마오리 세계에
서 전설적인 인물로 추앙 받고 있다. 한편, 세월이 흐름에 따라 주 종
족Main Tribe에서 파생된 작은 종족들Sub-tribes이 많이 생겨나면서 각 부

족마다 누구를 아리키로 옹립해야 되는지 쉽게 결정할 수가 없게 되었다. 이것이 오늘날 마오리 사회의 큰 문제로 대두되고 있다.

아리키에서 파생된 것 중에 '카우마투아Kaumatua'와 '테 쿠이아Te Kuia'가 있다. 카우마투아는 '존경하는 어른'이라는 뜻으로, 전통 문중의 부족 또는 새로 생긴 하위 부족의 어른 중에서 덕망이 있고 지식을 겸비한 자를 일컫는다. 선정된 카우마투아는 마오리 족의 신성한 모임인 '마라에Marae'에서 스피치할 수 있으며, 마오리들은 카우마투아도 아리키처럼 강력한 힘을 가지고 자기들을 돌볼 수 있다고 생각하고 있다. 테 쿠이아Te Kuia는 전통 문중의 부족이나 하위 부족을 대표하는 여자로서 그 의미는 '나이 든 여자 어른'이다. 이들은 마라에에서 방문객들을 접대하는 등 행사 진행의 업무를 맡게 된다. 카우마투아와 테 쿠이아 같은 마오리 전통문화를 알지 못하면 마오리를 이해하기 여러울

마오리 족이 카누를 타는 모습
(자료: 뉴질랜드 관광청)

수도 있다. 그리고 대부분의 마오리들은 다른 문화권의 사람들이 마오리 문화를 일방적으로 이해해 주기를 바라고 있기도 하다.

-허영근 목사 블로그에서 발췌하여 필자가 재구성하였음

부족을 결속하는 기부 문화

원주민 마오리에게는 '코하Koha'라는 아주 독특한 전통이 있는데, 이것은 일종의 기부나 선물을 의미한다. 마오리들은 마라에 집회에 참석할 때, 은혜를 갚아야 하는 사람에게 자기 부족의 땅에서 생산된 쿠마라나 바다에서 수확한 생선 등을 주는 풍습이 있다. 하지만 현대에는 대부분 우리나라의 축의금 또는 조의금과 같은 개념의 돈으로 변질되었다. 코하는 오늘날에도 오클랜드Auckland 남부에 살고 있는 마오리 족의 문화유산으로 일부 남아 있다. 마라에에서 연설하는 사람이 모든 연설이 끝났다는 것을 간접적으로 알릴 때 코하를 잔디 위에 내려놓는다. 잠시 후 테 쿠이아 중 한 사람이 바닥의 봉투를 집어 들고 방문자들에게 코하에 대한 감사의 인사를 하게 된다. 마오리들이 코하를 잔디 위나 마라에 실내의 마룻바닥에 놓는 이유는 백인들에게 자신의 땅을 빼앗긴 데 대한 저항으로 해석하고 있다.

마라에에 참석한 마오리들은 사람 수에 관계없이 그룹별 혹은 부족별로 하나의 코하를 한다. 이는 개별적으로 코하를 할 경우, 돈이 없는 가난한 참석자들이 당황할 수 있기 때문이다. 즉 가난한 마오리들도 마음 편하게 마라에 행사에 참석할 수 있게 배려한 것이라고 볼 수 있다. 이처럼 부족 단위나 그룹별로 코하를 하는 것은 마오리 부족의

오클랜드 대학교에서 마라에 행사 때 코하하는 모습(1988)

단결력을 과시하는 것일 뿐만 아니라 '너의 기부와 나의 기부가 모든 사람을 부양한다Your contribution and my contribution will feed everyone.'라는 의미가 있다고 한다. 현재 뉴질랜드 사회에서는 코하라는 단어가 기부라는 의미와 함께 가족이나 친구들과 우정을 나누기 위해 음식, 디저트 등을 나누는 것을 뜻하기도 한다.

마오리를 선교하는 허영근마오리 이름: 하쿠나 목사님의 코하에 대한 일화를 소개하고자 한다. 어느 날 타마Tama라는 마오리 남자가 오클랜드 병원에 입원했다며 허 목사에게 직접 전화를 했다고 한다. 내용은 병문안을 오라는 것이었다. 약속을 한 후 며칠이 지났는데 다시 전화가 걸려 왔다. 자기가 곧 퇴원을 해야 하므로 더 빨리 와 주라는 것이었다. 그래서 다른 일을 제쳐 두고 병원으로 달려가 회복되기를 기도해 주며 코하를 주었더니 얼굴에 웃음꽃이 피었다고 한다. 또 다른 일화는 1998년 크리스마스 때의 일이다. 200여 명이 모여서 손을 잡고 찬양을 같이 부르는데 허영근 목사의 오른손에 무엇인가 쥐어졌다. 바로 옆에는 마오리 지도자 빌 발로우Bill Barlow가 있었는데, 그에게 "무엇이냐"고 물었더니 "나중에 보라"고 했다. 그것은 다름 아닌 10달러 지폐 한 장이었다. 원주민에게 코하를 받은 셈이다. 이렇듯 코하는 마오리를 엮어 주는 훈훈한 끈이자 중요한 문화유산이다.

-허영근 목사 블로그에서 발췌하여 필자가 재구성하였음

땅에서 만드는 마오리 전통음식

뉴질랜드에도 유럽 인이 이주하기 전 카이Kai라는 마오리 전통음식이 있었다고 한다. 마오리들은 고구마, 토란 등을 심어 수확하고 저장하는 방법을 알고 있었으며, 들판에서 양치식물, 야자수, 딸기 등 과일을 구해 섭취하였다고 한다. 또한 폴리네시안 쥐Kiora와 폴리네시안 개Kuri와 같은 동물성 식품과 물개, 고래 등을 잡을 수 있는 기술도 가지고 있었다. 특히 해안가에서 쉽게 채취할 수 있는 조개류와 갑각류 등을 자주 섭취한 것으로 알려져 있다. 이렇게 자연에서 구한 식재료를 생으로 먹거나 조리하여 야생 허브와 함께 먹었다고 한다. 그 후 유럽 이주민이 정착하여 감자, 호박, 밀, 설탕 등 새로운 식재료가 도입되면서 마오리 음식은 서양 음식에 뒤섞여 구분할 수 없을 정도가 되었다. 하지만 마오리 음식 중 특이한 조리 방법으로 오늘날까지 그 전통이 이어져 오고 있는 것이 있다. 바로 '지열'로 쪄 먹는 '항이Hangi'라는 음식인데 이것은 아무 데서나 맛볼 수 없다. 왜냐하면 항이를 만드는 과정이 너무나 복잡하여 일반 식당이나 가정집의 부엌에서 조리해 먹을 수 없기 때문이다.

항이를 요즈음 말로 하면 가스 오븐Gas Oven 혹은 전기 오븐Electric

Oven이라는 의미이다. 이 음식을 만들려면 절차가 좀 복잡한데, 먼저 먹을 사람의 수를 파악해야 한다. 그래야만 그에 맞는 크기의 구덩이 Unu를 파고 재료 등을 준비할 수 있기 때문이다. 그런 다음 구덩이 옆에서 불을 피우고 돌Hangi stone을 달군다. 돌은 구덩이 바닥 전체에 깔수 있을 정도로 여유 있게 준비해야 한다. 돌이 아주 뜨거워지면 구덩이 바닥에 깔고, 그 위에 나뭇잎 또는 호일에 싼 음식을 올려 놓고, 나뭇잎과 축축한 천으로 덮는다. 그리고 수증기를 만들어 내기 위하여 그 위에 물을 뿌리고 수증기가 빠져나가지 못하도록 흙으로 덮는다. 음식이 충분히 익는 데 약 4시간이 필요하다. 우리나라의 찜통에서 음식을 쪄 내는 것이라고 생각하면 된다. 꺼낼 때는 흙이나 먼지가 들어가지 않도록 조심해야 한다.

옛날 마오리들은 항이 음식이 신에게 올려진다고 믿었으며, 현대에

마나카우 시의회 직원들이 야유회에서 항이를 만드는 모습(1965)
(자료: 뉴질랜드 정부 백과사전)

는 종종 마라에서 특별한 행사가 있을 때 항이를 만든다. 뉴질랜드에 살고 있는 백인들도 항이 음식을 먹어 보지 못한 사람들이 있을 정도로 맛보기 어려운 음식이다. 로토루아 주택가에는 뜨거운 열기가 나오는 지열 지대가 많이 널려 있다. 집집마다 이곳에 스테인리스로 된 찜통을 만들어 놓고 사시사철 음식을 익혀 먹는다고 한다. 이것은 비록 고전적인 방법은 아니지만 진보된 항이 조리법이라고 생각된다. 또한 로토루아 지역의 특급 호텔에서는 관광객들에게 매일 저녁에 항이 요리를 제공한다. 이때 나오는 항이 음식은 전통적인 방법으로 조리한 것은 아니다. 다만 관광객을 위하여 호텔에서 현대적인 방법으로 조리한다고 한다.

코와 코를 맞대는 인사법

외국을 여행하며 각 나라의 사람들과 인사를 나누어 보면 나라마다 인사법이 약간씩 다르다. 이곳 마오리들도 세계인의 공통 인사인 악수를 한다. 그리고 "키아오라Kia Ora"라고 말을 하는데 이것은 우리나라의 "안녕하십니까?"라는 의미이지만 감사할 때도 "키아오라", 상대방의 말에 동의할 때도 "키아오라"라고 말한다. 따라서 이 말은 언제 어디서 그리고 어느 상황에서든지 마오리들이 제일 먼저 하는 인사말로서 마오리와 함께해 온 마오리의 역사나 마찬가지이다. 만약 마오리를 만났을 때 먼저 "키아오라"라는 말로 인사를 건넨다면, 그들의 눈동자는 동그래지고 입가에는 잔잔한 미소를 띠게 될 것이다. 그러므로 "키아오라"는 '홍이Hongi'를 하기 전에 서로의 감정을 느낄 수 있

허영근 목사(좌)와 마오리(우)의 홍이
(자료: 허영근)

는 중요한 인사말이다.

악수와 키아오라는 격식이 없는 편한 상태에서 상대를 아는 척해 주는 인사이지만, 홍이는 그보다 좀 더 격식이 있는 상황에서 건네는 전통적인 인사법이라고 할 수 있다. 홍이는 서로의 눈을 마주치며 코와 코를 맞대는 인사법으로, 서양인들이 볼과 볼을 맞대는 인사법과 비슷하다고 볼 수 있다. 코와 코를 맞대는 것은 삶의 번영을 의미하며, 두 사람의 호흡이 서로 섞여서 둘이 하나가 되는 상징성을 띠기도 한다. 홍이를 할 때 두 사람의 이마가 부딪힐 수 있지만, 불편해하거나 어려워할 필요가 없다. 이것은 두 사람의 사고와 감정을 함께 나누는 것을 의미한다고 한다. 홍이는 교회, 교도소, 마라에, 병원, 학교, 결혼식장, 그리고 장례식장 등 장소에 관계없이 행할 수 있으며, 주로 남자들끼리 하는 인사법이다.

보통 남성과 여성은 서로의 볼에 가벼운 입맞춤으로 인사하기도 하지만, 요즈음에는 남성과 여성, 여성과 여성 사이에도 코와 코를 맞대는 홍이를 하는 경우도 많다. 만약 마오리를 만난다면 악수를 하고 "키아오라"라고 말하면서 약 3초 동안 코와 코를 맞대는 홍이를 해 보자. 마오리는 분명 엄지손가락을 치켜세울 것이다. 어떤 때는 2~3번 코를 갖다 대는 경우가 있는데, 고의가 아니라면 2번 코를 맞대는 것은 자신들의 조상을 생각한다는 것이고, 3번 맞대는 것은 이 땅에서 진실된 삶을 살기 원한다는 의미라고 한다. 인정이 많고 마음이 따뜻한 마오리의 홍이 인사법은 모든 사람들에게 진정한 마음을 전달하는 인사이다.

마오리의 말과 글

자동차를 타고 뉴질랜드를 여행하다 보면 안내판에 마오리 어로 환영한다는 의미인 'Haere Mai하에레 마이'라고 쓰여 있는 것을 자주 볼 수 있다. 또한 관공서나 TV의 뉴스 시간에는 마오리 어로 "키아오라"라고 인사말을 한다. 이처럼 뉴질랜드에서는 마오리 어가 일상생활에서 많이 쓰이고 있다. 전복은 영어로 '애버로우니abalone' 또는 '이어셸ear shell'이라고 하지만 뉴질랜드에서는 백인이라도 마오리 말인 '파우아paua'라고 한다. 파우아라는 단어 하나가 그리 대단한 것은 아니지만 이 땅의 주인이 마오리라는 사실을 무언중에 인정하는 것이다. 마오리 언어Te reo Maori는 폴리네시아 방언의 일종으로 인도네시아 언어, 멜라네시아 언어, 마이크로네시아 언어와 더불어 말레이-폴리네시아 언어로 알려져 있으므로 언어학적인 측면에서는 아시아에 그 뿌리를 두고 있다. 마오리 언어는 비교적 거리가 가까운 타히티와 쿡 제도의

어린이들에게 마오리 어를 가르치는 모습(1991)
(자료: 뉴질랜드 정부 백과사전)

언어와는 동질성을 보이지만, 사모아, 니우에, 통가를 포함한 하와이, 마르키즈 제도의 언어와는 다르다.

1977년에 마오리 어가 공식 언어로 지정되고, 1980년대에는 마오리 언어 위원회The Maori Language Commission가 태동하였다. 1982년에는 미취학 아이들을 대상으로 마오리 어를 가르치는 코항아레오Kohanga Reo가 뉴질랜드 전 지역에 세워졌다. 1987년 마오리 언어법Maori Language Act 이 제정된 이후 점점 많이 사용되기 시작하였으며, 요즈음은 마오리 족의 문화 행사나 공식 행사에서 대부분 마오리 어가 사용되고 있다. 1996년 마오리 라디오 방송인 루이아마이Ruia Mai가 방송을 시작했고, 2003년 5월에는 마오리 텔레비전 방송Maori Television Service이 설립되어 2004년 3월부터 방송을 시작하였다. 현재 대부분의 마오리들은 영어를 잘하지만, 반면 마오리 어로 의사소통을 완벽히 할 수 있는 사람은 안타깝게도 4분의 1 정도뿐이라고 한다. 하지만 최근에는 마오리 어를 배우려는 백인계 뉴질랜드 인Pakeha들이 점점 늘고 있는 추세이다.

마오리는 원래 말은 있었으나 글문자이 없었다고 한다. 1826년 베이오브아일랜즈Bay of Islands에 도착한 선교사 윌리엄William Williams, 1800~1878 주교가 1844년 파이히아Paihia의 미션센터에서 마오리 글과 문법을 정리하여 사전으로 인쇄한 것이 마오리 문자의 기원이다. 음운 구조는 간단하여, 8개의 자음p, t, k, h, w, r, m, n과 5개의 모음a, e, i, o, u 그리고 복합음 2개ng, wh 등 모두 15글자로 이루어져 있다. 영어 알파벳 26자 가운데 13자를 사용하여 마오리 알파벳 15개를 만든 것이다. 모음 5개는 [a]아, [e]에, [i]이, [o]오, [u]우로 발음하고, 묵음인 wh는 보통 [f]로 발음하고, ng는 [ŋ]응으로 발음되지만 남섬에서는 가끔 [k]로 발음하기도 한다. 표음문자表音文字인 마오리 어 각 문자는 각각 단 하나의 발음을 가지고 있으며, 문법 구조도 간단하여 영어의 연계동사나 관사가 없으며, 별도의 발음기호도 없다. 또한 S 소리나 Y 소리를 낼 수 없고, 단어 내의 모든 음절이 발음되며 모든 단어는 모음으로 끝난다. 마오리 모음 다섯 개의 발음 '아, 에, 이, 오, 우'는 한때 우리나라에서 얼굴의 팔자 주름을 펴는 데 도움이 된다고 유행한 일도 있었다.

마오리 지명의 의미를 몇 가지 소개해 보자. 관광 도시인 로토루아 Rotorua는 호수라는 의미의 로토roto와, 둘2이라는 뜻의 루아rua가 합쳐진 말로서 '두 번째 호수'라는 의미다. 그리고 오클랜드 북쪽의 타카푸나Takapuna라는 지명은 집회라는 의미의 타카taka와 샘泉이라는 뜻의 푸나puna의 합성어인데, 마오리 부족인 타이누이Tainui 족이 집회 중에 샘에 모여서 물을 마신 데서 유래된 이름이라고 한다. 온천인 와이웨라

Waiwera는 물이라는 뜻의 와이wai와 뜨거움을 뜻하는 웨라wera의 합성어로 이루어진 것이다. 이 밖에도 푸케코헤Pukekohe는 언덕을 뜻하는 푸케puke와 코헤코헤kohekohe라는 나무의 이름이 합쳐진 것인데, 코헤코헤 나무가 자라는 언덕이라고 한다.

뉴질랜드의 5대 도시인 오클랜드, 웰링턴, 크라이스트처치, 해밀턴, 더니든은 마오리 이름이 아니라 모두 영어 이름으로 고착되어 있다.

 가장 긴 단어

뉴질랜드 마오리 지명 중에 기네스북에 이름이 가장 긴 언덕(305m)으로 기록된 곳이 있다. 알파벳 85자(한국어 45자)로 된 호크스베이(Hawke's Bay)의 언덕이 바로 그것인데, 이곳은 북섬 중동부의 헤이스팅스에서 남쪽으로 20㎞ 정도 내려가면 위치하고 있다. 이 언덕의 이름은 마오리 알파벳으로 'Taumata whakatangi hanga koauau o tamatea turi pukakapiki maunga horo nuku pokai whenua kitanatahu'이다. 한국어로는 '타우마타 화카탕이 항아 코아우아우 오 타마테아 투리 푸카카피키 마웅아 호로 누쿠 포카이 휘누아 키타나타후'로 읽는데, 이 의미는 '산을 정복하는 큰 다리를 가진 사람(산의 정복자)', '사랑하는 사람을 그리워하며 코 피리를 부는 장소' 등 여러 가지라고 한다.

이 도시들도 원래는 마오리 이름이 있었는데, 오클랜드는 아카라나 Ākarana, Tamaki-Makau-rau, 웰링턴은 포네케Pōneke, Te Upoko-o-te Ika, 크라이스트처치는 오타우타히Ōtautahi, 해밀턴은 키리키리로아Kirikiriroa, 더니든은 오테포티Ōtepoti, Otakou 등이다. 백인들이 들어오면서 영어 지명을 붙이고 부른 것이 오늘날까지 이어져 오고 있다.

마오리 글은 한국 사람에게는 아주 읽기 편한 글이다. 영어처럼 발음기호도 필요 없고 영어 알파벳을 소리 나는 대로 읽으면 되기 때문이다. 예를 들어, 마오리 글을 모르는 사람이 아오테아로아를 영문자로 표기한다면 A아오오te테아아ro로a아가 되는데 이를 그대로 합성하면 'Aotearoa'가 되는 것이다. 우리나라에서 '연가'로 알려진 마오리 노래 포카레카레 아나Pokarekare Ana도 소리 나는 그대로 읽으면 된다. 또 'Takapuna'라는 지명도 어떻게 읽으면 될 것인가 고민할 필요가 없다. 그냥 소리 나는 대로 타Ta카ka푸pu나na이고 이를 합성하여 '타카푸나'라고 읽으면 된다.

마오리의 인구변화

1769년 제임스 쿡이 이 땅에 처음 도착했을 때 마오리 인구는 어림잡아 8만~10만 명 정도로 추정되었다. 이후부터 인구가 계속 늘어나는 것이 보통이지만 약 100년이 지난 1840~1860년 사이에는 오히려 줄어들어 6만~7만 명 정도 되었다. 유럽 인들에 의해 전염된 홍역, 인플루엔자, 결핵 등 새로운 질병과 1843년부터 발생한 여러 차례의 토지 수탈 전쟁으로 인하여 마오리 인구가 급격히 줄어들었던 것이다.

점차적으로 전염병에 대한 면역도 생기고 1872년경에는 전쟁도 끝나면서 매년 감소율이 조금씩 줄어들긴 하였으나, 출생률이 따라가지 못하여 1896년에는 약 4만 2000명까지 감소하였다. 이후 인구가 조금씩 증가하여 20년 후인 1916년에는 5만 3000명으로 늘어났고, 1936년에는 8만 2000명으로 40년 만에 2배로 불어났다. 1956년에 13만 7000명, 1976년에 27만 6000명, 1986년에 40만 5000명, 1996년에 52만 5000명으로 계속 늘어났다. 2001년에는 52만 6281명, 2006년에는 56만 5326명, 2013년에는 59만 8605명남 28만 8639명, 여 30만 9966명으로 늘어나서 지금은 뉴질랜드 전체 인구424만 2048명에 대비 14.11%이다.

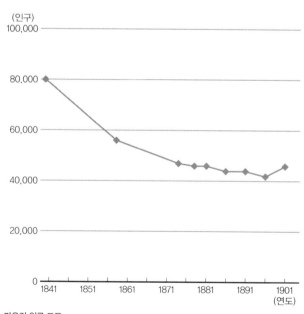

마오리 인구 도표
(자료: 뉴질랜드 정부 백과사전)

1961년에 발표된 인구 총조사에 따르면 유럽 출신의 백인이 92%
로 국민의 대다수를 차지하고, 마오리를 비롯한 다른 종족은 불과 8%
에 그쳤다. 1986년에는 마오리 인구가 급신장하여 전체인구 대비 약
13%로 늘어났고 2013년에는 약 14%가 되었다. 인구학자들은 2021년
부터 아시아 출신 인구도 대폭 늘어날 것으로 예측하고 있는데, 마오
리 인구에 육박할 것으로 전망하고 있다. 마오리들의 연령별 인구 구
성 비율을 보면 1년에 약 7만 명이 태어나서 14세까지 약 6%가 줄어
들고, 19세까지 약 20%가 줄어드는 것으로 나타났다. 물론 섬나라를
비롯한 다른 나라로 떠난 마오리도 있겠지만 대체적으로 10명이 태어

2013년 연령별 마오리 인구

연령	남자	여자	합계
0~4	36,417	34,653	71,070
5~9	34,404	32,739	67,146
10~14	32,892	31,209	64,101
15~19	29,709	28,911	58,620
20~24	22,917	25,464	48,381
25~29	16,692	20,385	37,077
30~34	15,453	18,864	34,317
35~39	16,182	19,521	35,703
40~44	17,316	20,526	37,842
45~49	16,329	18,624	34,953
50~54	15,204	17,721	32,925
55~59	11,634	13,449	25,083
60~64	9,021	10,179	19,200
65~69	6,084	6,876	12,960
70~74	4,302	4,929	9,231
75~79	2,424	3,102	5,526
80~84	1,167	1,812	2,979
85세 이상	495	996	1,491
합계	288,639	309,966	598,605

자료: 뉴질랜드 통계청

나면, 20세가 되는 해까지 2명이 줄어든다. 경제활동이 활발한 청장년인 25세부터 54세까지는 태어난 인구 기준으로 약 2분의 1이 줄어드는 셈이다.

마오리 왕 운동과 마오리 왕

1840년 와이탕이 조약 체결 후 1850년대부터 서서히 마오리 왕에 대한 필요성이 태동하기 시작하였다. 특히 북섬 중부 지방의 마오리 부족 사이에서 마오리 왕의 옹립에 관한 움직임이 있었는데, 이는 유럽 인들이 뉴질랜드에 정착하기 시작하면서 마오리들이 자신의 영토와 문화를 보호하기 위한 자구책의 일환으로 시작되었다. 또한 식민지 정부의 토지 정책에 반대하고 마오리 족의 결속을 강화할 목적으로 '마오리 왕 운동Maori King Movement'이 본격적으로 일어났다. 북섬의 와이카토 지역에 살던 몇몇 부족이 뜻을 같이하여 1857년 테 훼로훼로Te Wherowhero를 왕으로 옹립하기 시작하였다.

마오리 왕을 옹립하고자 하는 마오리들은 자신들의 영토를 유지하고 영토를 둘러싼 부족 간의 유혈 충돌을 막기 위해 국가평의회, 사법 체계, 경찰 조직 등도 만들었다. 전국의 마오리 족 모두가 왕을 인정한 것은 아니었지만 대다수가 이러한 '왕 운동'에 참여해 스스로 땅을 팔지 않겠다는 결의도 하였다. 타라나키Taranaki 지역에서 일어난 제1차 타라나키 전쟁1860~1861 때에는 마오리 왕 운동을 지지한 마오리들 중 과격 주의자들만이 전투에 가담했지만, 1863년부터는 이 운동에 참여한 모든 마오리들이 참여하였다. 1865년 전투에서 패배한 뒤 마

마오리의 2대 왕

오리 왕 운동의 지지자들은 마오리 왕 지배 지역으로 일단 피신했지만, 전쟁에 패한 여파로 1881년경부터 많은 마오리 땅들이 식민지 정부로 넘어가고 말았다.

한편 마오리 왕 옹립에 관한 문제 때문에 마오리들은 영국 정부 그리고 뉴질랜드 총독부와 불편한 관계였지만, 초대 마오리 왕으로 테훼로훼로Te Wherowhero, 재위 1858~1860가 취임하였다. 그 후 2대는 타히아오Tāwhiao, 재위 1860~1894, 3대는 마후타 타히아오Mahuta Tāwhiao, 재위 1894~1912, 4대는 테 라타 마후타Te Rata Mahuta, 재위 1912~1933, 5대는 코로키 마후타Koroki Mahuta, 재위 1933~1966, 6대는 테 아타이랑이카아후Te Atai-rangikaahu, 재위 1966~2006, 7대는 투헤이티아 파키Tuheitia Paki, 재위 2007~현재까지 이어졌다. 그러므로 뉴질랜드에는 상징적이지만 영국 여왕을 필두로 영국의 총독이 파견되어 있고, 뉴질랜드의 수상과 마오리 왕 등 수반이 4명이나 있다. 하지만 수상 이외에는 전혀 정치에 관여하지 않는다.

7인의 마오리 왕 중에 제6대 테 아타이랑이카아후는 여왕이었다. 그녀는 즉위하기 전 화투모아나 파키Whatumoana Paki라는 평범한 농부의 아내였으나, 1966년에 부왕이었던 코로키Koroki 왕이 서거하자 당시 35세의 젊은 나이로 왕위를 물려받아 40년 동안 자리를 지켰다. 여왕은 재임 중 엘리자베스 여왕의 방문을 받았고, 만델라 대통령, 헬렌 클라크 총리도 만났다. 여왕은 7명의 자녀와 25명의 손자들을 두었는데, 여왕의 장남인 투헤이티아1995생가 어머니의 뒤를 이어 제7대 왕으로 권좌에 올랐다. 투헤이티아 왕은 2006년 8월 21일 어머니이자 선왕인 테 아타이랑이카아후의 장례식 때 지명된 후 2007년 11월 27일에 정식으로 취임하였다.

위기에 노출된 마오리

유럽 인들이 도착하기 전에 마오리들은 술과 담배 같은 흥분제를 접해 보지 않은 몇 안 되는 국가에 살고 있었다. 하지만 그 후 유럽 인들에 의해 술, 담배 등을 접하게 되면서 육체는 물론 정신건강에도 많은 피해를 입기 시작하였다. 특히 유럽의 독한 술을 맛본 마오리들은 서서히 술에 빠져들었다. 이에 정부에서는 1850년대부터 일부 지역에서 주류 판매를 금지하였다. 하지만 1890년대에 이르러서도 마오리들의 음주 습관은 줄어들기는커녕 오히려 유럽 인들과 비슷한 수준까지 도달하였다. 1948년경부터는 마오리들이 점점 더 도시로 이주한 관계로 마오리에게 더 이상 술을 통제할 수 없게 되었다.

마오리 여성들의 흡연도 사회적으로 큰 문제가 되고 있다. 특히 임

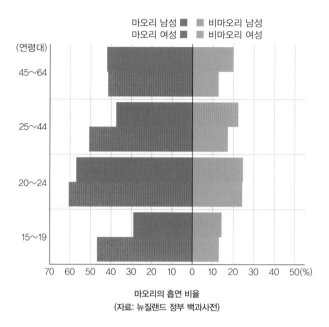

마오리 남성 ■ 비마오리 남성
마오리 여성 ■ 비마오리 여성

마오리의 흡연 비율
(자료: 뉴질랜드 정부 백과사전)

신 중인 마오리 여성들이 담배를 많이 피우기 때문에 한때는 태아 사망률이 세계 2위였다고 한다. 마오리건강협회Te Hotu Manawa Maori에 따르면 마오리 여성 중 약 50%가 흡연자이며, 흡연 여성들 중 80%가 임신 중에 담배를 피운 적이 있다고 한다. 마오리건강협회는 언론을 통해 흡연이 산모와 태아에게 얼마나 해로운지 알리고 있지만 젊은 마오리 여성들의 흡연율은 점점 더 증가하고 있다. 이러한 흡연 습성은 유럽의 포경 선원을 통해 19세기 초반부터 시작되었다고 한다.

마오리 남성들의 마약 중독도 그 폐해가 크다. 마약에 취하면 정신적·신체적으로 어떤 욕구가 생기기도 하지만, 스스로 마음을 조절할 수 없게 된다. 한마디로 제정신이 아닌 것이다. 제2차 세계대전이 끝난 후부터 도시로 이사를 온 마오리들은 술뿐만 아니라 마약에도 많이 노출되었다. 특히 1970년부터는 마리화나를 사용하는 젊은 마오리들이 점점 늘어나서 지금은 일반화되었다. 2000년대에는 16세에서 64세의 마오리 중 64.6%가 아무 목적도 없이 삶의 일부분으로 생각하고 마약류를 사용했다고 한다. 마약을 줄이기 위하여 정부에서 많은 노력을 기울이고 있지만, 쉽지만은 않다.

한편, 1985년 이후 마오리의 자살률이 계속 증가하고 있다. 다른 부족의 자살률은 인구 10만 명당 9.9명인 반면, 마오리는 인구 10만 명당 16.1명이 자살한 것으로 밝혀졌다. 성별로는 남자의 자살률이 여자보다 3.6배가 더 높은 것으로 나타났으며, 연령대로는 한창 사회 활동을 하는 나이인 35~39세가 가장 높은 것으로 밝혀졌다. 아무튼 지금도 담배와 술 그리고 마약과 자살 등은 마오리들을 자유롭지 못하게 하고 있다.

마오리들의 성격은 대체로 여유와 나태함이 있다. 이런 성격이 그들을 게으르고 무지하게 만들기도 한다. 그뿐만 아니라 정부에서 나오는 각종 수당도 그들을 무기력하게 하고 우울증에 빠지게 한다. 게다가 이것들은 높은 실업률, 상대적인 빈곤, 범죄 연루, 깡패Gang 조직 등으로 이어진다. 대체로 마오리들은 매우 단순하기 때문에, 미래에 대한 인생 설계를 세우는 등 골치 아픈 일보다는 현실을 즐기는 성격이다.

마오리들의 가슴 저 밑에 깊은 상처가 하나 있다. 자기들끼리 살아가던 이 땅에서, 백인들에게 주인의 자리를 빼앗기고 변두리로 밀려난 아픔과 상처가 치유되기 힘든 고질병으로 깊숙이 잠재되어 있는 것이다. 이방인들은 마오리의 이런 내면을 이해하지 못할 것이다. 지구 상에 존재하는 약 60만 명의 마오리들은 아프리카의 원주민, 남북미의 인디언, 호주의 애버리진Aborigine과 더불어 중요한 인종으로 분류된다. 선진국인 뉴질랜드에 살면서 정부로부터 각종 수당을 받으며, 모든 문화의 혜택을 누리고 있지만 그들의 가슴 내면에는 나라를 빼앗긴 응어리가 남아 있다. 그들의 한을 누가 씻어 줄 것인지 고민도 해 보지만 해답은 아무도 해 줄 수 없다는 것이다.

신분을 상징하는 마오리의 문신

뉴질랜드에서 길을 가다 보면 얼굴과 몸에 문신Ta Moko을 한 마오리들을 자주 볼 수 있는데, 이는 지난 수백 년 전부터 이어져 온 하나의 풍습이다. 마오리의 문신은 그들의 정체성, 계급, 족보, 부족의 역사, 결혼을 하기 위한 자격, 아름다움의 표시일 뿐만 아니라 상대방에게 위협감을 주는 의미도 내포되어 있다. 이러한 문신은 사모아 인이나 통가 인 등 남태평양의 다른 섬나라 사람들에게도 널리 유행하고 있다. 간혹 덩치가 크고 문신을 한 마오리와 홍이를 한다면 일순간 불편함이 엄습해 오기도 하지만, 그들은 착하고 순한 마음을 가진 사람들이므로 두려운 마음을 가질 필요는 없다.

마오리의 문신

문신을 새기는 일은 그리 간단하지가 않다. 조각용 끌과 비슷한 도구로 표피에 글자나 그림을 새기는데, 그 형태와 모양은 굉장히 다양하다. 신체의 모든 부분에 문신을 새기기도 하지만 보통은 얼굴에 많이 하는 편이다. 초기에는 얼굴 전체에 문신을 하였지만, 최근 들어 부정적인 인상이 강하다는 여론 때문에 얼굴의 일부분에만 하는 경우가 더 많다. 일반적으로 안면 왼쪽의 문신은 아버지 쪽, 그리고 오른쪽은 어머니 쪽의 계보를 나타낸다고 한다. 마오리 여자들은 자신의 아름다움을 표현하기 위하여 입술과 뺨 주위, 코의 밑 부분과 어깨에 장미 등을 새긴다. 또한 입술 전체를 파랗게 문신하는 경우도 있는데, 이것은 마오리 여성의 아름다움을 나타내는 것이라고 한다.

전통적으로 문신은 신분을 나타내기도 했는데, 예전에는 높은 계급을 가진 자, 즉 족장들이나 무사들만이 문신을 할 수 있었다고 한다. 또한 마오리들은 글이 없었기 때문에 족장들은 땅을 승인하는 서류에 서명하는 대신 그들의 얼굴에 어떤 표시로 문신을 새겼다고 한다. 많은 세월이 흐르고 사회의 구조가 바뀜에 따라 문신도 많이 변형되었고, 집안의 내력에 따라 여러 모양으로 바뀌게 되었다. 하지만 문신은 과거에도, 현재에도, 미래에도 마오리가 이 땅에 살고 있는 이상 계속될 것으로 믿는다.

사랑과 슬픔을 노래하는 마오리 아리랑

우리나라 사람들에게 '포카레카레 아나Pokarekare Ana'가 무슨 노래인지 물어보면 아마도 대부분은 잘 모를 것이다. 하지만 뉴질랜드 민요 혹은 하와이 민요라고 하면 어느 정도 아는 사람도 있을 것이며, "비바람이 치던 바다 잔잔해져 오면…"이라는 가사를 불러 주면 아마도 거의 다 알 것이다. 이 노래는 우리나라의 아리랑처럼 마오리들이 가장 편하게 많이 부르는 노래로, 한국전쟁에 참전한 뉴질랜드 군인들에 의해 우리나라에 전해졌다고 한다. 그 후 여러 경로를 통해 구전되어 오다가 가수 이명원이 "비바람이 치던 바다 잔잔해져 오면…"이라는 가사로 개사하였고, 우리나라 최초의 혼성 듀엣인 '바블껌이규대, 조연구'이 이 노래를 불렀다. 그 후 1970~1980년대에 많은 인기를 끌어 은희, 박인희, 윤형주, 쉐그린 등 많은 가수들이 원곡으로 부르거나 리메이크하여 불렀다. 또한 이 노래는 2000년 밀레니엄을 맞이하여 1999년 12월 31일 뉴질랜드 기즈번에서 열린 해맞이 기념 행사의 일환으로 뉴질랜드 심포니오케스트라와 오페라 가수 키리 테 카나와Kiri Te Kanawa가 함께 공연하여 더욱 유명해졌다.

로토루아 호숫가의 모코이아 섬의 모습
[자료: 테파파통아레와 국립박물관(Museum of New Zealand Te Papa Tongarewa)]

노래의 줄거리는 마오리 연인의 애절한 사랑 이야기이다. 그 배경은 로토루아 호수 가운데에 있는 모코이아Mokoia 섬인데, 이 섬에는 테아라와 이위Te Arawa iwi 부족이 살고 있었다고 한다. 어느 날 호숫가에서 부족 대표들의 회의가 열렸는데, 이 회의에 참석한 섬 총각 투타네카이Tutanekai와 호숫가의 아가씨 히네모아Hinemoa가 서로 눈이 맞았다. 하지만 두 부족은 평소에도 사이가 좋지 않아서 자유롭게 만날 수 없었다고 한다. 호숫가의 부족장인 히네모아의 아버지 우무카리아Umu-karia도 투타네카이와의 결혼을 반대하였다. 하지만 사랑에 빠진 투타네카이는 밤마다 섬에서 피리를 불었고, 이 피리 소리를 들은 히네모아는 3.2㎞의 호수를 건너가 사랑을 나누었다고 한다. 그 후 두 사람

 포카레카레 아나(1절)

연가(한국어로 개사)
비바람이 치던 바다 잔잔해져 오면, 오늘 그대 오시려나 저 바다 건너서
저 하늘에 반짝이는 별빛도 아름답지만, 사랑스런 그대 눈은 더욱 아름다워라
그대만을 기다리리, 내 사랑 영원히 기다리리
그대만을 기다리리, 내 사랑 영원히 기다리리

Pokarekare Ana(마오리 어)
Pokarekare Ana Nga wai o Waiapu(포카레카레 아나 나 와이 오 와이아푸)
Whiti atu koe E hine Marino ana e(휘티 아투 코에 에 히네 마리노 아나 에)
E hine e Hoki mai ra(에 히네 에 호키 마이 라)
Ka mate ahau I Te aroha e(카 마테 아하우 이 테 아로하 에)

와이아푸의 바다엔 폭풍이 불고 있지만
그대가 건너갈 때면 그 바다는 잠잠해질 겁니다
그대여, 내게로 다시 돌아오세요
너무나도 그대를 사랑하고 있어요.(이하 2절, 3절은 생략)

의 사랑이 이루어지게 되고 적대 관계에 있던 두 부족은 서로 화친하였다는 마오리판 로미오와 줄리엣 이야기이다. 이 전설은 뉴질랜드에서 여러 차례 영화화되었으며, 지금 모코이아 섬은 문화와 역사가 가득담긴 곳으로 멸종 위기에 처한 야생동물의 안식처로 이용된다.

'포카레카레 아나'는 모두 3절까지 있다. 이 노래는 어느 곳에서 부르든지 관계없지만, 주로 슬픈 일이 있을 때나 작별의 시간에 많이 부른다고 한다. 또 장소에 따라 혹은 모임의 성격에 따라 몇 절을 부르는 것이 좋을지 선택해서 부르며, 노래의 가사처럼 사랑하는 젊은 남녀들이 많이 애창하는 편이다. 이 노래는 오래전부터 마오리 족의 민요로 구전되어 오다가, 1914년 마오리 투모운Paraire Henare Tomoan, 1868?~1946에 의해 편곡되어 포카레카레 아나라는 노래로 재탄생되었다. 그 후 1917년 제1차 세계대전 이후부터 많이 알려졌으며, 마오리족 출신의 뉴질랜드 국민가수 키리 테 카나와가 부르면서 전 세계적으로 많이 홍보되었다. 최근 들어 팝페라 가수인 헤일리 웨스튼라Hayley Westenra, 1987~의 청아한 목소리로 더욱 인기를 끌고 있다.

춤과 노래는 마오리의 생활이다

뉴질랜드 땅에 처음 도착한 마오리 부족 간에도 여러 가지 이유로 많은 전쟁이 치러졌을 것으로 생각한다. 당시 각 부족의 전사들은 서로에게 좀 더 강하고 용맹스럽게 보일 필요가 있었고, 이것이 춤으로 발전하여 하카Haka가 되었다고 한다. 즉 일종의 군무軍舞인 셈인데, 초기에는 부족 간에 선전포고를 하고 하카 대결을 한 뒤 전쟁을 치렀다고 한다. 하카는 손바닥으로 팔의 바깥쪽과 허벅지를 강하게 내리치면서 눈을 부릅뜨고 혀를 길게 내밀며 "카마테Ka mate, 죽이다"라고 외치며 상대를 겁주는 행동을 하는 것이다. 이때 전원이 동일한 함성과 동작을 취한다.

뉴질랜드를 대표하는 전통 춤이자 문화유산으로 자리 잡은 하카는 열정, 힘, 그리고 마오리의 정체성을 드러내는 것으로서 하카를 얼마나 잘하느냐에 따라 부족의 명성이 달려 있다. 오늘날은 학교나 각 단체에서도 하카를 가르칠 정도로 일반화되었으며, 매년 하카 경연대회가 열리기도 한다. 지금은 전쟁의 개념에서 벗어나 방문자들을 위한 환영과 여흥을 위한 프로그램으로 이용되고 있다. 하카가 없는 마오리는 있을 수 없다. 백인들에게 주인의 자리를 빼앗겼지만 마오리들은 아직도 이 나라의 주인임을 알리며 하카를 통해 포효하고 있다.

짧은 막대기를 이용하여 춤을 추는 스틱댄스Stick Dance는 민첩한 몸놀림과 빠른 손놀림으로 스틱을 주고받으며 남녀가 함께 하는 춤이다. 여자들만의 춤인 포이댄스Poi Dance는 줄에 매단 공을 손으로 굴리며 낭랑한 목소리로 노래 부르며 추는 춤이다. 스틱댄스와 포이댄스도 하카와 더불어 마오리의 민속춤으로 많이 알려졌지만 하카만큼 움직임이 크지 않으며, 인기도 덜하다. 율동에 맞춰 통일된 모습으로 추는 이 춤들은 폴리네시아 원주민들의 춤과 비슷하다. 포이댄스는 마오리 전사들이 무기를 사용하기 전에 손목의 유연성을 기르기 위해 시작되었다는 설도 있지만, 지금은 마오리 여자들의 전통 춤으로 발전되었다.

원주민 마오리들은 노래waiata도 즐긴다. 마오리의 노래는 여러 분야로 나뉘는데, 한 맺힌 구슬픈 노래lament songs, 서사시의 노래epic songs, 자장가hullabies songs, 사랑의 노래love songs 등 다양한 장르의 노래가 있다. 특히 마오리는 어떤 장소라도 춤을 추고 노래를 부른다. 마오리들은 본질적으로 음악성이 타고난 것으로 생각되는데, 대부분의 마오리들이 기타를 칠 줄 알며 노래를 부를 때 기타 반주를 즐긴다. 한편 마오리 오페라 가수 키리 테 카나와의 '마오리 송' 앨범에 담긴 대부분의

 민속 공연

한국 관광객이 뉴질랜드에 가서 꼭 들리는 로토루아에는 매일 밤마다 관광 호텔에서 민속 공연이 열린다. 이 공연에 참석하면 홍이 인사, 하카 춤, 포이댄스, 연가 노래, 항이 음식 등 마오리 전통과 관련된 모든 것을 체험할 수 있다. 이 공연은 키아오라(Kia Ora, Welcome!) 라는 인사와 함께 여인들의 춤과 노래로 시작된다. 공연의 내용은 뉴질랜드 정착사와 고난, 사랑 등으로 구성되는데, 노래를 부르면서 스틱댄스(Stick Dance), 포이댄스(Poi Dance), 하카댄스(Haka Dance) 등도 선보인다. 공연의 마지막 부분에는 관광객들을 불러내어 함께 춤을 추기도 한다. 또한 우리가 잘 아는 포카레카레 아나(연가)도 부르고, 한국 관광객이 보이면 아리랑도 잠깐 들려준다.

노래들은 구전되어 오는 전통 노래라기보다는 1900~1910년경에 유럽의 음악을 받아들인 마오리들이 그들의 풍으로 새롭게 만든 것이라고 한다.

우리나라에서도 친척이나 친구들끼리 한자리에 모여서 놀 때 노래가 필수로 들어가지만 마오리 사회에서는 춤과 노래가 더욱 보편화되어 있다. 마오리 노래는 원래 악보나 가사가 없었지만, 최근 들어 노래 가사를 적은 책들이 일부 출판되고 있다. 마오리 문화에서 노래와 춤이 없어진다면 죽은 문화나 마찬가지이다. 잘 부르고 잘 못 부르는 것이 문제가 아니라 노래를 부르며 즐겁게 사는 것이 그들에게는 중요한 일과일 뿐이다. 마오리 공동체 속에서 살아가고 있는 그들에게 춤과 노래는 아주 중요한 요소이자 생활의 일부분이다.

아오테아로아에 꽃피운 마오리 문화

마오리들에게는 아주 중요한 문화유산이 하나 있는데, 우리나라의 마을회관과 비슷한 개념인 마라에Marae이다. 우리나라의 마을회관은 주로 촌로들의 사랑방 역할을 하는 곳이지만, 마라에는 친교의 장소일 뿐만 아니라 마오리 부족을 결속시켜 주는 집결 장소이다. 옛날에 지은 마라에는 전통적인 기법에 따라 앞이 훤하게 보이도록 설계되었지만, 최근에 건축한 마라에는 현대적인 건축 기법으로 지어져 기존의 고풍스런 맛을 느낄 수 없다고 한다. 그래서 마오리들은 최근에 지은 마라에보다는 오래되고 역사적인 냄새가 물씬 풍기는 전통적인 마라에를 더 좋아한다. 그중 가장 대표적인 마라에는 로토루아의 화카

마라에 앞에 모인 마오리들

레와레와Whakarewarewa 안에 있는 마라에이다. 마라에 지붕 꼭대기에 창을 들고 서 있는 조각상을 볼 수 있는데, 이것은 자기 마을과 부족들을 보호하는 수호신이자 적을 무찌를 수 있는 힘을 과시하는 상징물이라고 한다.

뉴질랜드 남북섬 전체에는 약 1000개 이상의 마라에가 있다. 수도 웰링턴을 비롯하여 도시, 농촌 할 것 없이 전 지역 구석구석에 마라에가 있으며, 심지어는 대학교와 초, 중, 고등학교 내에도 마라에가 있다. 마오리는 어느 도시에 살고 있든지 자기 조상과 관련된 부족 소유의 마라에와 연관이 있다. 마치 옛날 우리나라의 조상들이 가지고 있던 재실齋室이나 사당과 같은 의미로서 말이다. 마라에는 여왕 즉위식

마오리의 기념일과 축제

예전 마오리에게는 수많은 축제(하카리, Hakari)가 있었지만, 지금은 많이 사라지고 얼마 남지 않았다고 한다. 마오리들이 즐기는 가장 큰 축제는 2월 6일 와이탕이 조약 체결 기념일이다. 이 행사는 정부의 주도로 열리는 뉴질랜드 국경일 행사이지만 마오리 각 부족들도 별도로 기념 행사를 가졌다고 한다. 8월에 열리는 마오리 왕의 대관식 행사도 큰 축제이다. 그 외에 마오리 족의 예언자인 타후포티키 위레무 라타나(Tahupotiki Wiremu Ratana)의 생일 축하 행사도 중요하다.

한때는 전국의 50여 개의 부족마다 서로 다르게 다양한 축제 행사가 열렸지만, 지금은 많이 줄어들었다고 한다. 북섬 호크스베이(Hawke's Bay) 지방의 헤이스팅스(Hastings)는 마오리의 신년 축제가 열리는 곳으로 유명하다. 약 1주일 동안 열리는 이 축제는 마오리 족의 전통적인 문화와 그들의 현재를 보여 주는 다채로운 행사가 열린다. 각종 전시와 공연이 열리고 마오리들의 노랫소리가 축제장의 흥을 돋운다. 2002년부터 시작된 타우랑아 마오리 예술문화축제는 영화, 공연, 조각공예, 마오리 예술과 연극, 미술품 경매, 스포츠 등 마오리에 관한 모든 것들을 살펴보며 함께 즐길 수 있는 축제이다.

을 포함한 여러 축제의 장소로, 또한 교육의 장소로 자주 이용될 뿐만 아니라 전통 결혼식과 장례식도 이곳에서 진행된다. 그러므로 마오리에게 마라에는 그들의 생활과 결코 떨어질 수 없는 건물이자 장소이다. 또한 마라에는 마오리 조각품의 종합 전시장으로 오래전 이 땅에 도착한 마오리들의 역사적인 조형물이 고스란히 남아 있는 곳이다.

나라를 빼앗긴 마오리들의 응어리진 가슴을 하소연이라도 하듯이 마라에에서 거행되는 모든 의식은 영어를 사용하지 아니하고, 전부 마오리 어로 진행한다. 마라에에서 진행되는 행사 중 환영 의식Powhiri과 환영 연설Whaikorero은 이방인들에게 생소하고 이해하기에 조금 복잡하다. 가장 먼저 손님들을 환영하는 의미에서 홍이를 하고 안내에 따라 의식이 진행된다. 그리고 하카를 비롯해 스틱댄스, 포이댄스를 추며 노래를 부른다. 이어서 환영 연설과 노래waiata가 곁들여진다. 이러한 행사는 보통 주최 측인 '탕아타 훼누아Tangata whenua'와 방문객인 '마누히리Manuhiri' 중에 3명씩의 스피커가 연설을 하게 되는데, 이때 6명의 스피커 사이사이에는 노래를 부른다. 그러므로 이런 행사는 시간이 좀 오래 걸리는 것이 특징이다.

마오리의 영혼은 하와이키로 돌아간다

마오리들은 숨을 거두면 그들의 영혼은 자기 선조들의 고향인 하와이키Hawaiki로 돌아간다고 믿고 있다. 즉, 마오리들은 살아서 돌아갈 수 없는 고향 땅에 죽어서라도 꼭 돌아가기를 바라고 있다. 이러한 마음은 전 세계 어떤 민족이라도 마찬가지일 것이다. 뉴질랜드 북섬의 땅끝인 레잉아Reinga 곶은 마오리 선조들의 고향인 하와이키까지 갈 수 있는 가장 가까운 곳이라고 여겨진다. 몸을 떠난 영혼은 조상의 나라로 돌아가기 위하여 레잉아 곶 바로 옆의 스피릿베이Spirit Bay에서 이 나라를 벗어난다고 생각하고 있다.

사람이 죽으면 고인을 가능한 한 빨리 마라에로 옮기며 남자들은 장례의식을 진행하기 위한 준비를 한다. 죽은 사람의 관은 마라에의 만남의 장소meeting house 안에 안치하고, 매장지로 이동할 때까지 뚜껑을 열어 놓고 유족들이 주위에서 지키고 있다. 건장한 남자들은 공동묘지Urupa에서 무덤을 파고, 마라에 입구 바깥쪽에는 가까운 친척 여자들이 검정 옷을 입고, 머리에는 나뭇잎을 엮어서 만든 월계관 모양의 관을 쓰고 조문객들을 맞이한다. 조문객들은 그룹을 지어서 오는 것이 일반적인데, 부족 단위 단체 조문객이 마당에 도착하면 상을 당한 유족들의 남자와 그 부족의 사람들이 함께 모여 방문객을 환영하는 의식을 시작한다. 상을 당한 쪽의 사람들로부터 환영 행사가 끝나면 이어서 조문객들의 답사가 시작되는데, 환영과 답사는 양측에서 최소 두 사람 이상이 한다. 그들은 마오리 말로 스피치를 하고, 스피치 후에는 그룹별로 구슬픈 노래를 부른다.

그중 마지막으로 답사를 마친 사람은 준비한 코하조의금를 풀밭에 내려놓는다. 그러면 상주 쪽의 한 사람이 대표로 나와서 그 조의금을 손에 쥐고 조문객들을 향하여 감사의 말을 전한다. 그런 다음 상주 쪽 사람들과 조문객 사이에 홍이를 하고 만남의 장소로 가서 유족을 위로한다. 다음은 식당에 가서 준비해 놓은 음식을 먹으면서 이야기를 나눈다. 나중에 오는 다른 그룹의 조문객들은 앞서 온 조문객들의 절차가 다 끝날 때까지 밖에서 기다려야 한다. 마오리들은 지루하고 오래 기다리는 이런 조문 절차를 간소화해야 한다는 생각은 추호도 가지고 있지 않다고 한다.

마오리들의 장례 관습Tangihanga은 부족에 따라 약간씩 다르기도 하지만 장례 기간은 보통 3~4일 정도로 우리와 비슷하다. 마지막 날에는 발인 예배를 드리는데 이때도 시간이 오래 걸린다. 시신이 마라에를 떠날 때까지 유족들은 옆에서 노래를 부르며, 다른 부족 사람들은 상을 당한 가족들을 위로하고 돕는다. 마오리들도 대부분 매장을 한다. 그런데 매장이 끝나도 모든 것이 끝난 것이 아니다. 대부분의 마오리들은 다시 마라에로 돌아가서 새로운 의식을 준비한다. 이 의식은 거의 축제 분위기로 이루어지는데, 죽은 사람의 영혼이 고향으로 돌아

뉴질랜드 최북단 레잉아 곶의 등대와 필자. 사진의 우측이 스피릿베이이다.

갔기 때문에 분위기가 훨씬 밝아진다. 모든 것이 다 끝나면 악령들이 따라오지 못하도록 자신의 몸에 물을 뿌린다. 마오리들은 직장에 며칠씩 빠지더라도 친척의 장례식장인 탕이Tangi에는 꼭 참석하는 풍습이 있다. 유족들은 사망 소식을 지역신문에 싣고 장례식에 참석해 준 분들에게 감사의 마음을 전하고 조의금에 대해 감사 카드도 보낸다. 장례식 1년 후에는 비석 제막을 위해 다시 의식을 가진다.

함께 가야 할 두 형제의 운명

자기네들끼리 조용하게 살아가던 원주민 마오리는 유럽 인들의 방문과 정착으로 인해 많은 혼란에 빠졌다. 유럽 인들이 들어오기 전에는 그들 스스로를 '탕아타 훼누아^{땅의 주인}'라고 표현하였으나 언제부터인가 그들 스스로 마오리라 불렀고, 유럽 인들을 이방인이라는 의미로 '파케하^{Pakeha}'라고 부르기 시작하였다. 초기에는 마오리 이외의 사람을 파케하라고 지칭하였으나, 지금은 뉴질랜드에 사는 유럽 인을 통칭하여 파케하 또는 키위라고 부른다. 단, 아시아인은 파케하라고 부르지 않는다.

1800년대 초, 뉴질랜드의 해안가에는 바다표범, 물개, 고래 등을 잡던 소수의 유럽 인들만 있었다. 남자들뿐인 이들은 마오리 여자를 아내로 맞았으며, 이들이 유럽 인들과 마오리 사이의 첫 혼혈 혈통을 이룬 사람들이다. 그 후 무역업자와 정착민이 증가하면서 마오리 족과 유럽인 간의 결혼이 점점 늘어나게 된다. 오늘날 대부분의 마오리들은 자신의 몸에 유럽 인의 혈통이 흐르고 있다는 것을 알고 있으며, 유럽 인 조상^{Tupuna, 투푸나}에 대해 불편해하지도 않는다.

1837년 영국에서 뉴질랜드협회가 만들어지고 유럽에서 점점 많은 사람들^{선교사, 농사전문가, 항해가, 측량사, 장사꾼, 의사} 등이 들어왔으며, 1840년에 이르러서는 유럽 인^{주로 영국인}이 약 2000명으로 늘어나게 된다. 파케하들의 숫자가 점점 증가하자, 마오리와 파케하 간에 전운이 감돌고 일부 충돌이 일어나기도 하였다. 하지만 영국 정부와 마오리 족장 간 계속된 협상 끝에 1840년 2월 6일에 와이탕이 조약이 체결되고 뉴질랜드가 탄생하였다. 그 후 북섬에서는 마오리와 파케하 사이에 전쟁이 계속되었지만 전쟁이 없는 남섬에는 많은 사람들이 정착하기 시작하였다. 특히 1861년 남섬 오타고 지역에서 금이 발견되면서 파케하의

파케하(좌)와 마오리(우)
(자료: 뉴질랜드 정부 백과사전)

이주가 급속도로 늘어났다. 파케하들이 계속 유입되면서 총과 술 그리고 질병이 함께 들어오게 되자 마오리들은 위협을 느꼈다. 더구나 파케하들의 강압적인 토지 매입 정책으로 갈등은 더욱 극심해졌다. 1896년에는 마오리 인구가 4만 2000명 정도까지 내려가기도 하였다. 하지만 지금은 뉴질랜드 인구 7명 중 1명14~15%이 마오리 내지 마오리 혈통을 가진 사람들이다.

20세기 들어서 도시화가 진행됨에 따라 마오리들도 도시 문화에 완전히 노출되었다. 그중에 가장 큰 쟁점은 백인과의 결혼이 보편화되었다는 점이다. 처음에는 백인 남자와 마오리 여자들의 결혼이 많았지만 지금은 마오리 남자와 백인 여자의 결혼도 늘고 있는 추세이다.

그래서 거의 모든 마오리 족은 유럽 인들의 피가 섞여 있다고 해도 틀린 말은 아니다. 자신들을 마오리 족으로 생각하는 사람들 가운데서도 유럽 인의 혈통이 훨씬 더 강한 마오리들도 많다. 이러한 현상이 좋은 것인지 그렇지 않은지는 모르겠으나 지금은 마오리와 파케하 간에 결혼 문제 만큼은 자유로운 분위기이다.

　그동안 두 민족이 공존할 수 있었던 가장 중요한 원인 중 하나는 영어를 공통으로 사용한다는 점이다. 마오리들이 파케하 사회에 들어와서 영어를 일상적으로 쓰고 있는 것이 큰 도움이 되었다고 생각한다. 하지만 두 종족 간에 공존과 조화를 완벽히 이루었다고 주장할 수는 없다. 왜냐하면 전문직에 종사하는 마오리는 극히 일부이며, 하층민에 속해 있는 마오리들이 훨씬 많기 때문이다. 아직 갈 길은 멀지만 조금씩 나아지고 있으며 정부도 이런 문제를 잘 알고 해결을 위하여 각종 지원을 아끼지 않고 있다. 교육에서도 파케하와 마오리가 차별없이 함께 공부하며 사회 각 방면에도 마오리 족이 점점 더 많이 진출하고 있기 때문에 앞으로 많이 개선될 것으로 생각한다.

기독교가 변형된 마오리 종교

　유럽 인의 이주가 시작되기 전 마오리 족의 종교는 확실하게 알려진 것이 없다. 부족 신앙 중 일부는 화카파파whakapapa, 혈통 또는 족보에서 어느 정도 확인이 가능하지만 전통적인 종교는 없었다고 한다. 1814년 영국에서 선교사가 도착하고, 1828년에 토마스 퐁톤Thomas Poynton 가족이 호키앙아Hokianga에 선교 기지를 세우고, 1838년에 프랑스 인 퐁팔리에Pompallier가 뉴질랜드에 도착하였다. 퐁톤 부부의 헌신적인 선교와 퐁팔리에 주교의 관심으로 많은 마오리들이 기독교로 개종이 이루어졌으며, 그 결과 오늘날은 파케하보다 더 기독교적인 생활을 하고 있다.

유럽 인들의 선교와 전도로 마오리들은 기독교를 받아들이고 자신들만의 종교로 키워 나갔다. 그 대표적인 것이 테 쿠티Te Kooti, 1832~1893에 의해 시작된 '링아투Ringatu 교회'와 라타나Tahupotiki Wiremu Ratana, 1873?~1939에 의해 창시된 '라타나 교회'이다. 이들 교회는 마오리 족의 부족 신앙을 대신해 토착화한 기독교 스타일의 종교라고 생각하면 된다. 그래서 링아투 교회와 라타나 교회가 한때 영국의 성공회와 심한 갈등을 겪은 적도 있었다. 오늘날 마오리들은 기독교 의식에 따라 그들의 의식을 진행하고 있는 반면에 초기의 기독교 선교사들의 후손인 유럽 인들은 기독교에 대해 등을 돌리고 있다. 마오리들은 식사하기 전에 음식에 대한 감사 기도인 카라키아Karakia를 드리며, 비즈니스 회의를 할 때도 연장자 중 한 사람이 기도를 올리고 시작한다.

링아투는 1867년 채텀 제도의 감옥에 갇혀 있던 게릴라 지도자 테 쿠티가 창시하여 링아투 교회로 발전시켰다. 기즈번에서 태어난 테 쿠티는 젊었을 때 오클랜드까지 배를 타고 장사를 하였지만, 전사 집단인 하우하우Hauhau 멤버가 되어 활동하다가 1860년에 채텀 감옥에 갇히게 되었다. 그는 감옥에서 성서를 깊이 연구한 끝에 전통적인 금기와 신앙요법까지 포괄하는 새로운 형태의 종교를 만들고, 감옥에서도 종교 활동을 하였다. 하지만 다른 마오리 지도자들이 본토로 송환되었을 때에도 테 쿠티는 석방되지 못하였다. 그 후 1868년에 추종자

통가리로 국립공원 남서쪽 라에티히 근처의 라타나 교회(좌)
링아투 깃발(우)

들과 함께 감옥에서 탈출하고 1883년에 사면을 받았다. 자유의 몸이
된 그는 그때부터 링아투 교회를 널리 전도해 나갔다.

초기에는 주로 부족의 집회소인 마라에에서 예배 의식을 치렀는데,
빵이나 포도주가 없는 성찬식도 거행했다고 한다. 성경구절 암송, 찬
송가 부르기, 기도의 순서로 진행되며, 모든 신자들이 오른손을 들고
신에게 경의를 표하는 것으로 끝난다. 링아투의 예배서는 1960년대
에『신의 8가지 약속과 링아투 교회의 기도에 대한 책The Book of the Eight
Covenants of God and Prayers of the Ringatu Church』이라는 제목으로 출판되었다.
2006년 인구조사에 의하면 베이오브플렌티 지방에 링아투 교인들이
1만 6000명 정도 되는 것으로 알려졌다.

한편 또 다른 교회인 라타나는, 감리교도로 알려진 라타나가 믿음
의 치료사로 놀라운 은사를 지녔다는 소식이 전해져 마오리들이 하
나둘씩 모여들면서 시작되었다. 그들은 한 분을 모시고 도덕적 개혁
을 해야 한다는 운동으로 출발하였는데, 이후 정부에 불만을 가진 마

오리들도 연대감을 형성하고 점점 모여들었다. 1920년경 마오리들 대부분은 토지를 잃고 질병과 싸우며, 제1차 세계대전으로 경제적으로도 피폐해져 있었다. 게다가 정부가 와이탕이 조약을 제대로 이행하지 않았기 때문에 더욱 불만이 팽배해 있었다. 그때부터 자연스럽게 라타나 운동이 전개되었으며, 점점 진보되어 라타나 교회로 발전하였다. 즉 마오리 그리스도교로 발전되어 간 것이다. 라타나 교회에서는 종교적 신앙심을 결집하여 1922년 선거에 라타나 교인을 국회의원으로 출마시켰으나, 뜻을 이루지 못하였다. 그러나 10년 후인 1932년 전임자의 사망으로 치러진 보궐선거에서 에루에라 티리카테네Eruera Tirikatene, 1895~1967가 라타나 교인들의 지지로 국회의원에 당선되었다.

와이타케레 커뮤니티 교회의 마오리 예배 모습
(자료: 허영근)

여왕의 땅으로 선포된
뉴질랜드

1840년까지 유럽 인은 약 2000명으로 불어났으며, 마오리 원주민과 유럽 정착인들 사이에 늘 크고 작은 분쟁이 계속되었다. 하지만 영국 정부는 군사력을 동원한 점령보다는 평화적인 방법으로 식민화를 추진하기 시작하였다. 이때 추진된 것이 와이탕이 조약(The Treaty of Waitangi)이다.

뉴질랜드를 방문한 제임스 쿡

1606년 네덜란드 사람들에 의해 호주 대륙이 확인된 다음에도 사람들은 보다 더 큰 무엇이 있을 것이라고 생각해 왔다. 왜냐하면 당시 사람들은 지구가 회전할 때 한쪽으로 쏠리지 않으려면 북반구의 거대한 대륙처럼 남반구에도 큰 대륙이 있어야 균형이 맞는다고 생각했기 때문이다. 그뿐만 아니라 당시 발간된 지도나 지리 관련 도서에도 남극 대륙을 뜻하는 글이나 그림이 어렴풋이 표시되어 있기도 했다. 1769년 6월 금성이 태양을 가로지른다는 계산이 발표된 후 영국 왕립 지리학회Royal Geographical Society는 이를 관측하기 위하여 남태평양 타히티Tahiti에 사람을 보내기로 하였다. 금성 관측과 동시에 미지의 땅도 탐험하여 수수께끼를 풀어 주기를 바랐던 것이다. 이 시기에 태평양에 점점이 떠 있는 섬들에 대한 정보가 들려오기 시작하였는데, 이것도 탐험가를 보내는 데 큰 자극제가 되었다. 그래서 이 탐험에 합당한 인물을 물색하기에 이르렀으며, 선발된 인물이 제임스 쿡James Cook, 1728~1779, 캡틴 쿡이다.

제임스 쿡
(자료: 뉴질랜드 정부 백과사전)

영국의 탐험가, 항해사, 해양 측량사 및 지도 제작자로 알려진 제임스 쿡은 스코틀랜드 인 아버지와 잉글랜드 태생의 어머니 사이에서 8형제 중 둘째로 태어났다. 농부인 아버지가 1736

년 농장의 감독 일자리를 얻으면서 가족과 함께 농장으로 이사를 가 그곳에서 학교를 다니고, 13세 때인 1741년부터는 아버지의 농장에서 일을 거들었다고 한다. 16세 때 바닷가의 잡화점에서 일을 하면서 바다 생활에 대해 동경을 하게 된다. 1년 반 후 가게가 문을 닫자 쿡은 북해의 거친 바다를 오가는 석탄 운반선인 컬리어Collier 선단의 견습 선원으로 일을 하였다. 이때부터 조선에 필수적인 대수학, 삼각측량, 항해술, 천문학 공부를 하기 시작하여, 1752년에 항해사가 되었다. 1755년에는 같은 선박에서 항해장이 된 후 영국 해군에 입대하여 1757년에는 국왕이 승선하는 함선을 조종하는 시험에 합격한다.

하사관으로 진급한 뒤 7년 전쟁1756~1763, 오스트리아 왕위계승전쟁에 참전하였으며, 캐나다의 세인트로렌스Saint Lawrence 만의 지리 조사 및 해도 작성을 통해 프랑스군을 무찌르는 데 큰 공을 세웠다. 전쟁이 끝난 뒤 그는 해양 측량사로 일했으며 뉴펀들랜드Newfoundland 섬에서 일식日蝕을 관측하기도 했다. 1760년대에는 뉴펀들랜드의 복잡한 해안선 지도를 작성했는데, 1763~1764년에 북서부, 1765~1766년에는 브린 반도, 1767년에는 서해안 등 5년에 걸쳐 정확한 지도를 처음으로 완성하였다. 영국 해군성과 왕립학회는 제임스 쿡의 이런 경력에 비추어 금성 관측과 미지의 땅을 개척하는 일에 그가 적임자라고 판단한 것이다.

1768년 대위로 진급한 쿡은 인데버Endeavour, 368t 호를 이끌고 동·식물학자, 화가 등 94명과 함께 제1차 항해를 위해 플리머스Plymouth 항을 떠났다. 탐험대는 남아메리카의 마젤란 해협을 돌아 1769년 4월에 타히티에 도착하여 그리니치 천문대의 천문학자 찰스 그린Charles Green, 1735~1771과 함께 금성의 일식Transit of Venus 관측을 7주간 실시하였다. 쿡은 출발 당시 받은 영국 해군성 비밀 명령에 따라 전설의 남방 대륙을 찾기 위하여 남태평양 지리에 밝은 타히티 인 트우파이아와 동행했다. 이어 소시에테 제도를 거쳐 1769년 10월 8일 뉴질랜드 기즈번Gisborne 해안에 다다랐다. 쿡은 6개월 동안 뉴질랜드 해안을 살펴보고 정확한 해안 지도를 그렸다.

1770년 3월 말 네덜란드 인들이 '뉴홀랜드'라고 이름 붙인 호주 대륙에 도착해서 동해안을 자세히 살핀 후, 한 섬에 영국 국기를 꽂았다. 그러고는 호주의 동해안이 영국 땅임을 선포하고 이름을 '뉴사우스웨일스New South Wales'라고 붙였다. 그곳에서 한 달쯤 머물며 배를 수리한 후 인도양과 아프리카의 희망봉을 거쳐 1771년 7월 12일, 2년 11개월 만에 영국으로 귀환하였다.

해군 중령으로 승진한 쿡의 두 번째 탐험은 레졸루션Resolution, 462t 호와 어드벤처Adventure, 340t 호를 이끌고 시작되었다. 이번에는 오직 미지의 대륙을 찾기 위하여 아프리카 희망봉을 돌아 동진하였다. 1773년 1월 17일 처음으로 남극권남위 60°에 진입했지만, 거대한 빙산과 매서운 바람에 밀려 이리저리 떠돌다 뉴질랜드로 뱃머리를 돌렸다. 그는 그곳을 '어느 누구도 가 본 적이 없는 험한 바다'라고 전하였다. 뉴질랜드에서 1년 정도 재정비를 한 다음 남극 탐험에 재도전하여, 1774년 1월 30일 지금의 아문센Amundsen 해 부근남위 71°10′, 서경 106°54′까지 도달하였다. 그는 이곳도 보통 기온일 것으로 추측했지만 너무나도 추웠으며 흙도 보이지 않아 인류가 거주할 수 없다는 것을 알았다. 그후 영국으로 돌아가던 1774년에 통가Tonga, 이스터Easter 섬, 뉴칼레도니아New Caledonia, 바누아투Vanuatu를 발견하고 남아메리카 남단을 돌아 사우스조지아 사우스샌드위치South Georgia and South Sandwich 제도를 발견하였다. 그렇게 3년 만인 1775년 7월 영국으로 돌아왔다. 특히 이번 탐험에서 해리슨John Harrison, 1693~1776의 크로노미터chronometer를 이용하여 정확한 경도를 결정한 것도 큰 업적이었다. 귀국 후 해군 대령으로 승진하고 그리니치 해군 병원의 병원장으로 잠시 근무하였다. 그 후 괴혈병 예방에 기여한 공로로 왕립학회는 그에게 최고 영예인 코플리메달Copley Medal을 수여하고, 평민 출신인 그를 왕립학회 정회원으로 선출하였다. 쿡은 제2차 항해 기록을 자필로 정리하여 남겼으며, 뉴질랜드의 해도도 직접 제작하였다.

쿡의 마지막 항해인 3차 때에는 북서항로를 탐색하는 것이 목적이었다. 레졸루션 호와 새로 건조한 디스커버리Discovery, 298t 호를 이끌고 2차 탐험 때와 동일하게 희망봉을 돌아 태평양으로 나아갔다. 물론 약 50년 전에 베링에 의해 유라시아 대륙과 북아메리카 대륙 사이

제임스 쿡 탐험로
1차 항해(노란색), 2차 항해(초록색), 3차 항해(파란색)

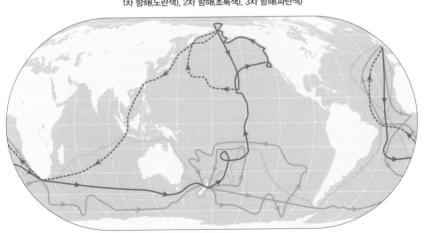

가 바다로 갈라져 있다는 사실이 알려졌지만, 북극해를 지나 태평양으로 뱃길을 연결하기 위함이었다. 이번에도 뉴질랜드에 도착하여 휴식을 취하고 계속 북진하다가 1777년 12월 24일 조그마한 섬을 발견하고 크리스마스 섬이라 명명하였다. 1778년 1월에는 하와이 제도의 카우아이Kauai 섬에 상륙하여 해군 장관인 샌드위치Sandwich, 1718~1792 백작 4세를 기념하여 샌드위치 제도라고 이름 지었다. 그 후 북미 대륙 서해안까지 가서 알래스카를 거쳐 베링 해협에 이르기까지 탐사를 하고 해도를 제작하였다. 북서항로 개척을 위하여 베링 해협을 지나 북위 70°의 지점까지 올라갔으나 강력한 파도와 많은 유빙으로 더 이상 전진하지 못하고 휴식과 재도전을 위해 1778년 샌드위치 제도에 돌아왔다. 이곳에서 휴식 중 탐험대의 보트를 훔쳐 간 원주민과의 마찰 끝

 눈도장만 찍은 타스만

네덜란드 동인도회사 소속의 타스만은 1642년에 호주 남쪽의 타스마니아(Tasmania)를 발견하고, 12월 초에는 동풍을 따라 가다가 뉴질랜드 남섬의 서쪽 해안인 호키티카(Hokitika) 부근에 도착하였다. 하지만 심한 파도로 상륙하지 못하고 뉴질랜드 해안선을 따라 계속 북진해 갔다. 남섬 북쪽 끝 부분인 골든베이(Golden Bay)에 도달한 타스만은 육지로 상륙하려다가 호전적인 마오리들의 공격을 받고 승무원 4명을 잃고 뉴질랜드를 완전히 떠나고 만다. 그러므로 제대로 상륙해 보지도 못하고 눈도장만 찍고 뉴질랜드를 떠난 것이다. 타스만은 이때 발견한 뉴질랜드를 '스테이튼랜드(Staten land)'라고 명명하였는데, 나중에 네덜란드의 지도 제작자들이 타스만의 고향인 제일란트(Zeeland) 주의 이름을 따서 이곳을 '새로운 제일란트(Nieuw Zeeland)'라고 이름 지었다. 타스만이 먼저 이름 붙인 뉴질랜드는 네덜란드 땅이어야 했다. 하지만 네덜란드는 이름만 붙였고, 실속은 127년 후에 영국이 취한 것이다. 타스만은 당시 뉴질랜드에 사는 사람들이 가난에 찌들고 나체로 바닷가를 헤매고 있는 야만인들로 생각하고, 그들과의 거래에 별 소득이 없을 것이라 생각하고 더 이상 접근하지 않았다고 한다. 이것이 오늘날 호주와 뉴질랜드를 먼저 발견하고도 영국에 넘겨준 중요한 이유이다.

에 1779년 2월 14일 제임스 쿡은 사망하고, 남은 선원 17명은 1779년에 영국으로 귀환하였다. 제임스 쿡이 죽은 지 150년이 되는 1928년, 하와이 사람들은 케알라케푸아Kealakepua 만의 물속에 쿡의 위령 판을 만들어 그를 애도하였다.

8년 반 동안 세 차례나 세계를 일주하고 태평양을 샅샅이 탐험한 쿡은 평민에서 영국 해군 대령에 오른 사람이다. 1762년34세때 13세 연하의 엘리자베스 바츠Elizabeth Batts, 1742~1835와 결혼하여 제임스James, 1763~1794, 나다니엘Nathaniel, 1764~1781, 엘리자베스Elizabeth, 1767~1771, 조셉Joseph, 1768~1768, 조지George, 1772~1772, 휴Hugh, 1776~1793 등 6명의 아이를 낳았는데, 제임스와 나다니엘은 아버지를 따라 영국 해군에 입대하였고, 휴는 성직자가 되었으나 모두 일찍 죽었다.

여왕의 땅으로 선포된 뉴질랜드

제임스 쿡 이후 1790년부터 포경선이 기항하고, 카우리나무 벌목공들이 뉴질랜드에 다녀가면서 마오리들이 유럽 인들에게 노출되기 시작하였다. 그들 사이에 교류도 점점 활발해져서 마오리는 돼지고기, 감자 등 식료품을 제공하고 유럽 인들은 망치와 낫을 비롯한 각종 철제 공구와 화약, 모포, 총기, 술 등을 주었다. 즉 마오리와 유럽 인 사이에 물물교환이 이루어진 것이다. 또한 남자뿐인 유럽 인 뱃사람들과 마오리 여자 사이에 교류가 빈번해지기 시작하였다. 1830년 고래잡이 뱃사람의 마오리 아내로 인해 촉발된 전쟁Girl's War이 남북 이위Iwi 족으로 확산되어 이후 7년 동안 전투가 벌어졌다. 1840년까지 유럽 인은 약 2000명으로 불어났으며, 마오리 원주민과 유럽 정착인들 사이에 늘 크고 작은 분쟁이 계속되었다. 하지만 영국 정부는 군사력을 동원한 점령보다는 평화적인 방법으로 식민화를 추진하기 시작하였다. 이때 추진된 것이 와이탕이 조약The Treaty of Waitangi, 마오리 어 Tiriti O Waitangi이다.

당시 영국은 프랑스의 나폴레옹 군을 무찌르고 해상에서 막강한 기세를 떨치고 있을 때였다. 마오리들은 중앙정부가 없었고, 통합된 지도자도 없었다. 그뿐만 아니라 유럽 인들과의 교류도 각 부족별로 이루어졌으므로 서로 간의 협력과 커뮤니케이션에 한계가 있었던 것이다. 또한 전혀 다른 문화적 배경을 가진 두 민족이 부딪치다 보니 충돌이 잦아졌고, 이를 다스릴 수 있는 법률이나 규범도 존재하지 않았다. 그러나 교역이 점점 늘어나면서 마오리 소유의 땅이 비밀스럽게 팔려 나가기도 하였다. 일부 마오리들은 프랑스에 의해 정복되지 않을까 염려하여 영국에 보호를 요청하였는데, 실제로 1831년에 13명의 부족장들이 영국의 윌리엄 4세William IV, 1765~1837, 재위 1830~1837에게 프랑스의 침공으로부터 막아 달라는 청원을 하였다고 한다. 결과적으로 마오리나 파케하 모두가 법과 질서 그리고 어떤 형태로든 영국의 보호를 바라고 있었던 것이다.

1832년부터 베이오브아일랜즈Bay of Islands에 거주하면서 정착민을 도우며 영국 정부의 협력자로 활동한 제임스 버즈비James Busby, 1801~1871가 1837년에 마오리 부족끼리 전쟁이 일어났다는 한 통의 편지를 호주의 뉴사우스웨일스 식민 정부에 보내게 된다. 영국 해군 장교였던 윌리엄 홉슨은 즉시 뉴질랜드로 달려가서 버즈비를 비롯하여 선교사

들, 마오리 지도자들 그리고 정착민 대표들과 만나서 문제 해결에 나섰다. 수차례 회의를 거쳐 어느 정도 해결의 실마리를 찾은 그는 1838년에 영국으로 돌아가서 왕실에 보고서를 제출하게 된다. 전후 사정을 들은 영국 정부는 1840년 홉슨을 뉴질랜드 부총독Lieutenant-Governor에 임명하고, 식민지 장관을 비롯한 관련 공무원들을 1840년 1월 29일 베이오브아일랜즈에 파견한다. 이때 영국 왕실은 '공정하고 평등한 방법으로 마오리들로부터 땅을 구입할 것'을 지시하였다.

홉슨은 영국에서 같이 온 공무원들과 버즈비와 함께 조약문의 초안을 작성하고, 1840년 2월 6일 와이탕이의 버즈비의 집 앞마당에서 조약을 체결하였다. 이날은 뉴질랜드라는 나라가 공식적으로 선을 보인 날이었다. 마오리 측에서는 이위 족의 족장 호네헤케Hone Heke를 포함한 대략 46여 명의 족장들이 조약에 서명하였다. 그 후 영국 관리들은

7개월 동안 전국을 돌며 500명 이상의 마오리 추장에게 추가 서명을 받아 냈지만 39명의 와이카토 추장들에게는 끝내 사인을 받지 못하였다고 한다.

조약의 내용은 ① 모든 마오리 족들은 그들의 영토에서 영국 여왕의 통치권을 인정한다. ② 영국 정부는 마오리 족 토지의 독점 매입권을 가지며 마오리의 소유물을 보호한다. ③ 마오리 족은 영국 백성으로서 완전한 권리를 가진다. 그러므로 마오리는 영국 여왕에게 통치권을 양도하며 영국은 마오리의 땅을 인정하고, 마오리는 영국 국민으로 자격과 권리를 부여 받는 것이었다. 단지 3개 조항으로 구성된 와이탕이 조약이 오늘날까지 문제가 되고 있는 이유는 조약의 해석상 의미가 다르기 때문이다.

문제가 되는 첫 번째 이유는 'Sovereignty주권, 통치권, 영유권'를 마오리 어로 어떻게 해석하느냐에 달려 있다. 일반적인 뜻은 '왕이나 군주가 나라를 통치하기 위하여 절대 주권을 행사하는 것'을 의미하지만 마오리는 'Sovereignty'를 '카와나탕아Kawanatanga'로 표현하는데, 이것을 '영국 여왕이 아닌 총독이 뉴질랜드를 통치하는 정도'로 좁게 해석하였다는 것이다.

두 번째 이유는 '뉴질랜드의 땅과 어장에 대한 소유권에 관한 것'이다. 마오리에게 소유권을 인정하는 것으로 되어 있지만, 영국의 해석은 이러한 재산을 영국도 소유할 수 있다는 것이다. 하지만 마오리들은 조상 대대로 내려오는 관습에 따라 "땅이란 팔고 사는 것이 아니다."라고 한다. 그러나 영국 왕실은 마오리의 소유권 관리와 관습까지도 영국 정부가 부여받는 것으로 해석하였다. 영국은 이러한 번역상

영연방 동아리

1840년에 와이탕이 조약이 체결된 이후부터 뉴질랜드는 영국 여왕의 땅이 되었으며, 1839
년부터 1906년까지 영국에서 이민 배가 도착하면서 완전히 영국 땅이 되었다. 1931년 영
연방회원국(British Commonwealth)에 가입하고 1947년에는 웨스트민스터 법(Statute of
Westminster Adoption Act) 통과로 뉴질랜드 의회가 영국 의회로부터 완전 분리되었다.
영연방 54개국 중 16개국은 지금도 영국 여왕을 자국의 왕(국가원수)으로 모시고 있다.
1995년에는 오클랜드에서 영연방(Commonwealth) 총회가 개최되었으며, 4년마다 영연방
올림픽(Commonwealth Games)이 개최되고 있다. 영연방에 속한 지구의 땅은 어마어마
하다. 한때 영국을 지칭할 때 해가 지지 않는 나라라고 일컬은 적도 있었다. 그만큼 전 세
계 구석구석 영국과 관련된 땅이 많이 있다는 것이다.

의 문제뿐만 아니라 영어 버전에 없는 내용까지 요구하기도 하였다.
마오리들이 당시 조약에 서명하기 전에 좀 더 신중하게 생각하고 그
들의 의견을 충분히 수렴하여 결론을 냈어야 하지만 그렇게 하지 못
한 것이 아쉬움으로 남는다. 조약을 체결할 당시의 마오리 어는 체계
화된 사전이나 교범 같은 것이 없었을 뿐만 아니라 한 단어가 여러 개
의 뜻으로 사용되고 있었으며, 학문적으로 유능한 사람이나 문구 하
나하나 검토해 볼 사람도 없었던 것이 사실이다. 또한 프랑스의 침공
이 매우 위협적이어서 마오리들도 스스로 살아남기 위하여 '자의 반
타의 반'으로 영국과 서둘러 조약을 체결했다는 설도 있다. 이 문제는
파케하와 마오리가 이 땅에 함께 살고 있는 동안 풀기 어려운 과제이
기도 하다. 1840년 와이탕이 조약이 체결되고, 땅을 확보하려는 유럽
인과 마오리 사이에 갈등이 심화되면서 1843년부터 1872년까지 약 30
년간 전쟁이 일어난다.

한편 1840년 새로 출범한 식민지 정부가 버즈비의 포도원과 목장

을 사용하려고 하였으나 버즈비는 계속 농사 짓기를 원하며 거절하였다. 그 후 버즈비의 와이탕이 땅은 뉴질랜드금융회사New Zealand Banking Company와 소송에 얽혀 압수당하고, 당시 총독1845~1854인 그레이는 버즈비의 황아레이Whangarei 땅도 몰수하였다. 버즈비는 1853~1855년, 1857~1863년까지 베이오브아일랜즈 의회에 근무하였으며, 오클랜드 의회Auckland Provincial Council에도 근무하였다. 1860년에는 베이오브아일랜즈에서 하원의원에 출마하였으나 낙선하였다. 그 후 눈 수술을 위해 영국에 돌아간 1871년에 애너리Anerley에서 세상을 떠났으며 런던의 웨스트노우드 공동묘지West Norwood Cemetery에 안장되었다. 그의 부인은 뉴질랜드로 돌아와서 살다가 1889년 베이오브아일랜즈의 파카라카Pakaraka에서 세상을 떠났다. 와이탕이 조약 체결 당시 중요한 역할을 한 버즈비의 땅은 1930년까지 버려져 있다가 뉴질랜드 정부로 넘어갔다.

뉴질랜드의 기초를 다진 캡틴

윌리엄 홉슨William Hobson, 1792~1842은 아일랜드 워터퍼드Waterford에서 변호사인 새뮤얼 홉슨Samuel Hobson의 셋째 아들로 태어났다. 어릴 적 아버지의 권유를 거절하고 해군에 입대하여 나폴레옹 전쟁에 잠시 참전하였다. 이후 카리브 해에서 해적 소탕에 참여하고, 20세에 소위로 진급하였으며 1824년에는 중령으로 진급하고 소규모 함정의 지휘자가 되었다. 1834년에는 전함 래틀스네이크Rattlesnake 호의 함장이 되어 동인도회사에 파견되었다. 이듬해에는 지금의 멜버른인 윌리엄스타운Williamstown 건설에 참여하기 위해 호주로 건너가서 포트필립Port Phillip의 지사에 임명된다. 당시만 해도 뉴질랜드는 호주의 뉴사우스웨일스New South Wales 주의 관할 지역이었다.

그는 1840년 와이탕이 조약이 체결된 그해 11월에 뉴질랜드의 부총독Lieutenant-Governor이 되고, 이듬해 5월 3일에 정식으로 총독에 임명된다. 그는 총독을 그만둔 1842년 9월 10일까지 약 2년 6개월간 뉴질랜드의 기초를 다진 인물이다. 큰 저항 없이 마오리 부족들로부터 와이탕이 조약에 서명을 받을 수 있었던 것도 홉슨의 따뜻한 마음 씀씀이 때문이라고 한다. 그는 정복 국가의 오만한 대표자의 모습이 아니었다. 마오리들에게 "같이 힘을 모아 멋진 나라를 만들어 보자."라고 진심을 전한 덕분에 다른 부족으로부터 추가 서명도 받을 수 있었다고 한다.

반면에 조약만 체결되면 '새 나라 건설로 한몫 볼 것'이라고 생각했던 초기 정착민파케하들은 홉슨의 정책에 반기를 들기 시작하였다. 그

월리엄 홉슨
(자료: 뉴질랜드 정부 백과사전)

들은 개인적으로 땅을 구입하였지만, 와이탕이 조약 체결로 토지 소유권에 관한 해석이 달라서 홉슨을 비롯한 영국 정부와 충돌이 생긴 것이다. 한편 영국 왕실도 마오리로부터 인수한 땅을 새로운 정착민들에게 되팔아서 생기는 이익금으로 뉴질랜드를 건설하려고 하였지만 여의치 않았다. 이런 저런 불협화음과 건강 문제로 총독직을 효과적으로 수행할 수 없었던 홉슨은 마침내

뉴질랜드 총독

초대 총독이 그만둔 후 2대 총독이 부임할 때까지 정부책임자(Administrator of the Government)인 윌러비 쇼틀랜드(Willoughby Shortland)가 약 1년 3개월간 총독 대행을 하였으며, 그 후에도 새로운 총독이 부임할 때까지 공백 기간에는 주로 정부책임자(관리자)가 총독을 대신하여 나라를 경영하였다. 정부관리자인 제임스 프렌더개스트(James Prendergast)는 7대 총독이 임무를 마친 후인 1879년 2월 21일부터 13대 총독이 부임하기 전인 1897년 8월 9일까지 만 18년 동안 6차례나 총독 대행을 하였다. 2대 총독으로 부임한 기상학자이자 측량학자 및 수로학자인 로버트 피츠로이(Robert Fitzroy, 1805~1865)는 찰스 다윈의 비글호 2차 항해 때 함장을 맡은 캡틴이며, 조지 그레이(George Grey)는 약 16년간 4차례에 걸쳐 가장 오랫동안 총독으로 재직하였다. 1대~16대 총독(1840.11~1917.6)까지는 Governor(주지사)로 분류하며, 1917년 6월부터는 Governor-General(총독)로 분류되어 있다. 현재 20대 총독이 2011년 8월부터 근무 중인데, 전체적으로 따지면 36대 총독인 셈이다. 뉴질랜드 수상(총리)은 3대 총독까지는 없었으며 4대 총독 시절에 첫 수상으로 헨리 스웰(Henry Sewell, 1807~1879)이 임명되었다.

영국 정부의 부름에 따라 불명예 퇴직을 하고 만다. 뉴질랜드를 세운 '건국의 아버지'가 초라한 모습으로 사라진 것이다.

뉴질랜드를 모든 국민이 주인이 되는 국가로 만들려고 애쓴 홉슨은 마오리와 정착민 그리고 영국 정부 사이에서 많은 갈등을 겪으면서 힘들어했다. 그런 와중에 뇌졸중이 찾아와 50세의 젊은 나이에 역사에서 사라지게 되었다. 뉴질랜드를 사랑했던 홉슨은 오클랜드 그래프턴 공동묘지Symonds Street Cemetery, Grafton에 잠들어 있다.

국가의 상징, 국기와 문장

각 나라를 상징하는 것 중에 가장 대표적인 것은 국기國旗와 문장紋章

이며, 그 외에 국가國歌, 국화國花, 국조國鳥 등이 있다. 뉴질랜드의 국가國歌는 'God Defend New Zealand신이여, 뉴질랜드를 지켜 주소서'이지만 초기에는 영국의 국가인 'God Save The Queen신이여, 여왕을 지켜 주소서 또는 여왕 폐하 만세'을 불렀으며 지금도 간혹 두 개의 국가를 모두 부르기도 한다.

영국의 식민지가 되기 전 최초의 뉴질랜드 국기는 1834년 25명의 마오리 부족장들의 합동 회의에서 채택되었다. 이때 국기는 흰색 바탕에 붉은색 십자로 나뉘고 왼쪽 상단에 작은 붉은색 십자가가 그려져 있었으며, 작은 십자가로 나뉜 네 부분에는 흰색 별이 하나씩 들어 있었다. 이 국기는 초기 수도인 러셀에 게양되었으며, 와이탕이 조약 체결 후부터는 영국기도 함께 게양되었다. 이후 1901년까지 영국의 유니언잭Union Jack이 뉴질랜드의 국기로 사용된 적도 있었으며, 1865년부터는 영국의 상선에 사용하던 기를 뉴질랜드 상선과 육지에 함께 사용한 일도 있었다. 현재 사용되는 국기는 1902년 6월 12일에 제정되었으며, 1981년에는 국기보호법이 통과되었다.

현재 국기의 진한 파란색 바탕은 남태평양을 나타내고, 4개의 별은 남십자성Southern Cross을 표현한 것이다. 국기의 모서리에 있는 영국의

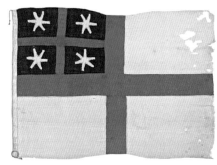

초기의 뉴질랜드 국기

유니언잭을 보면 뉴질랜드가 영국을 기반으로 세워진 나라임을 알 수 있다. 그래서 일부에서는 독립의 당위성을 설명할 수 있는 새로운 국기가 있어야 한다고 주장하기도 했지만 설득력을 얻지 못하고 있다. 주장에 반대하는 일부 사람들은 영국과의 긴 연결고리에 대한 향수 때문에 바꾸지 않으려고 한 것으로 보인다. 오스트리아 빈 출신의 건축가 훈데르트바서Hundertwasser, 1928~2000가 1983년에 마오리를 주제로 한 뉴질랜드 국기를 제안하였으나 채택되지 않았으며, 2007년에도 국기를 바꾸려는 움직임이 있었지만 무산되었다. 한편 마오리를 상징하는 티노 랑아티라탕아Tino rangatiratanga는 1989년에 디자인되었는데, 이 기는 2010년 와이탕이데이 행사 때부터 뉴질랜드 국기와 함께 게양되고 있다. 원래 마오리들은 각 부족마다 자기네의 부족을 상징하는 기를 가지고 있었지만 와이탕이 조약과 전쟁을 거치면서 많이 사라졌다.

국기와 함께 나라를 나타내는 심벌인 문장은 국가의 권위나 계보를 상징할 때 사용되는 마크로 정치적, 군사적, 경제적인 지위나 권력을 나타내는 기능을 갖고 있다. 뉴질랜드의 공식적인 문장은 1911년 8월 26일 조지 5세King George V에 의하여 결정되었으며, 현재의 문장은 1956년 엘리자베스 2세Queen Elizabeth II에 의해 승인된 것이다. 1911년 전까지는 영국의 문장을 그대로 사용하였으며, 1907년 자치령이 승인되었을 때 새로운 문장에 대한 요구가 있었다. 그래서 1911년에 문장을 공모하여 제임스 맥도널드James McDonald의 작품이 결정되었다. 이 문장은 1956년에 조금 바뀌었지만 현재까지 사용되고 있다. 뉴질랜드 국가 문장the New Zealand Coat of Arms은 뉴질랜드 여권이나 정부기관에서

뉴질랜드 국기(상좌), 뉴질랜드 문장(하좌), 마오리 기(상우), 훈데르트바서 기(하우)

발행하는 각종 공문서 등에 나타나 있다.

문장의 왼쪽 윗부분에 있는 4개의 별은 남십자성을 나타내고, 가운데 하얀색 바탕에 그려져 있는 3척의 배는 해상무역과 탐험을 상징한다. 또한 오른쪽 윗부분은 목축업을 상징하는 양털을 표현한 것이고, 왼쪽 아래의 밀 다발은 농업을 상징한다. 오른쪽 아랫부분의 십자로 교차하고 있는 망치들은 광업을 나타내는 것이고, 오른쪽에 있는 마오리는 무기를 들고 있으며, 왼쪽의 유럽 여인은 뉴질랜드 국기를 들고 있다. 문장 윗부분의 왕관은 엘리자베스 여왕 2세의 즉위식에 사용되었던 것으로 영국 여왕이 뉴질랜드의 여왕이라는 사실을 나타낸 것이다.

남십자성

4개의 밝은 별로 이루어진 남십자성(南十字星, Southern Cross)은 남반구에서는 1년 내내 볼 수 있지만, 북회귀선에서는 겨울과 봄에 몇 시간만 볼 수 있다. 그러므로 우리나라에서 는 보이지 않는다. 남십자성의 북쪽별과 남쪽별을 직선으로 연결하면 정확하지는 않지만 매우 비슷하게 천구의 남극을 가리키기 때문에 대항해 시대 뱃사람들은 남북의 방향을 잡 을 때 참고하였다고 한다. 이 별자리는 88개의 별자리 중에서 가장 작은 별자리이지만 뉴 질랜드를 비롯하여 호주, 니우에, 브라질, 사모아, 파푸아뉴기니 등 남반구의 여러 나라의 국기에 그려져 있다.

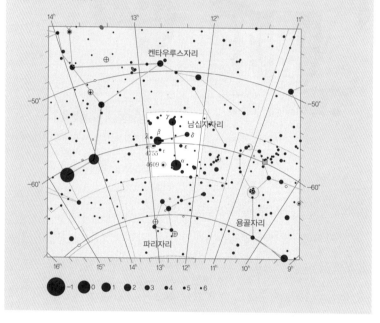

영국의 식민 정책과 뉴질랜드 이민회사

1770년 제임스 쿡이 호주 동해안에 다녀간 이후 1788년부터 영국 의 죄수들이 시드니 근처 보타니베이Botany Bay에 정착한 것이 이민의 시작이다. 뉴질랜드는 이 시기의 호주Terra Australis의 식민지 정부NSW, New South Wales에서 관리하고 있었다. 1830년대에 이르러 뉴질랜드에도 죄수들을 강제 이주시킨다는 계획이 수립되었는데, 당시 감옥에 있던 정치가 에드워드 웨이크필드Edward Gibbon Wakefield, 1796~1862가 이를 알아차린 것이다.

웨이크필드는 『시드니에서 온 편지A Letter from Sydney』1829라는 책을 출판하였는데, 많은 사람들은 실제로 이 편지가 호주에서 날아온 것으로 믿고 있었다. 그는 죄수보다는 일반 시민들을 저렴한 비용으로 뉴질랜드에 정착시키는 것이 좋겠다는 생각을 정부에 건의하고, 정부의 토지를 정착민에게 무상으로 나누어 주지 말고 '적당한 가격'에 불하할 것도 제안하였다. 이주민의 구성도 남녀 똑같은 비율로 영국사회의 각계 각층을 망라해야 한다고 주장하였다. 호주 서쪽인 퍼스Perth 지역에는 이미 1829년부터 일반인의 이민이 시작되고 있었다.

웨이크필드는 1831년부터 식민지 개척에 관련된 일에 적극 관여하면서, 『영국과 아메리카… England and America…』2권, 1833라는 책을 출판하여 식민지 정부와 남아프리카의 케이프타운 식민지 개척에 큰 영향을 끼쳤다. 이러한 일련의 영향으로 1837년에 뉴질랜드협회New Zealand Association가 결성되었는데, 1838년 6월에는 다른 2개의 단체를 통합하여 뉴질랜드회사New Zealand Company, 1838~1858가 설립되었다. 그뿐만 아니라 그는 캐나다 식민 정책에 관한 더럼보고서Report on the Affairs of British North America, 1839의 기본 구상도 제시하였다.

뉴질랜드회사는 설립 이후 아직 실적이 없었다. 그러나 광고를 보고 신천지뉴질랜드에 가려고 한 사람들의 요청에 의해 1839년 5월 5일

서둘러 영국을 향하여 배Tory를 띄우게 된다. 뉴질랜드 원정대의 책임자에는 해상 탐험 경험이 없는 그의 동생 윌리엄William Hayward Wakefield, 1801~1848 대령이 맡았으며, 웨이크필드의 아들인 저닝햄Edward Jerningham Wakefield, 1820~1879도 함께 따라나섰다. 지금의 웰링턴에 도착한 윌리엄은 그곳에 정착을 하고 이웃하는 왕아누이도 개발하였다. 1841년에는 뉴플리머스와 넬슨, 1848년에는 더니든, 1850년에는 크라이스트처치 등에도 정착촌을 세우

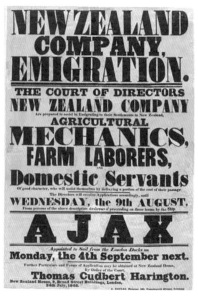

뉴질랜드회사에서 이민자를 모집하는 광고 포스터(1848)

고 이민 사업을 추진해 나갔다. 윌리엄 웨이크필드의 이런 활동으로 영국의 뉴질랜드 이민과 식민지 사업이 더욱 가속화되었을 뿐만 아니라 유사한 정책을 추진한 프랑스를 앞지를 수 있었다. 오늘날 윌리엄 함장은 웰링턴을 발견한 사람 중의 한 사람으로 꼽힌다.

잘 운영되던 뉴질랜드 회사는 1843년에 재정적으로 좋지 못한 일이 발생하여 잠시 휘청거렸으며, 1844~1847년에는 베이오브아일랜즈에서 일어난 전쟁 때문에 어려움에 봉착하기도 하였다. 한편 웨이크필드의 동생을 비롯한 웨이크필드 친인척도 1839~1863년까지 수십 명이 뉴질랜드에 도착하여 정착하였다. 웨이크필드 자신도 1853년 2월 2일에 크라이스트처치리틀턴에 영구 정착하여 거주하다가, 건강이 악화되어 1854년 12월에 은퇴하고 1858년에는 회사도 문을 닫았으며,

에드워드 웨이크필드 친인척의 뉴질랜드 도착 상황

도착 일자	이름	배 이름	도착 항구
1839. 9. 20	윌리엄(동생), 저닝햄(아들)	토리(Tory)	니콜슨
1841. 2. 5	아서(측량팀)	휘트비(Whitby)	니콜슨
1842.	대니얼	–	뉴플리머스
1842. 5. 11	에밀리(조카)	클리퍼드(Clifford)	넬슨
1844. 1. 12	대니얼 혹은 펠릭스	히말라야(Himalaya)	넬슨
1848. 11.	찰스 토틀레스(조카)	버니카(Bernica)	뉴플리머스
1851. 11. 10	펠릭스의 가족	조지폴로크(George Pollock)	리틀턴
1853. 2. 2	에드워드 웨이크필드	미너바(Minerva)	리틀턴
1853. 11. 28	윌리엄의 가족	존테일러(John Taylor)	뉴플리머스
1853~1863	다른 가족들	–	–

자료: The Migrant Ships Arriving in New Zealand

1862년에 웰링턴에서 사망하였다. 100년이 지난 1961년에 폴 브룸필드Paul Bloomfield는 『영연방의 건설자Builder of the British Commonwealth』라는 이름으로 웨이크필드 관련 책을 출판하였다.

꿈과 희망을 안고 떠난 뉴질랜드 여행

최초의 뉴질랜드회사협회 구성은 1825년 국회의원인 존 조지 램턴John George Lambton, 1792~1840에 의해 런던에서 조직되었다. 뉴질랜드에 가면 아마亞麻, flax plant와 카우리 목재를 구할 수 있고, 고래와 바다표범을 포획할 수 있다는 기대를 가지고 1826년 9~10월경에 뉴질랜드로 향하였다. 제임스 허드James Herd 선장이 램턴Lambton 호와 이사벨라Isabella or Rosanna 호 등 두 척의 배Vessels를 이끌고 약 반년에 걸친 긴 항해 끝에 오늘날 뉴질랜드의 수도인 웰링턴니콜슨 항에 도착하였다. 그보다 먼저 호주에 있던 기독교 선교사들도 1814년부터 북섬의 베이오브아일랜즈에 터를 잡기 시작하였다. 뉴질랜드보다 10년 먼저인 1829년부터 호주 서부 지역에는 이민이 시작되었으며, 호주 동해안 지역은 1837~1840년 사이에 약 400척의 유럽의 이민 배가 도착하였다. 당시 뉴질랜드가 NSW식민지 정부 관할에 속해 있었으므로 호주에 정착민 중 일부가 자연스럽게 뉴질랜드로 건너오기도 하였다. 그 후 영국 정부의 허가를 받은 정식 이민 배가 1939년 5월 5일 영국의 그레이브젠드Gravesend, 템스 강 하류를 출발하여 니콜슨 항에 1839년 9월 20일에 도착한 토리Tory, 382t, 35명 호이다. 토리 호는 그 후 뉴질랜드 정착민을 태운 흔적은 보이지 않으며, 안타깝게도 1841년에 싱가포르—차이나 해역에서 난파되었다고 한다.

와이탕이 조약이 체결된 1840년에는 오로라Aurora, 148명 호, 오리엔탈Oriental, 155명 호, 애들레이드Adelaide, 176명 호, 듀크오브록스버러Duke of Roxburgh, 167명 호, 벵골머천트Bengal Merchant, 160명 호, 플래티나Platina 호, 런던London, 228명 호, 블레넘Blenheim, 197명 호 등 모두 14척의 이민 배가 도착하였다. 1841년에는 윌리엄브라이언William Bryan, 148명 호, 애로Arrow 호, 로드오클랜드Lord Auckland 호, 휘트비Whitby, 59명 호 등 19척이 도착하였고, 1842년에는 새로 개척한 넬슨Nelson에 모두 25척의 이민 배가 도착하여 웰링턴 일대는 이민 열기로 가득 차 있었다. 대부분의 이민 배에는 의사와 측량사들이 함께 타고 왔는데 이들은 초창기 이민 정착에 반드시 필요한 필수 요원이었다. 의사는 정착민들의 건강을 책임졌고, 측량사들은 그들이 정착하기 위하여 필요한 도시를 디자인했을 뿐만 아니라 정착민들의 토지의 경계를 구획해 주고 면적을 측정해 주었기 때문이다.

뉴질랜드에 최초로 이민 배가 들어온 웰링턴니콜슨 항을 비롯하여 뉴 플리머스New Plymouth와 넬슨에도 비교적 이민자들이 빨리 들어온 편이다. 넬슨에 도착한 애로1841.11.1 도착, 212t 호, 윌워치Will Watch, 1841.11.4 도착, 251t, 45명 호, 휘트비1841.11.5 도착, 347t, 59명 호와 뉴플리머스에 처음으로 도착한 오리엔탈1841.11.7 도착, 507t, 91명 호도 니콜슨 항을 경유하여 도착하였다. 그러므로 뉴질랜드 이민의 시작은 니콜슨 항을 주축으로 넬슨, 뉴플리머스에서 이루어진 셈이다.

오클랜드에는 1940~1942년까지 매년 1척씩의 배가 들어온 기록이 있지만, 본격적인 이민 배는 제인기퍼드Jane Gifford, 1842.9.9 도착, 558t 호에 255명, 더체스오브아가일Duchess Of Argyle, 1842.10.9 도착, 667t 호에 306명, 세인트조지St George, 1842.10.24 도착, 389t 호에 96명 등 657명이 도착하여

초기의 이민 배 도착 현황

배 이름	도착 날짜	도착 항구	출발 항구	승객(명)	규모(t)
TORY	1839. 9. 20	니콜슨 항	그레이브젠드	35	382
SUCCESS	1839. 12. 4		시드니	–	96
CUBA	1840. 1. 3		그레이브젠드	30	273
AURORA	1840. 1. 22		런던	148	550
ORIENTAL	1840. 1. 31		런던	155	506
DUKE OF ROXBURGH	1840. 2. 8		플리머스	167	417
BENGAL MERCHANT	1840. 2. 20		그리녹	160	503
ADELAIDE	1840. 3. 7		그레이브젠드	176	640
TUSCAN	1840. 3. 8	오클랜드 항	–	–	300
BOLTON	1840. 4. 30	니콜슨 항	그레이브젠드	232	540
PLATINA	1840. 7. 6		그레이브젠드	–	350
COROMANDEL	1840. 8. 29		런던	44	662
LONDON	1840. 12. 12		런던	228	700
BLENHEIM	1840. 12. 29		클라이드	197	375

자료: Wakefield's and the New Zealand Land Company. 뉴질랜드 이민회사는 1858년 회사가 문을 닫을 때까지 20년 간 많은 이민 배를 보냈음.

도시를 만들어 나갔다. 더니든 찰머스 항Port Chalmers에는 1848년에 처음으로 존위클리프John Wickliffe, 3.23 도착, 622t 호, 필립랭Philip Laing, 4.15 도착 459t, 247명 호, 빅토리Victory, 7.8 도착, 579t 호, 블런델Blundell, 9.21 도착, 573t, 140명 호, 베르니시아Bernicia, 12.12 도착, 548t 호 등 5척이 도착하였으며, 그 후 1860년까지 44차례나 더 도착하였다. 크라이스트처치 외항인 리틀턴 Lyttelton은 가장 늦은 1850년 12월에 4척의 배에 약 750명의 이민자가 처음 도착하였다. 영국의 플리머스 항에서 출발한 샬럿제인Charlotte Jane, 1850.12.16 도착, 730t 호, 랜돌프Randolph, 1850.12.16 도착, 761t 호, 조지시모어Sir George Seymour, 1850.12.17 도착, 850t 호, 크레시Cressy, 1850.12.27 도착, 720t 호 등이다. 그 이후로도 1851년부터 1860년까지 10년 동안 약 33차례에 걸쳐 이민 배가 더 도착하였다.

당시의 이민 배는 크기나 엔진 성능에 따라 다르지만, 초기에는 뉴질랜드까지 6개월 정도 소요되었으나 기술이 발전되면서 점차 3~4개월 정도 걸려서 뉴질랜드에 도착했다. 제인기퍼드 호의 경우 운항 도중 8명이 태어나고 17명이 죽었고, 더체스오브아가일 호에서는 7명이 태어나고 20명이 죽었다고 한다. 긴 여행으로 새로 태어나는 아기들이 있는가 하면 바다라는 공간에 갇혀 지내는 특수성 때문에 치료가

1839년부터 1860년까지의 이민 배 도착 횟수

연도	니콜슨 항 (웰링턴)	오클랜드 항	뉴플리머스 항	넬슨 항	찰머스 항 (더니든)	리틀턴 항 (크라이스트처치)	계
1839	2	–	–	–	–	–	2
1840	11	1	–	–	–	–	12
1841	11	1	4	3	–	–	19
1842	3	4	2	16	–	–	25
1843	3	4	3	3	–	–	13
1844	1	–	–	2	–	–	3
1845	2	1	–	–	–	–	3
1846	1	–	–	2	–	–	3
1847	4	7	1	1	–	–	13
1848	1	3	1	–	5	–	10
1849	8	–	1	–	6	–	15
1850	–	7	2	1	3	4	17
1851	1	4	2	2	1	11	21
1852	3	7	–	1	–	2	13
1853	2	1	2	1	3	3	12
1854	4	6+1	3	1	3	1	19
1855	2	5	2	2	–	3	14
1856	6	5	3	3	4	–	21
1857	10	8	1(네이피어)		3	2	24
1858	3	9	–	2	9	3	26
1859	8	13	–	2	6	5	34
1860	3	8+1	–	–	6	3	21
계	89	96	27	42	49	37	340

자료: The Migrant Ships Arriving in New Zealand(1839~1860). 자료에는 찰머스 항, 오타고 항, 더니든 항이 구분되어 있지만 본서에서는 동일한 항으로 간주함.

불가능하여 죽는 사람들도 있었던 것이다. 1854년과 1860년 4월 20일 두 차례에 걸쳐 호주의 포트필립Port Phillip에 도착했다는 레드재킷Red Jacket, 2000t 호는 당시로서는 보기 드문 대형 선박으로 아마도 멜버른을 거쳐서 오클랜드에 도착했을 것으로 추정한다. 1860년 5월 17일 승객 150명을 싣고 오클랜드에 도착한 기록을 봐서 1차례 더 다녀간 것도 멜버른을 경유했을 것으로 판단한다. 이 배는 1854년부터 1860년까지 영국과 멜버른을 10차례 운행하였다. 1894년 10월 24일에 시드니를 출발한 와이라라파Wairarapa 호는 10월 29일 밤 짙은 안개로 바다에서 행방불명되어 121명 전원이 사망한 일도 있었다. 북섬 중북부 지역은 전쟁 중이어서 이민 배가 오클랜드 이외에는 거의 들어오지 않았다.

1839년 처음으로 이민 배가 들어온 이후 1926년까지 모두 1779척의 배가 유럽 사람들을 실어 날랐다. 가장 많은 이민 배가 들어온 해는 1874년99척과 1875년90척이며 1870년대 10년 동안 583척이 도착하였다. 이는 1873년에 30년 전쟁이 끝났기 때문으로 풀이된다. 뉴질랜드의 이민은 주로 니콜슨 항웰링턴, 오클랜드 항, 뉴플리머스 항, 넬슨 항, 찰머스 항더니든, 리틀턴 항크라이스트처치 등 6개 항구 도시에 집중적으로 이루어졌다. 그 외에 1839~1906년까지 67년 동안 네이피어Napier에 32회를 비롯하여 왕아누이Wanganui 항 4회, 티머루Timaru 항 4회, 블러프Bluff 항 17회 등의 이민 배가 도착하였다. 네이피어에는 1857년 12월 19일에 서던크로스Southern Cross, 435t 호가 처음 도착하였으며, 남섬의 티머루에는 1875년 9월 23일 메로프Merope, 1050t 호가 승객을 내려 주고 리틀턴에 도착하였으며, 1875년12월 4일에 에이다만트Ada-

연도	횟수	연도	횟수	연도	횟수	연도	횟수	연도	횟수
1861	17	1871	27	1881	53	1891	25	1901	5
1862	24	1872	29	1882	49	1892	19	1902	6
1863	57	1873	49	1883	48	1893	15	1903	1
1864	59	1874	99	1884	44	1894	16	1904	1
1865	36	1875	90	1885	35	1895	19	1905	2
1866	30	1876	61	1886	29	1896	16	1906	2
1867	22	1877	55	1887	26	1897	12	1926	1
1868	16	1878	57	1888	27	1898	13	1839~1860	340
1869	26	1879	71	1889	30	1899	9	1861~1926	1,439
1870	31	1880	45	1890	28	1900	7	합계	1,779

자료: The Migrant Ships Arriving in New Zealand(1839~1905). 넬슨과 뉴플리머스까지 가는 배는 웰링턴을 경유하는 경우가 더러 있었기 때문에 중복 집계되었을 수 있으며, 집계 과정에서 약간의 착오가 있을 수 있으므로 참고 바람.

mant, 815t, 27명 호는 블러프에 처음으로 도착하였다. 당시 영국에서 오는 이민 배는 주로 아프리카 희망봉을 돌아오거나 남아메리카 마젤란 해협을 돌아 뉴질랜드에 도착하였다. 수에즈 운하는 1869년에 개통되었고, 파나마 운하는 1914년에 개통되었기 때문이다.

1890년대에는 이민 열기가 많이 식었고 1900년대 초 거의 전무한 생태가 되었다. 영국으로부터 호주와 뉴질랜드로의 이민은 1829년에 서호주의 퍼스를 시작으로 1926년에 뉴질랜드 왕아누이에 마지막 배가 도착하였으므로 약 100년 동안 이루어진 대역사인 셈이다. 이민이 시들해진 1906년에 2척이 들어온 이후 20년이 지나 1926년 7월 26일에 마거릿스털링Margaret Stirling 호가 왕아누이에 들어옴으로써 선박에 의한 이민 역사는 막을 내리게 된다.

세 차례 옮긴 뉴질랜드 수도

　조약을 체결한 장소인 베이오브아일랜즈의 파이히아Paihia, 와이탕이Waitangi, 러셀Russell, 케리케리Kerikeri 등 4개의 작은 타운과 인근에 150여 개의 섬에는 비교적 이른 시기에 유럽 인들이 정착하였다. 그중 파이히아는 베이오브아일랜즈의 중심 타운이며, 거기서 북쪽으로 2㎞ 올라가면 제임스 버즈비가 살던 집이 있는데, 그곳이 와이탕이 조약이 서명된 곳이다. 파이히아 건너편의 러셀은 이 나라 최초의 수도로 러셀 박물관Russell Museum, 크리스트 교회Christ Church, 1836, 말버러Marborough 호텔, 목조 건물인 퐁팔리에Pompallier 선교관1842 등 역사적인 건물들이 남아 있는 곳이다.

　1840년 와이탕이 조약이 체결되고 윌리엄 홉슨은 남쪽으로 5㎞ 떨어진 오키아토Okiato에 땅을 구입하고 그곳을 수도로 정했다. 오늘날의 러셀과는 다른 위치로, 지명은 정치가 존 러셀John Russell, 1792~1878의 이름에서 따왔다. 홉슨은 얼마 지나지 않아 성급한 수도 결정에 대한 실수를 인정하고 9개월 만인 그해 12월에 새로운 수도인 오클랜드로 이전하게 된다. 홉슨이 물러나고 2대 총독인 로버트 피츠로이Robert Fitzroy는 1844년에 구 수도인 러셀을 새롭게 정비했는데, 이에 불만을 품은 호네 헤케Hone Heke, 1807~1850 부족의 마오리들이 언덕 위의 영국 국기를 4번이나 끌어내리는 일이 벌어졌다. 이런 이유로 1845년에 영국과 마오리 사이에 깃대 전쟁Flagstaff War이 일어났는데, 이때 크리스트 교회와 퐁팔리에 선교관도 일부 피해를 입었다.

　와이탕이 조약 당사자이자 초대 총독이던 윌리엄 홉슨이 1840년 12

월에 수도를 오클랜드로 옮기고 도시의 이름도 홉슨이 존경하는 해군 제독이자 인도 총독을 지낸 오클랜드George Eden Auckland, 1784~1849 백작의 이름을 따서 붙였다. 오클랜드에는 1350년경에 마오리들이 도착하고 1830년경부터 유럽 인들이 정착하기 시작하였다. 특히 1832년 1월 27일 오타고와 시드니에서 많은 땅을 구입한 웰러Weller 3형제 중 맏이인 조셉Joseph Brooks Weller, 1802~1835이 오클랜드 시가지 일대와 노스쇼어North Shore, 로드니Rodney의 땅을 구입하였다. 또한 마오리들도 정치적인 야심과 상업적인 기회를 선점하기 위하여 정부에 큰 땅을 기증하게 된다. 홉슨은 1841년부터 이 땅에 수도를 세우고, 1842년에는 베이오브아일랜즈의 러셀을 완전히 철수하였는데, 이때 오클랜드 인구는 3000명 정도 되었다고 한다. 마오리 어로 '많은 사람의 사랑을 받는 땅Tāmaki-makau-rau'이라는 뜻의 오클랜드에 수도를 옮긴 후 1854년에 의

1919년 오클랜드의 퀸스트리트

사당이 세워졌으나 1865년에 다시 수도를 웰링턴으로 옮기게 된다.

홉슨이 오클랜드 시를 처음 세운 사람이라면 이 도시를 반석 위에 올린 사람은 의사인 존 로건 캠벨John Logan Campbell, 1817~1912로서, 그는 '오클랜드의 아버지Father of Auckland'로 불린다. 스코틀랜드 에든버러에서 출생한 그는 1839년에 에든버러 대학 의대를 졸업하고 멜버른의 포트필립으로 가는 팔미라Palmyra, 1839.11.24 호의 의사로 동승하였다. 그후 멜버른을 떠나 1840년 뉴질랜드 코로만델Coromandel에 도착하였는데, 홉슨 총독으로부터 오클랜드가 뉴질랜드의 수도가 된다는 것을 알게 된다. 한편 1840년 2월 2일 스코트랜드 출신의 법률가인 브라운William Brown, 1809/1810~1898도 베이오브아일랜즈에 도착한 후 얼마 지나지 않아 오클랜드로 와서 캠벨을 만나게 된다.

캠벨과 브라운 두 사람은 오클랜드가 수도로 결정될 당시 오클랜드에 살고 있던 유럽 인들로, 그들은 집Acacia Cottage을 짓고 가게를 열었다. 장사를 시작한 후 많은 돈도 벌고 모든 것이 잘 풀려 나간 그들은 ASB 은행Auckland Savings Bank을 비롯하여 BNZ 은행Bank of New Zealand, 뉴질랜드론New Zealand Loan, 무역회사 대리점Mercantile Agency, NZI 보험New Zealand Insurance, 뉴질랜드 해운NZ Shipping 등 여러 회사를 설립하고 뉴질랜드 최고의 부자가 되었다. 캠벨은 의료 행위보다는 예술과 농업 그리고 상업에 더 흥미를 느낀 사람이었다. 1912년94세 세상을 떠날 때까지 뉴질랜드에 많은 공적을 남겼으며 원트리힐One Tree Hill 정상에는 그의 묘지가 있다. 한편 줄리어스 보겔Julius Vogel, 1835~1899도 뉴질랜드 경제 성장에 큰 역할을 한 사람이다.

세 번째 수도인 웰링턴Wellington은 1839년 9월 20일에 뉴질랜드에서 처음으로 영국에서 이민 배Tory가 들어온 곳이다. 처음에는 허트 Hutt 강 어귀에 자리 잡고 주택을 지었지만 홍수로 인해 건너편의 램턴Lambton 항 쪽으로 옮겨서 개발하였다고 한다. 개발 당시 마오리들이 이 땅을 팔지 않아서 부득이 일부 바다를 메워서 시가지를 넓히고 항구를 만들어 나갔다. 램턴 항은 영국의 총독이자 관리인 존 조지 램턴 John George Lambton, 1792~1840 백작의 이름에서 따왔다. 웰링턴이 뉴질랜드의 행정 수도가 된 지도 벌써 150년이 된다. 지역 균형 발전을 위한 이유도 있었지만 1861년 남섬의 더니든에서 금광이 발견되어 경제적으로 활기가 넘친 것도 웰링턴 이전의 요인이기도 하다. 1865년 7월 26일 처음으로 공식적인 의회를 개최하였는데, 당시 인구는 약 4900명에 불과하였다. 웰링턴의 지명은 영국 총리를 지낸 웰링턴 공작 1세 Arthur Wellesley, 1st duke of Wellington를 기념하여 이름 붙였다. 웰링턴은 바

제임스 쿡 지도에 나타난 웰링턴
(자료: Jacaranda Social Studies Atlas for Aotearoa New Zealand)

람이 많기로 유명하여 '바람의 도시Windy City'라는 별명을 가지고 있으며, 랜드마크인 벌집모양의 비하이브Beehive, 1980는 모든 관광객이 다녀 갈 정도로 유명한 건물이다.

식민지 시대에 건설된 도시

1840년 와이탕이 조약 이후 홉슨 총독이 선정한 첫 번째 수도인 베이오브아일랜즈에는 유럽 인들이 개별로 들어와 정착을 하였으며, 오클랜드와 웰링턴은 많은 이민자들이 유입되어 도시가 건설되었다. 그 외의 도시 중에 인구가 10만 명이 넘는 북섬의 해밀턴Hamilton과 타우랑아Tauranga 그리고 남섬의 크라이스트처치Christchurch, 더니든Dunedin 등의 식민 도시 건설에 관한 내용을 간략하게 소개하고자 한다. 와이카토Waikato 지방의 해밀턴마오리 어 Kirikiriroa은 오클랜드에서 남쪽으로 약 2시간 거리에 위치하고 있으며 뉴질랜드에서 4번째로 큰 도시이다. 1863~1864년 사이에 일어났던 와이카토 일대의 전쟁이 발발하기 전에 해밀턴에는 약 78명의 마오리가 살고 있었고, 와이카토 전역에는 3400명이 살고 있었다.

전쟁이 끝난 뒤 군인들과 일부 이민자들이 이곳에 정착하여 농사를 짓기 시작했지만 와이카토 강 인근의 습한 지형과 잦은 홍수로 농사가 제대로 되지 않았다. 이 때문에 1000여 명에 달하던 사람들은 대부분 떠나고 300명 정도만 남게 되었다. 그러나 오늘날에는 땅이 비옥해져 농업과 목축업이 발달했으며, 또한 지리적 요충지의 이점을 살려 교통과 관광의 중심지로 변모해 가고 있다. 영국군은 전쟁 승리를 기념하기 위하여 전쟁에서 전사한 존 페인 찰스 해밀턴John Fane Charles Hamilton, 1820~1864 사령관의 이름을 따서 도시의 이름을 지었다.

베이오브플렌티Bay of Plenty 지방의 타우랑아Tauranga는 1250~1300년경에 타키티무Takitimu와 마타아투아Mataatua 카누를 타고 온 부족들이 정착한 것으로 알려져 있다. 1820년경 헨리 윌리엄스Henry Williams, 1792~1867는 돼지와 감자, 아마를 구입하기 위하여 베이오브아일랜즈에서 타우랑아까지 다녀갔다. 호주의 무기 판매업자인 제임스 패로James Farrow가 1829년에 유럽 인으로는 처음으로 타우랑아에 정착한 사람으로 기록되며, 1830년부터 아마 무역을 하기 위하여 들어온 유럽 인들이 현지 여자와 결혼하면서 영구 정착이 시작되었다. 1835년에는 윌리엄 웨이드William Wade에 의해 교회 선교회Church Missionary Society, 1799년 창설한 국제기관가 세워지고, 1838년에는 브라운Alfred Nesbit Brown, 1803~1884 목사가 이 선교회에 부임하였다. 1840년에는 퐁팔리에가 가톨릭 선교 센터를 세웠지만 1863년 와이카토 전쟁으로 문을 닫고 말았다. 하지만 오늘날은 따뜻한 기후와 비옥한 토양 덕분에 과일 생산지와 휴양지로 널리 알려졌다.

남섬 최대의 도시이자 캔터베리Canterbury 지방에 속한 크라이스트처치마오리 어 Ōtautahi는 영국의 왕실헌장Royal Charter에 뉴질랜드에서 가장 오래된1856.7.31 도시로 기록되고 있다. 크라이스트처치라는 이름은 존 로버트 고드리John Robert Godley, 1814~1861가 제안하여 옥스퍼드의 크라이스트 처치Christ Church에서 따왔으며, 이 지명은 캔터베리협회Canterbury Association의 첫 회의에서 결정되었다. 고드리는 아일랜드의 정치가이자 관료로서 북미를 여행한 후 1850년 4월에 가족을 데리고 리틀턴에

개척 당시의 뉴플리머스
(자료: Jacaranda Social Studies Atlas for Aotearoa New Zealand)

도착하였다. 그는 약 2년 동안 크라이스트처치에 살면서 캔터베리협
회를 만들고 식민 정부의 기틀을 마련했다. 크라이스트처치는 뉴질랜
드회사의 에드워드 웨이크필드가 마지막으로 세운 도시로 1850년에
약 750명의 이민자가 도착하였다. 1903년경에는 뉴질랜드에서 두 번
째로 큰 도시가 되었으며, 주로 농업에 기반을 두고 발전하였다. 크라
이스트처치는 '영국 밖에서 가장 영국적인 도시' 또는 '영국 정원의 도
시'라는 닉네임이 붙을 정도로 영국식으로 아름답게 가꾸어진 도시이
다. 그러나 2010년과 2011년에 발생한 큰 지진으로 인해 도시가 쇠퇴
하고 있는 실정이다.

　오타고Otago 지방의 더니든마오리 어 Ōtepoti도 1300년경부터 마오리
들이 살았다고 전해진다. 제임스 쿡이 1차 탐험 때 오타고 반도를 둘
러보고 펭귄과 물개 그리고 마오리를 보았다고 귀국 후 보고하였다.

1810~1823년 사이에는 마오리들과 물개 잡이 유럽 인들 사이에 일 명 '물개전쟁'이 촉발되고, 1815년에는 물개 잡이인 윌리엄 터커William Tucker, 1784~1817가 이 지역에 최초로 정착하였다. 1831년에는 웰러 형제Joseph Brooks, George, Edward가 오타고 항구에 고래 기지를 세웠는데, 이 영향으로 1830년대 후반에는 더니든이 국제 포경 기지가 되었다. 1840년 조니 존스Johnny Jones, 1809~1869는 오타고 동쪽의 작은 마을인 와이코우아이티Waikouaiti에서 남섬 최초의 농장과 선교 센터를 건립하였다. 1840년에 웰링턴에 도착한 뉴질랜드 이민회사 소속의 측량사 찰스 케틀Charles Henry Kettle, 1821~1862이 1846년에 오타고에 도착하여 더니든을 디자인하고 본격적으로 건설하였다.

더니든에는 1848년에 처음으로 이민 배가 도착하였는데 주로 스코틀랜드 자유교회 교인들이 많았다. 도시의 이름도 스코틀랜드의 수도인 에든버러Edinburgh로 지었지만 나중에 스코트랜드 켈트 족의 게일어Celtic languages로 더니든이라고 고쳐 불렀다고 한다. 그래서 더니든에는 스코틀랜드의 문화와 관습이 그대로 남아 있으며, 스코틀랜드의 유명한 시인 로버트 번스Robert Burns, 1759~1796의 동상도 세워져 있다. 나폴레옹 전쟁에서 혁혁한 공을 세운 카길William Walter Cargill, 1784~1860도 더니든을 개척하는 데 많은 도움을 주었는데 군에서 제대한 후에는 하원의원과 오타고 지방의 초대 교육감을 지냈으며, 최남단 도시인 인버카길Invercargill은 그의 이름을 따서 붙였다. 1861년 오타고에서 금이 발견되자 금과 관련된 산업이 발달하고 중국인들이 노예로 많이 이주해 오면서 1865년에는 인구가 1만 명까지 불어났다. 이때부터 이곳은 뉴질랜드의 주요 도시로 성장하기 시작하였다.

뉴질랜드에 기독교를 심은 사람들

1788년 호주의 포트잭슨에 죄수들이 들어오고, 새뮤얼 마스든Samuel Marsden, 1764~1838은 성공회 성직자로 1793년에 시드니에 도착하여 약 20㎞ 서쪽인 파라마타Parramatta에 세인트존스St John's 교회를 설립하였다. 마스든은 1809년 존 킹John King, 1787~1854, 윌리엄 홀William Hall, ?~1832, 토마스 켄달Thomas Kendall, 1778~1832 등 동료 선교사들과 함께 1814년 말경 베이오브아일랜즈에 도착하였다. 그들은 뉴질랜드에 기독교를 최초로 소개한 사람으로, 탐험가나 군인을 제외하고 일반인들 중에 가장 빨리 뉴질랜드에 정착한 사람이다. 특히 마스든은 선교뿐만 아니라 1819년에 포도나무를 심고 양을 무리지어 키우는 등 뉴질랜드 개척에 중요한 역할을 한 사람이다. 마스든은 집이 있는 호주에서 뉴질랜드를 7차례 다녀갔으며, 장기간 뉴질랜드 전역을 여행하고, 사후에는 호주 파라마타의 세인트존스 교회에 묻혔다. 한편 동료 선교사인 토마스 켄달은 마오리 글을 만드는 데 공헌하였다.

프랑스에서 교육을 받은 아일랜드 출신의 토마스 퐁톤Thomas Poynton, 1802~1892과 메리 퐁톤Mary Poynton, 1812~1891 부부가 1822년에 시드니를 거쳐 1828년에 뉴질랜드에 도착하였다. 퐁톤 가족은 호키앙아Hokianga에 선교 기지를 세우고 카이타이아 마을Papakawau에 주거지를 정했는데, 이들이 뉴질랜드에 최초로 정착한 가톨릭 가족이다. 이들에게는 마거릿Margaret, 1830생, 에드워드Edward, 1832생, 캐서린Catherine, 1836생의 세 자녀가 있었는데, 와이탕이 조약 체결 당시에도 이곳에서 함께 살고 있었다. 토마스 퐁톤은 가톨릭 교구가 없는 뉴질랜드에 사제를 요청하는 등 가톨릭 전파를 위해 많은 노력을 기울였다.

풍톤은 말년에 호키앙아에서 목제 사업으로 큰돈을 벌어 오클랜드 푸푸케Pupuke 호수 인근의 넓은 땅을 구입하고, 1867년에는 퐁팔리에Pompallier 주교에게도 많은 기부헌금도 하였다. 1899년 풍톤의 막내인 캐서린당시 63세은 아버지가 산 푸푸케 땅을 가톨릭 학교를 세우는 데 기증하였다. 그 후 이 땅에 세인트조셉 남자 학교St Joseph's Catholic School 와 카멜 여자 학교Carmel College Catholic 등 2개의 학교가 건축되었다. 지금 풍톤 부부는 노스쇼어의 오닐스 포인트O'Neill's Point 공동묘지타카푸나와 데번포트 중간에 함께 잠들어 있다.

프랑스 리옹Lyon에서 태어난 퐁팔리에Jean-Baptiste François Pompallier,

북섬 북단의 미션센터(1845). 이런 선교 센터가 뉴질랜드 전국에 세워졌다.

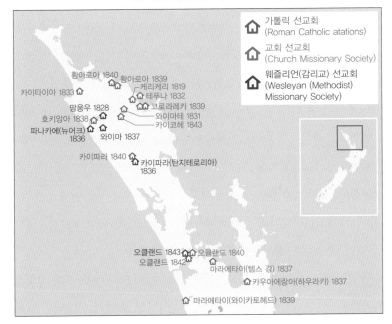

1802~1871는 뉴질랜드를 방문한 최초의 사도使徒, apostle로서, 나중에 로마 가톨릭의 오클랜드 주교가 된 사람이다. 1836년 마리아수도회는 교황의 승인을 받아 오세아니아를 선교하기 위하여,

호키앙아의 세인트메리스 교회

1836년 5월 13일에 퐁팔리에를 교구 신부로 임명하였는데, 퐁팔리에는 태평양 여러 섬을 거쳐 1937년 10월 5일에 시드니에 도착하였다. 그는 시드니 최초의 로마 교황청 주교인 폴딩John Polding, 1794~1877으로부터 뉴질랜드 선교에 대해서 많은 의견을 들었다. 그리고 뉴질랜드 선교를 위해 1838년 1월 10일에 호키앙아의 토마스 퐁톤의 집에 도착하였는데, 코로라레카Kororareka, 현재의 러셀에 집을 지을 때까지 퐁톤의 집에 함께 머물렀으며, 1월 13일에는 호키앙아의 토타라 포인트Totara Point에서 첫 미사도 올렸다. 그 후 호키앙아, 코로라레카, 망아카히아Mangakahia, 카이파라Kaipara, 타우랑아Tauranga, 아카로아Akaroa, 마타마타Matamata, 오포티키Opotiki, 마케투Maketu, 오클랜드, 오타고, 웰링턴, 오타키Otaki, 로토루아Rotorua, 랑이아오휘아Rangiaowhia, 화카타네Whakatane 등 전국에 선교 센터를 건립하였는데, 코로라레카 선교 센터는 현재 러셀에 남아 있는 퐁팔리에하우스Pompallier House이다.

퐁팔리에는 가장 먼저 동료 선교사들과 함께 마오리를 위한 성경책을 인쇄하였다. 그는 1840년 2월 6일 와이탕이 조약이 서명되는 날에

도 조약의 조문에 종교의 자유가 보장되기를 바라면서 종일 와이탕이에 머물러 있었다고 한다. 퐁팔리에는 1836~1842년까지 서오세아니아Western Oceania 주교를 거쳐 1842~1848년에는 뉴질랜드의 주교를 맡았으며 1848~1869년까지는 오클랜드 초대 대주교가 되었다. 은퇴 후 그는 1871년 파리 근교의 퓌토Puteaux에서 노환으로 사망하였다. 2001년 1월 9일에 프랑스에서 퐁팔리에의 유물이 발굴되어 뉴질랜드로 가져왔는데, 이 유물은 호키앙아를 출발하여 당시 선교 센터가 있었던 뉴질랜드 전국 도시를 순례한 후 호키앙아 모투티Motuti의 세인트 메리스St Mary's 교회1899의 제단 아래에 안치되었다.

 늙은 교회와 술집 예배

영국의 영향을 받은 뉴질랜드는 기독교(가톨릭, 성공회, 개신교) 국가이다. 뉴질랜드의 법률이 기독교를 기초로 제정되었으며, 국회는 여전히 기독교식으로 매일 아침을 시작한다. 그러나 대부분의 사람들은 크리스마스나 부활절에는 교회를 찾아 예배를 드리고 각종 행사에 참여하는 편이지만 주일에 교회 가는 것은 꺼린다. 주일 예배는 텅텅 비며, 식사 시간에도 반드시 감사 기도를 드리지 않는 교인들이 점점 늘어나고 있다. 스스로 크리스천이라고 말하는 뉴질랜드 인도 점점 줄어들고 있다. 이제 종교 재단에서 설립한 학교를 제외하고는 대부분의 일반 학교에서도 종교적인 의식을 거행하지 않으며 기독교 내용을 교육하지 않는다. 또한 뉴질랜드 사회 분위기가 비종교적으로 흐르고 있다. 어느 날 일요 예배를 스포츠 바(술집)에서 가진 교회가 있었다고 한다. 교회도 늙고 병들어 쇠퇴해 가는데, 18금 교회가 생긴 것 같아서 씁쓸할 뿐이다. 하느님을 믿는 사람들이 맥주잔을 기울이며 예배를 본다는 것이야말로 기발한 발상이다. 오클랜드 북부의 알바니 쇼어 포도원 교회(Albany Shore Vineyard) 신도들이 지난 1년여 동안 술집 예배에 대해 검토해 왔다면서, 그 첫 예배가 지난 2012년 8월 5일(일요일) 저녁 7시에 열렸다고 한다. 신도들은 예배를 보면서 맥주, 감자튀김, 피자 등을 먹을 수 있다고 한다. 이런 예배 방식을 결정한 목사는 "우리는 함께 먹고 서로 대화하는 것을 좋아한다. 그게 사람들이고, 종교를 가진 사람들도 마찬가지일 것"이라고 항변하였다고 한다.

영국화를 위한 지명 변경과 토지 측량

　와이탕이 조약 체결 이후 영국의 식민지 정책은 더욱 적극적이었다. 전국을 돌아다니면서 토지를 매입하는 과정에서 영국인들과 마오리들의 토지 분쟁이 끊임없이 이어졌지만, 한편으로는 마오리들의 협조가 없이는 토지를 매입하기 어려웠다. 1843년 이후 30년 동안 북섬 일대에 동시다발적으로 일어난 전쟁으로 받은 충격과 변화는 아무도 예측할 수 없었다. 갑자기 당한 마오리들은 당황하여 할 말을 잊었을 것이다.

　가장 주목할 첫 번째 변화는 파케하들이 뉴질랜드의 여러 곳을 탐사한 후 지명을 영국식으로 바꾼 것이다. 일제시대의 창시 개명처럼 영국인들도 지명 변경으로 식민지화를 시작한 것이었다. 이미 마오리들에게는 자기들이 오래전부터 부르던 지명이 있었지만 영국인들은 이를 무시하고 영어로 이름을 붙였다. 그들은 영국의 유명 인사나 영국의 지명을 뉴질랜드의 산, 강, 호수의 이름으로 붙였다. 예를 들면 타마키마카우라우Tamaki-Makau-rau는 오클랜드Auckland로, 테 우포코오테 이카Te Upoko-o-te Ika, Pōneke는 포트니콜슨Port Nicholson, Wellington으로, 오타코우Otakou, Ōtepoti는 더니든Dunedin으로 지명을 바꾸었다. 이때 남섬 캔터베리 평원을 흐르는 대부분의 강과 호수뿐만 아니라 남알프스의 대부분의 산도 영국식으로 이름을 바꾸었다.

　두 번째의 큰 변화는 토지 측량이다. 영국인들은 삼각 측량과 수학적 또는 물리학적인 지식을 응용하여 토지를 측량하고 기록하기 시작하였다. 마오리들에게는 아주 생소한 작업일 뿐 아니라 이해할 수도

1900년에 구성된 마오리
토지위원회
(자료: 뉴질랜드 정부 백과사전)

필자가 촬영한 뉴질랜드 측량표
(1999)

없는 어려운 기술이었다. 1910~1918년까지 일제가 우리나라에 대한 지적 측량을 실시한 것과 비슷한 작업이었다. 토지 측량이 어느 정도 완성되어 감에 따라 일부 지역의 땅은 정부 소유로 넘어갔다. 또한 모든 해안선은 1848~1855년 사이에 해군함정 아케론Acheron 호와 판도라Pandora 호가 위치 측량과 해안선 측량을 실시하여 기존의 항구와 새로운 항구 예정지들을 검토하였다.

한편 북섬의 내륙과 오클랜드 주변 지역 그리고 남섬의 오타고 지역, 넬슨 지역, 서부 해안 지역 등에 새롭게 측량을 하기 위하여 많은 측량사들이 동원되었다. 당시는 오늘날과 같이 도시 계획이나 단지 계획, 도로 계획, 상하수도 계획 등 각각 전문기술자들이 없었기 때문에 모든 작업을 측량사들이 다 하였다. 이렇게 이루어진 토지 측량과 계획에 따라 드디어 지형도가 완성되고, 이는 어느 지역이 농업, 임업, 광업 등에 적합한지 알려 주는 중요한 자료지도로 활용되었다. 게다가 전국의 구석구석까지 이민자들이 속속 정착한 후부터 영국인들은 삼림을 깎아 택지를 만들고 그 곳에 주택, 학교, 마을회관, 교회 등을 짓기 시작했다. 뉴질랜드의 기초가 다져지고 있던 시기이자 영국화가 진행된 시기였다.

 동식물의 유입

땅의 영국화뿐만 아니라 땅 위의 모든 것도 영국화가 진행되었다. 마오리 조상들이 이 땅에 처음 이주했을 때 폴리네시안 쥐와 개를 비롯하여 몇 종류의 식물도 함께 들어왔다. 쥐는 도마뱀과 조류를 잡아먹었고, 개는 날지 못하는 새들을 잡아먹었다. 그 후 제임스 쿡 선장은 유럽의 쥐와 돼지, 염소를 비롯한 몇 종류의 동물과 야채를 가져왔으며, 물개와 고래잡이 선원들도 개, 고양이, 돼지를 비롯한 동물들과 과채류를 들여왔다. 이렇게 여러 차례 들어온 동식물들이 뉴질랜드의 생태계를 변화시켜 나갔고 이 땅의 주인이 된 것이다. 특히 식물은 와이탕이 조약 체결 전까지는 수십 종에 불과했으나, 이민자가 막 쏟아진 1840년부터는 점점 늘어나 1870년대에는 약 300종, 1930년대까지는 1000종 이상의 새로운 식물들이 유입되었다고 추정하고 있다. 그뿐만 아니라 이 시기에 새와 동물, 가축, 물고기 등도 이민자들과 함께 유입되거나 수입되었다. 1860년대에는 연어, 무지개송어 등이 미국에서 수입되었고, 블랙버드, 참새, 가시금작화(Gorse 혹은 furze), 토끼, 사슴 등은 영국에서, 포섬, 개구리, 유칼립투스 등은 호주에서 사들였다. 양과 젖소는 1830년대부터 유럽에서 수입되어 뉴질랜드의 목축산업을 일으켜 세운 공로자가 되었다. 이러한 동식물의 유입은 이 땅의 풍경뿐만 아니라 생태학적으로도 많은 변화를 초래하였다. 또한 유입된 외래종들이 함께 갖고 온 질병으로 인해 뉴질랜드의 고유 생태계가 깨져 뉴질랜드의 토속 동식물이 줄어들거나 멸종한 것도 있었다.

빼앗고 빼앗기는 토지 쟁탈전

마오리 족과 영국인들 간에 벌어진 마오리 전쟁Maori Land Wars의 시작은 1840년 영국이 뉴질랜드를 공식적으로 지배하게 된 뒤부터였다. 이때부터 서서히 갈등이 일어나기 시작하여 1843년부터 국지적으로 산발적인 충돌이 있었고, 1845년에 '제1차 마오리 전쟁'이 일어났다. 이때 베이오브아일랜즈 지역과 노스랜드Northland 일대 대부분이 파괴되었다. 치열했던 전쟁은 1847년경에 제3대 총독인 조지 그레이George Grey, 1812~1898가 이끄는 영국군에 의해 완전히 진압되었으며, 이후 1860년까지는 잠정적으로 평화가 유지되었다.

1850년경부터는 영국인의 수가 마오리를 넘어서면서 토지의 수요가 급증하였지만 마오리들은 땅을 팔지 않기로 결의하였다. 영국인들 또한 비옥한 토지가 많은 와이카토 지역과 타라나키Taranaki 지역에서 토지를 매입하려고 하였지만 뜻대로 되지 않았다. 하지만 1859년 북섬 서쪽의 타라나키에 사는 마오리 테 테이라Te Teira가 부족의 동의 없이 와이타라Waitara 강 지역에 있는 자기 땅을 식민지 정부에 팔아 버리자, 이를 계기로 1860~1861년 '제1차 타라나키 전쟁'이 일어났다. 처음에는 영국군이 마오리 족의 요새를 장악했지만, 그 후 마오리 족의 기습과 반격으로 영국군이 패하고 말았다. 다시 전열을 정비한 영국군은 오롱고마이Orongomai, Upper Hutt와 타라나키의 마호에타히Mahoetahi 등을 점령하고, 1861년 3월 경에 휴전하였다.

1863년 4월 그레이 총독이 와이카토 지역에 전쟁용 도로를 건설하면서 마오리들은 타라나키의 타타라이마카Tataraimaka까지 쫓겨나고 말

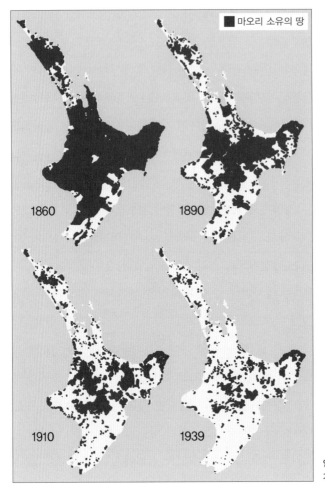

마오리 소유의 땅

1860

1890

1910

1939

연도별로 소멸되어
가는 마오리 땅(북섬)

앗다. 이때 일어난 전쟁이 '제2차 타라나키 전쟁'이다. 타라나키에서
전투가 벌어지고 있는 동안 7월에 와이카토에서도 전쟁이 또 발발하
였다. 이곳은 마오리가 가장 많이 살고 마오리 왕 운동이 일어난 마오
리 족의 본거지였다. 영국군의 중요 공격 목표인 이곳이 하나둘씩 점

령되자 마오리들은 게릴라 전술을 펴기 시작하였다. 하지만 영국군도 유격 부대와 전함의 지원을 받아 곳곳에서 승리를 거두고, 1864년 4월 초에는 영국군이 오라카파까지 점령하자 사실상 와이카토 전쟁은 흐지부지 끝나고 말았다.

1864년 영국 왕실은 평화를 원했지만 뉴질랜드 식민지 정부는 더 많은 땅을 차지하기 위하여 전쟁을 계속하려 했다. 즉, 전리품이 필요했던 것이다. 마지막 마오리 전쟁은 1864~1872년 사이에 일어났다. 1865년 7월 그레이 총독은 타라나키 남부의 웨로로아파를 점령했다. 이때쯤 마오리 족의 반영 감정은 북섬 전역으로 퍼져서 극에 달하고 있었다. 1868~1872년 사이에는 마오리 족 주력 부대가 게릴라 지도자인 테 쿠티가 조직하고 이끄는 링아투 전사 집단의 지원을 받게 되었다. 그러나 1872년 양쪽이 모두 지친 가운데 싸움은 끝나고 말았다.

북섬 중서부에 있는 마오리 왕 지배 지역은 여전히 영국군이 접근하기 어려운 성역이었다. 하지만 점차 마오리 영토 중 많은 부분을 빼앗겼고 마오리 사회도 붕괴되었으며 영국인 정착민은 급속도로 증가하였다. 이후부터 영국은 마오리 족의 반영 감정 완화에 힘을 썼고 식민지 회의에 마오리 족 대표를 참여시키는 등 마오리 족에게 유화 정책을 펴기 시작하였다. 마오리 전쟁은 1843년부터 1872년까지 약 30년간 일어난 뉴질랜드 내전이자 영국인에 의한 토지 수탈 전쟁이라고 할 수 있다.

민주주의가 뿌리내린 나라

영국인의 이민이 막바지에 접어든 1890년 뉴질랜드 인구는 약 50만 명쯤 되었는데, 이때 최초로 총선거가 시행되었다. 1891년에 사회보장제도가 도입되고, 1892년에는 노동조합 결성 및 토지 개혁이 이루어졌으며 1893년 세계 최초로 여성 참정권이 허용되는 등 사회 전반에 걸쳐 큰 변화를 맞이하게 된다. 1907년 9월 26일에는 영국으로부터 자치령 지위를 획득하면서 정부의 모습을 갖추어 가고 있었다. 또한 1931년에 제정된 웨스트민스터 헌장Statute of Westminster에 따라 영연방에 속한 뉴질랜드도 정치적으로 자율성을 보장받았다. 그 후 민주주의에 기반을 두고 사법법원, 입법국회, 행정정부부처, 지방정부, 집권당이 균형을 이루도록 정부의 구조와 체제 정비가 진행되었다.

뉴질랜드는 영국 식민지였던 역사 때문에 영국 여왕을 상징적으로 한 입헌군주국을 유지하고 있다. 그러므로 영국 여왕으로부터 권한을 위임 받은 총독이 뉴질랜드의 최고 통치자인 셈이다. 하지만 본국의 여왕과 마찬가지로 총독도 정치에는 전혀 관여하지 않는다. 그러므로 군주제이지만, 실제는 민주적으로 선출된 의회 다수당이 정부를 구성한다. 정부 형태는 영국식 의원내각제이며 지방 자치 제도를 실시하나 실제로는 강력한 중앙집권제나 다름없다.

사법부는 지방법원District Court, 고등법원High Court, 항소법원Court of Appeal, 대법원Supreme Court으로 나뉘는데, 최종심은 항소법원Court of Appeal이 관할한다. 가장 하위 법원인 지방법원은 다시 민사부, 형사부, 청소년부, 가족부 등으로 나누어지고, 특별 법원에는 고용법원,

환경법원, 마오리 토지법원 등이 있다. 또한 지방법원의 사법 업무를 보조하고 일반인들이 필요로 하는 공증이나 사법서사 업무를 무보수로 수행하는 'JP Justice of Peace 제도'가 식민지 초기부터 유지되고 있다. 또한 10년 전만 하더라도 최종 상고 시 런던의 추밀원樞密院으로 보내졌으나, 2004년 7월부터는 뉴질랜드 대법원이 설립되어 기존 영국의 판례를 원용하던 최고 사법권은 영국으로부터 완전 독립하였다.

뉴질랜드 헌법The New Zealand Constitution Act은 1852년 영국의회에서 제정하였는데, 1986년에 역사적인 법률 문서와 행정, 입법, 사법권 설치와 조직을 규정하는 모든 국내 법률을 집대성하여 다시 태어났다. 국회의원은 당초에 하원과 상원으로 구분된 양원제였으나, 1950년에 상원이 폐지되었다. 1854년에 처음으로 37명의 국회의원이 선출되었으며 지금은 정원이 120명으로 늘어났다. 3년에 한 번씩 비례혼합대표제MMP, Mixed Member Proportional Representation에 의한 국회의원 총선이 있는데, 총 120석일반지역구 62석+마오리지역구 7석+전국구 51석, 단 2005년부터 121석을 철저하게 정당 득표율로 나눈다. 지역 균형 발전을 위하여 남섬의 지역구 의석을 전체 지역구 의석의 25% 이상 뽑도록 규정해 놓고 있다. 하원의원은 투표에 의해 선출되는데 투표권은 18세 이상의 시민권자 및 영주권자에게 주어지며 의원의 임기는 3년이다. 뉴질랜드는 노동당과 국민당의 양당제가 확립되어 있어서 정치적으로 안정을 누리고 있다.

단일형Unitary State 국가인 뉴질랜드는 주정부가 따로 없는 중앙-지방정부의 이원 정부 체제로 운영되며 지방정부는 정치적, 재정적으로 상당 부분 자율권을 행사하고 있다. 중앙정부 조직은 중앙 핵심 부처

의회 사무실 등으로 사용되는 벌집 모양의 건물과
정치인 리처드 존 세든(Richard John Seddon, 1845~1906) 동상

와 기타 부처_{군대, 경찰 등}, 공기업으로 구성된다. 중앙 핵심 부서는 총리실, 공공관리위원회, 재무부 등 3개의 중심 부서와 국방부, 외교통상부 등으로 구성된다. 사업 부서는 교통 관계 부서인 항공국, 항만국, 도로국 그리고 공립학교, 국립도서관, 정부출연 연구기관 등으로 나뉘며, 공기업은 석탄, 전력, 삼림공사, 우체국, 공영 방송국 등이다. 지방정부는 세 가지 형태의 조직으로 나뉘어 있는데 먼저 지역위원회는 민방위 등의 업무를 관장하며 지방기관은 도로, 쓰레기, 도서실, 상하수도에 관한 업무를 처리하고 특정기관은 항만, 배수, 방역 등의 업무를 관장한다.

  한때 뉴질랜드의 최고 자리 모두를 여성이 차지한 적도 있다. 물론 똑같은 임기 기간은 아니었지만 일시적으로 4명의 최고 지도자들이 비슷한 시기에 근무했다. 최초의 여성 총리 헬렌 클라크Helen Clark를 비롯하여, 여성 국회의장 마거릿 윌슨Margaret Wilson, 여성 총독 실비아 카트라이트Silvia Cartwright, 여성 대법원장 시안 엘리아스Sian Elias, 그리고 엘리자베스 2세 영국 여왕까지 뉴질랜드를 움직이는 최고 권력자 모두가 여성이었다. 아마도 이 기록은 세계 유일무이한 기록일 것이다.

　뉴질랜드의 외교 정책은 영국과 호주 등 영연방 국가 간의 협력과 평화 유지가 중심이었지만, 제2차 세계대전 이후에 동남아시아 및 미국과의 관계가 급속히 밀접해졌다. 그 결과 1951년에 ANZUS 동맹호주·뉴질랜드·미국 3국 안전보장조약이 체결되고, 1959년에 SEATO동남아시아 조약기구에 가맹하였다. 국제협력 면에서도 1950년 창설된 콜롬보계획의 일원이 되어, 우리나라뿐만 아니라 동남아시아 각국의 경제개발에 중요한 역할을 해 왔다. 또 미국의 요청에 따라 타이의 전략도로 건설

 웨스트민스터 헌장

웨스트민스터 헌장은 1931년에 영국 의회가 제정하여 발표한 것으로 1971년에 발표된 밸푸어 선언(Balfour Declaration)에 기반을 두고 있다. 이 헌장에서 영국은 해외 자치령에 외교권도 주어지고, 국가의 지위도 영국 여왕-영국 수상-영국 정부-뉴질랜드 총독(Governor)-뉴질랜드 수상-뉴질랜드 정부이던 조직 체계를 대폭 줄여 영국 여왕-뉴질랜드 총독-뉴질랜드 수상-뉴질랜드 정부로 단순화하는 권력 구조로 변경하였다. 영국 정부가 임명하는 총독 하에서 자치 정부가 조직되어 내정에 대해서는 자치 정부가 책임을 지는 시스템이다. 이 헌장으로 영국 정부의 간섭을 전혀 받지 않는 형태가 되었으며, 뉴질랜드뿐만 아니라 다른 영연방 국가들도 외교, 군사 등을 자율적으로 수행할 수 있게 되었다. 이를 통해 정식으로 뉴질랜드 국적이 인정되었다. 이 헌장의 발표 배경은 제2차 세계대전에서 각 식민지 국가들이 자치령을 요구해 왔기 때문이며, 영국 정부도 각 자치령에 어느 정도의 독립성을 부여해 줌으로써 지배권을 유지하려고 한 것이다.

을 위하여 공병대를 파병하였고1962, 베트남전쟁에 파병하였으며1965, 1999년 9월의 동티모르 사태 때에는 호주와 함께 다국적군을 구성하여 파견하였다.

그뿐만 아니라 뉴질랜드는 아·태 지역과의 관계 강화 정책으로 '아시아 2000 재단이후 Asia-New Zealand Foundation으로 개칭'을 1994년 7월에 발족하고 아시아와의 관계 증진을 위한 학술, 문화행사를 지원하고 있다. 현재 뉴질랜드는 아시아극동경제위원회ECAFE, Economic Commission for Asia and the Far East, 1947와 아시아태평양이사회ASPAC, Asian and Pacific Council, 1966 그리고 아시아개발은행ADB, Asian Development Bank 등 아시아와 관계를 중요시하고 있다. 그 외 UN과 UN 산하 전문기구에 가입함과 동시에 많은 나라와 국제협약을 맺고 있다.

뉴질랜드의 지방 행정구역

1840년 와이탕이 조약 체결 이후 호주의 뉴사우스웨일즈New South Wales로부터 분리된 뉴질랜드를 홉슨은 뉴얼스터New Ulster, 북섬, 뉴먼스터New Munster, 남섬+웰링턴, 뉴레인스터New Leinster, 스튜어트 섬 등 3개로 나누어 이름 지었다. 1852년에는 오클랜드, 뉴플리머스, 웰링턴, 넬슨, 캔터베리, 오타고 등 6개의 도道, Region로 나누었고, 1858년에 뉴플리머스를 타라나키Taranaki로 명칭을 바꾸었으며 호크스베이1858, 말버러1859, 사우스랜드1861, 웨스트랜드1873가 새로 분리되었다. 이렇게 하여 1852년부터 1876년까지 북섬에 오클랜드, 호크스베이, 타라나키, 웰링턴 등 4개와 남섬에 넬슨, 말버러, 웨스트코스트, 캔터베리, 오타

노스랜드
●황아레이

오클랜드
오클랜드●

해밀턴 ●타우랑아
●
와이카토 베이오브
플렌티 기즈번

뉴플리머스● ●네이피어
타라나키 마나와투
왕아누이 호크스베이
파머스턴노스●

넬슨 웰링턴
말버러 ●웰링턴
타스만
그레이마우스●
웨스트코스트

●크라이스트처치
캔터베리

오타고
사우스랜드 ●더니든
●인버카길

뉴질랜드 행정구역

고, 사우스랜드 등 6개로 나뉘어 도합 10개의 도로 나뉘었다. 이들은
다시 도로나 산맥, 강 등 행정을 펴기 쉬운 형태로 구분하여 오늘날과

같이 구분되어 있다.

뉴질랜드 각 지방Region의 크기는 우리나라의 도道와 군郡의 중간 형태이지만 본 꼭지에서는 편의상 도로 표기하도록 한다. 북섬에는 베이오브플렌티, 호크스베이, 마나와투－왕아누이, 노스랜드, 타라나키, 와이카토, 광역 웰링턴 등 7개의 도가 있고, 남섬에는 캔터베리, 오타고, 사우스랜드, 웨스트코스트 등 4개로 모두 11개의 도 의회Regional Council가 있다. 그러나 오클랜드도 하나의 큰 도로 간주하고 모두 12개로 계산하였다. 그리고 단지 하나로 된 자치회는 북섬에 오클랜드 의회을 포함하여 기즈번 자치회Gisborne District Council, 남섬에 말버러 자치회Marlborough District Council, 넬슨 자치회Nelson City Council, 타스만 자치회Tasman District Council와 동쪽 800㎞ 지점에 떨어져 있는 채텀 자치회Chatham Islands Council 등이다.

원래 오클랜드 광역시는 오클랜드 시45만 300명, 마나카우 시, 노스쇼어 시, 와이타케레 시, 플랭클린 구Franklin District, 파파쿠라 구Papakura District, 로드니 구Rodney District 등의 자치회가 있었으나, 2010년 10월 통합 작업으로 하나의 지방 자치 지역Territorial Authority인 오클랜드 의회로 개편되었다. 시City는 북섬에 오클랜드 시와 광역 웰링턴에 4개 시Porirua City, Hutt City, Upper Hutt City, Wellington City, 그리고 해밀턴, 네이피어, 파머스턴노스, 타우랑아 등 9개와 남섬에 크라이스트처치, 더니든, 인버카길, 넬슨 등 4개로 모두 13개가 있다. 구District는 북섬에 34개, 남섬에 20개로 모두 54개이며, 13개의 시를 포함하면 모두 67개의 행정구역으로 나뉘어 있다.

각 도의 행정구역 내에서 인구가 가장 많고 중심이 되는 도시는 다

뉴질랜드 행정구역 현황

구분	도(Region)의 명칭	시(City)·구(District)의 명칭	계
북섬	노스랜드	Whangarei District(76,995명), Far North District, Kaipara District(구 3개)	3
	오클랜드	Auckland City	1
	와이카토	Hamilton City, Hauraki District, Matamata—Piako District, Otorohanga District, South Waikato District, Taupo District, Thames—Coromandel District, Waikato District, Waipa District, Waitomo District(시 1개, 구 9개)	10
	베이오브플렌티	Whakatane District, Tauranga City, Kawerau District, Opotiki District, Rotorua District, Western Bay of Plenty District(시 1개, 구 5개)	6
	–	Gisborne District(Gisborne)	1
	호크스베이	Napier City, Hastings District, Central Hawke's Bay District, Wairoa District(시 1개, 구 3개)	4
	타라나키	Stratford District, New Plymouth District, South Taranaki District(구 3개)	3
	마나와투-왕아누이	Palmerston North City, Horowhenua District, Rangitikei District, Ruapehu District, Tararua District, Wanganui District, Manawatu District(시 1개, 구 6개)	7
	광역 웰링턴	Wellington City, Hutt City, Porirua City, Upper Hutt City, Masterton District, Kapiti Coast District, South Wairapa District, Carterton District(시 4개, 구 4개)	8
남섬	–	Tasman District(Richmond)	1
	–	Nelson City(Nelson)	1
	–	Marlborough District(Blenheim)	1
	웨스트코스트	Grey District, Buller District, Westland District(구 3개)	3
	캔터베리	Christchurch City, Ashburton District, Hurunui District, Kaikoura District, Mackenzie District, Selwyn District, Timaru District, Waimakariri District, Waimate District(시 1개, 구 8개)	9
	오타고	Dunedin City, Central Otago District, Clutha District, Queenstown—Lakes District, Waitaki District(시 1개, 구 4개)	5
	사우스랜드	Invercargill City, Gore District, Southland District(시 1개, 구 2개)	3
–	–	Chatham Islands District	1
계	12	시: 13개(북 9, 남 4), 구: 54개(북 34, 남 20)	67

자료: 뉴질랜드 지방정부. 구분 방법은 필자의 주관적인 생각이며 굵은 글자로 표기한 곳은 각 지방에서 가장 큰 도시임. 기즈번(Gisborne), 타스만(Tasman), 넬슨(Nelson), 말버러(Marlborough) 등 하나의 행정구역으로 된 것은 도(Region)로 표기하지 않았지만 오클랜드 시는 편의상 하나의 도로 계산하였음.

음과 같다. 북섬의 노스랜드는 황아레이, 와이카토는 해밀턴, 베이오브플렌티는 타우랑아, 호크스베이는 네이피어, 타라나키는 뉴플리머스, 마나와투-왕아누이는 파머스턴노스, 광역 웰링턴은 웰링턴 등이

행정구역이 겹친 지역

구(District) 이름	소속 도(Region)	행정구역이 겹친 도(Region)
타우포(Taupo)	와이카토	베이오브플렌티, 호크스베이
로토루아(Rotorua)	베이오브플렌티	와이카토
랑이티케이(Ragitikei)	마나와투-왕아누이	호크스베이
스트랫퍼드(Stratford)	타라나키	마나와투-왕아누이
타라루아(Tararua)	마나와투-왕아누이	웰링턴
와이타키(Waitaki)	오타고	캔터베리

고, 남섬의 웨스트코스트는 그레이마우스, 캔터베리는 크라이스트처치, 오타고는 더니든, 사우스랜드는 인버카길 등이다. 특이한 점은 하나의 구District 구역이 2~3개의 도Region에 걸쳐 있는 경우가 몇 개 된다. 예를 들면 타우포Taupo District의 중심지는 와이카토에 속해 있지만 변두리 산악 지역은 베이오브플렌티와 호크스베이에 걸쳐 있다. 그러므로 타우포의 행정구역은 3개의 도에 걸쳐 있는 꼴이며 이러한 경우가 표와 같이 전국에 6개이다.

2013년 기준 뉴질랜드 남북섬에서 인구 10만 명이 넘는 도시가 6개인데, 북섬에는 이 나라 최대의 경제 도시인 광역 오클랜드141만 5550명를 비롯하여 수도인 웰링턴47만 1315명, 해밀턴14만 1615명, 타우랑아11만 4789명가 있고, 남섬에는 크라이스트처치34만 1469명와 더니든12만 246명이 있다. 크라이스트처치는 두 차례의 지진이 일어나기 전인 2006년의 인구 34만 8435명보다 약 7000명 정도가 줄었다. 도시의 인구를 보면 알겠지만 뉴질랜드의 도시는 인구가 많은 북반구 나라에서 생각하는 도시의 인구와는 비교가 되지 않는다.

또한 뉴질랜드는 6개의 지방정부 연합회LGNZ, NZ's Local Government가 구성되어 있다. 'Zone 1'은 노스랜드, 오클랜드의 모든 지방 자치회,

'Zone 2'는 와이카토, 베이오브플렌티의 모든 지방 자치회, 'Zone 3'는 호크스베이, 타라나키, 마나와투-왕아누이의 모든 지방 자치회로 편성되어 있다. 'Zone 4'는 수도인 웰링턴의 모든 지방 자치회, 'Zone 5'는 남섬의 타스만, 넬슨, 말버러, 웨스트코스트 그리고 캔터베리의 모든 지방 자치회이며, 'Zone 6'는 오타고, 사우스랜드의 모든 지방 자치회와 채텀 제도 의회로 조직되어 있다.

1킬로 평방에 16명이 사는 나라

뉴질랜드의 한적한 시골 길을 달리다 보면 원시적인 자연 속에 파묻혀 사는 느낌이 날 정도로 사람 보기가 쉽지 않다. 한국 면적보다 2.7배나 더 큰 뉴질랜드의 전체 인구는 424만 2048명2013년으로 북섬에 323만 7048명76.3%, 남섬에 100만 4397명23.7%이 거주하고 있다. 남섬의 면적이 북섬보다 약 4만km² 더 넓지만, 전체 인구의 3분의 2 이상은 북섬에 살고 있다. 북섬은 11만 7713km²43%에 인구가 323만 7048명이므로 인구밀도는 27.5명/km²이고, 남섬은 15만 7734km²57%에 인구가 100만 4397명이므로 인구밀도는 6.4명/km²이다. 최대 도시인 광역 오클랜드의 인구는 141만 5550명으로 전체 인구 대비 3분의 1에 해당하는 34%가 모여 살고 있으며, 인구밀도는 2532명/km²이다. 참고로 우리나라의 서울은 인구밀도가 1만 6188.9명/km²2010년 정도 된다. 뉴질랜드 전체의 인구밀도는 15.7명/km²으로 우리나라의 인구밀도 485.6명/km²2010년에 비해 보면 31분의 1 정도 된다.

남북 본섬 이외에 크라이스트처치 동쪽 800km 지점의 채텀 제도966km²

지역별 면적과 인구

지역(Region)	위치	면적(㎢)	인구(명)	인구밀도(명/㎢)
노스랜드		13,778	151,689	11
광역 오클랜드		559	1,415,550	2,532
와이카토		24,147	403,638	16.7
베이오브플렌티		12,303	267,741	21.8
기즈번(District)	북섬	8,386	43,653	5.2
호크스베이		14,138	151,179	10.7
타라나키		7,256	109,608	15.1
마나와투-왕아누이		22,220	222,669	10
광역 웰링턴		8,142	471,315	57.9
기타 도서 지역		6,784	–	–
소계		117,713	3,237,048	27.5
타스만(District)		9,764	47,154	4.8
넬슨(City)		447	46,437	103.9
말버러(District)		10,773	43,416	4
웨스트코스트	남섬	23,277	32,148	1.4
캔터베리		44,633	539,433	12.1
오타고		31,280	202,470	6.5
사우스랜드		32,184	93,339	2.9
기타 도서 지역		5,376	–	–
소계		157,734	1,004,397	6.4
채텀 제도	–	–	600	–
합계	–	275,447	4,242,048	15.7

자료: 뉴질랜드 정부 및 통계청 2013년 인구 조사. 구분 방법은 필자의 주관적인 생각이며, 남북섬의 기타 도서 지역 면적은 전체 면적에서 각 지방의 면적을 뺀 면적임.

에도 약 600명이 살고 있으며, 작은 자치회가 구성되어 있다. 웨스트코스트 지방의 경우는 인구밀도가 1.4명/㎢로 가장 낮아서 가로 세로 1㎞의 사각형 안에 1.4명이 사는 꼴이다. 그러므로 이 지역에서는 길을 가다가 사람 보기가 어려울 뿐만 아니라 가축들도 자기 주인을 매일 보지 못할 것 같다.

1841년부터 오클랜드 개발을 시작으로 1842년에는 인구가 3000여

연도별 뉴질랜드 인구

연도	총인구(명)	외국인(명)	성장률(%)
1926	1,403,640	4,500	
1936	1,569,216	4,581	
1945	1,698,996	3,222	
1951	1,930,482	8,958	
1956	2,162,907	11,121	
1961	2,403,624	11,265	
1966	2,659,305	17,442	
1971	2,845,998	16,632	
1976	3,103,266	26,118	
1981	3,143,307	32,430	
1986	3,263,283	43,800	
1991	3,373,926	61,023	3.4
1996	3,618,303	63,243	7.2
2001	3,737,280	83,469	3.3
2006	4,027,947	115,335	7.8
2013	4,242,048	111,150	5.3

자료: 뉴질랜드 통계청

 사람 키위

보통 호주 사람을 '오지(Aussie)'라고 부르고 뉴질랜드 사람을 '키위(Kiwi)'라고 부른다. 키위라는 말에는 사람을 업신여기는 내용이 포함된 것이 아니라 편하게 부르는 애칭으로 해석하면 된다. 뉴질랜드에 사는 백인 남자를 키위라고 부르지만 요즘은 '키위허즈번드(Kiwi husband)'라고 부르기도 한다. 마오리들은 유럽에서 온 사람을 '파케하'라고 부르기도 하지만 그냥 편하게 키위라고 부른다. 이는 수컷 키위 새의 성격이 소심하고 가사와 육아에 협조적인 데서 비롯되었다고 하며, 또한 날지 못하는 키위 새에 빗대어 비행기를 타보지 못한 사람들을 키위라고 하기도 한다. 보편적으로 호주나 영국 사람들이 남녀 구분 없이 뉴질랜드 사람을 통칭하여 부를 때 키위라고 부른다.

명에 육박하였고, 1964년에는 1만 2000여 명이 되었다. 뉴질랜드 통계청의 자료에 의하면 1926년에 140만 명이던 총인구가 88년 만에 3배로 증가하였다. 외국인은 인구조사 때 뉴질랜드에 체류한 사람으로 총인구에는 합산되지 않았으나 2006년부터는 외국인 약 11만 명 정도가 계속 뉴질랜드에 머무르고 있는 것으로 나타났다. 2001년에서 2006년 사이에는 인구가 7.8% 성장하였지만, 2006년부터 2013년 사이에는 성장률이 조금 저하되어 5.3%를 기록하였다. 뉴질랜드 전체 인구를 민족으로 구분하면 유럽 인이 68%, 마오리 족 14%, 아시아계 9.2%, 폴리네시아 인 6.9%로 나타나 있다.

세계 최초로 획득한 여성 투표권

뉴질랜드는 전 세계에서 가장 먼저 여성에게 투표권참정권을 인정한 나라로 당시 여성들에게 투표권을 인정한다는 것은 획기적인 일이었다. 그것도 민주주의 본산지라고 할 수 있는 영국이나 미국도 아닌, 남태평양의 작은 섬나라인 뉴질랜드에서였다. 1878년과 1879년에 집을 소유하고 재산세를 내는 여성에게 투표권을 주자는 법안이 나왔지만 의회에서 기각되었다. 그 후 여

케이트 셰퍼드

성운동가인 케이트 셰퍼드Kate Sheppard, 1848~1934는 전국 부인회National Council of Women의 초대 회장을 맡으면서 기독교 여성 금주 모임Women's Christian Temperance Movement을 만들었다. 이 단체는 알코올과 성 문제, 이혼 등 각종 사회문제를 여성의 시각으로, 어머니의 시각으로 바라보면서 문제 해결에 앞장섰다. 그 여세

를 몰아 여성 투표권에 대한 탄원서를 국회에 제출하기 시작하였다.

1888년에 9000명에게 서명을 받아서 여성 참정권을 요청하였으나 실패하였고, 1891년에도 실패하였다. 1892년에는 약 2만 명의 서명을 받아 하원에 상정하였으나, 보수적인 남성 의원들의 반대로 법안이 통과되지 않았다. 실패는 계속되었지만 케이트 셰퍼드의 의욕은 더욱 뜨거웠다. 1893년에는 당시 성인 여성의 무려 3분의 2에 해당하는 3만 2000명에게 서명을 받아 신청하였고, 그해 9월 8일에 여성에게 투표권을 허용하는 내용의 법안이 20:18로 통과되었다. 잠시 논란은 있었지만 9월 19일 글래스고Glasgow 총리가 법안에 서명함으로써 세계 역사상 처음으로 여성들에게도 투표권이 주어지게 된 것이다. 당시에는 정치에 직간접적으로 참여할 수 있는 선거권, 공무권 등이 포함되었고, 1919년에는 피선거권이 주어졌으며, 1933년에는 첫 여성 의원이 선출되었다. 당시 탄원서 원본은 웰링턴의 고문서 보관소에 보관되어 있다고 한다. 이후 뉴질랜드의 국회의원과 장관 등 여성 정치인들의 수가 거의 40%를 차지한 적도 있었다.

케이트 셰퍼드는 1848년 영국 리버풀에서 태어나 1869년 가족들과 함께 뉴질랜드 크라이스트처치로 이민을 왔다. 당시만 해도 여성은 어린이, 범죄자, 하인 등과 같은 급으로 분류되어 투표권을 주지 않았다. 만 21세가 넘은 보통의 남자, 그것도 자기 소유의 집이나 비즈니스가 있는 사람에게만 한정적으로 투표권을 준 시기였다. 과거 수천 년 동안 단지 여성이라는 이유 하나 때문에 제한되어 온 참정권을 얻어 내어 전 세계에 알림으로써 역사의 한 페이지를 장식한 케이트 셰퍼드는 1934년 86세의 나이로 세상을 떠났다.

갈리폴리 전투의 비극과 안작데이

제1차 세계대전1914~1918 발발 이후 중립을 지키던 터키가 독일과 동맹을 맺은 후 흑해의 러시아 항구를 공격하였다. 이에 영국 해군 장관인 처칠Winston Churchill, 1874~1965의 제안으로 연합국이 선전포고를 한 것이 갈리폴리 전투Gallipoli Campaign, 1915.4.25~1916.1.9의 시작이다. 갈리폴리터키 어로 겔리볼루는 예부터 분쟁이 자주 일어났던 곳으로 다르다넬스Dardanelles 해협의 아나톨리아Anatolia와 갈리폴리 반도 사이에 위치해 있다. 이곳을 장악하면 마라마라Marmara 해를 지나 콘스탄틴Constantine, 이스탄불의 옛 지명으로 뱃길이 연결되어 러시아와 교류가 용이해진다. 이를 막기 위해서 영국과 프랑스 등의 연합군이 1915년 2월 19일부터 공격을 시작한 것이다.

연합군은 그 후 2월 25일과 3월 25일에도 터키 군의 포진지를 공격하였으나 오히려 터키 군의 반격으로 3척의 군함이 격침되고, 3척이 대파되는 등 피해만 입었다. 이로 인해 처칠이 해군 장관에서 물러나고 영국 해군의 피셔John Arbuthnot Fisher, 1841~1920 제독도 사임하는 일이 벌어졌다. 연합군은 새로 임명된 영국의 해밀턴Ian Hamilton, 1853~1947 장군의 지휘 아래 호주와 뉴질랜드 군인을 주축으로 한 영연방 군인들과 프랑스 군인 등 7만여 명이 전열을 재정비하여 1915년 4월 25일에 갈리폴리에 상륙했다.

하지만 독일 제국의 폰 잔더스Otto Liman von Sanders, 1855~1929 장군과 터키의 케말 아타튀르크Mustafa Kemal Atatürk, 1881~1938, 후에 터키 초대 대통령가 지휘하는 합동군의 공격을 받고 패전하였다. 당시 호주 병사 8587명이 전사하고 1만 9367명이 부상을 당했으며 연합군 총 사상자는 22만

제1회 안작데이 행사 광경
(자료: 뉴질랜드 정부 백과사전)

여 명에 달했다. 모즐리 법칙Moseley's law을 발견했던 영국의 핵물리학
자인 헨리 모즐리Henry Moseley, 1887~1915도 이 전투에서 전사하였다. 또
한 당시 뉴질랜드 군인 2721명이 전사했다는 소식이 전해져서 한동
안 뉴질랜드 전역은 침통한 분위기에 빠져 있었다. 갈리폴리 상륙
작전이 실패로 끝나고 6개월 뒤 연합군은 갈리폴리에서 완전히 철수
했다.

영연방의 일원으로 참전한 호주와 뉴질랜드에서는 스스로 위로할
방법으로 안작데이ANZAC Day, Australian and New Zealand Army Corps를 정하
고 기념 행사를 가지기로 하였다. 1916년 제1회 안작데이를 시작으로
1920년 4월 25일부터는 공휴일로 지정하여 순국 장병들을 기리게 되
었다. 처음에는 안작데이에 제1차 세계대전11만 명 파병, 1만 6697명 전사에

 안작 비스킷

안작 비스킷의 정확한 유래는 알 수 없
으나 제1차 세계대전 당시에 뉴-호 연
합군의 구성을 축하하는 뜻으로 비스
킷을 만들었다고 한다. 또 다른 설에 따
르면 돈도 많이 들지 않고 영양가가 많
으며 저장이 용이한 비스킷을 각 가정
에서 만들어 전장의 군인들에게 보낸
데서 유래하였다는 설도 있다. 비스킷
이 군인들이 소지하기에도 편리하며 먹기도 간편하다는 것을 생각하면 두 번째 이야기가
더 설득력을 얻고 있다. 이 비스킷은 뉴질랜드 초기 정착자들 중에 스코틀랜드 인들이 만
들던 오트밀 비스킷과 아주 유사하다고 한다. 그 뒤 좋은 재료가 첨가되면서 오늘날의 안
작 비스킷으로 자리 잡았다고 한다. 지금은 적십자 기금 조성을 마련하기 위해, 또는 참전
용사 협회를 돕기 위해 비스킷을 만들어 판매한다.

참전했던 용사만 기렸지만, 나중에는 제2차 세계대전¹⁴만 명 파병, 1만 1625 명 전사과 한국전쟁, 베트남전쟁 등에 참전한 군인들도 함께 기리는 날로 확대되었다. 매년 치러지는 안작데이는 젊은 군인들이 전투에 참여했다가 목숨을 잃은 것을 기리며, 또한 영예롭게 살아 돌아온 군인들을 기념한다. 우리나라의 현충일과 비슷한 안작데이는 뉴질랜드 사회를 하나로 묶어 주는 힘이 되고 있다.

한편 한국전쟁에 참여한 뉴질랜드 군인들은 호주군과 함께 가평 전투에서 4000여 명의 중공군을 무찌르는 전과를 올렸다. 이때 43명이 전사하였고, 부상자 중 2명이 귀국 후 사망하였으며 이들 중 34명은 지금도 부산의 유엔묘지에 잠들어 있다.

남태평양에 터를 잡은
뉴질랜드

지구를 남반구와 북반구로 나누면 뉴질랜드는 남반구에 속하고, 동반구와 서반구로 구분
하면 동반구에 속한다. 또한 육반구와 수반구로 나누는 경우가 있는데, 지구의 땅이 많이
포함되는 육반구의 중심은 영국 근해이며, 바다가 많이 포함되는 수반구의 중심은 뉴질
랜드의 남동쪽 부근이다. 그만큼 뉴질랜드가 넓은 바다 한가운데에 있다는 말이다.

뉴질랜드의 지형적 특성

뉴질랜드의 남·북섬은 서로 지형적 성격이 약간 다르다. 북섬Te Ika-a-Māui은 전체적으로 비옥한 농경지와 목초지, 대규모의 인공림과 자연림, 모래가 가득한 해변, 굽이치는 강 등 구릉성 지형으로 이루어져 있다. 특히 중부 지역에는 간헐천, 온천, 유황 지대 등 지열 지대가 밀집되어 있으며, 인근에는 통가리로Tongariro 산1978m을 비롯하여 나우루호에Ngauruhoe 산2291m, 루아페후Ruapehu 산2797m, 에그몬트Egmont 산2518m 등 4개의 화산이 있다. 북태평양에서 배를 타고 뉴질랜드 인근에 도착한다면 가장 먼저 눈에 띄는 곳이 북섬 동해안의 이스트랜드Eastland이다. 마오리들도 제임스 쿡도 뉴질랜드에 도착했을 때 이스트랜드에 가장 먼저 발을 디뎠다.

남섬Te Waipounamu은 서쪽에 남알프스 산맥이 남북으로 뻗어 있고, 빙설에 덮인 고산 지형이 많다. 국토의 최고봉인 쿡Cook 산3754m 주변에는 타스만Tasman·폭스Fox 등 많은 빙하가 발달해 있으며, 빙하호수와 U자 협곡으로 이루어진 아름다운 사운드Sound가 형성되어 있다. 특히 남섬은 70% 정도가 산악 지형과 원시림으로 뒤덮여 있지만 이들 중 60% 정도는 나무가 없는 민둥산인데, 이런 토양툰드라토은 저온과 강한 자외선 때문에 생기는 현상이다. 곤드와나Gondwana 시기에 형성된 뉴질랜드의 남알프스 산맥은 프랑스, 오스트리아, 스위스에 걸쳐 있는 알프스 산맥만큼이나 웅장하다. 반면에 남섬의 동쪽인 캔터베리에는 광활한 농경지와 대규모의 목초지들이 널려 있다. 남·북섬을 모두 합한 전국토의 52%가 농경지 및 목장이며 29%가 삼림조림 5%, 자연림

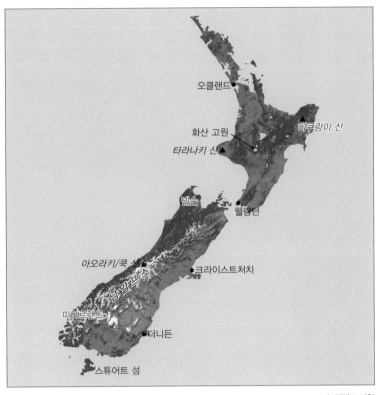

오클랜드

하쿠랑이 산

화산 고원

타라나키 산

넬슨

웰링턴

아오라키/쿡 산

크라이스트처치

남알프스

피오르랜드

더니든

스튜어트 섬

뉴질랜드 지형

24%, 나머지가 19%를 차지하고 있다.

　뉴질랜드는 해면 위로 드러나 있는 육지의 면적보다 바다 밑에 숨어 있는 침수대륙이 더 거대한데, 이는 곤드와나 대륙의 동쪽 일부분이 떨어져서 생긴 것으로 알려져 있다. 이때 생긴 바다 밑 대륙지각 continental crust, 大陸地殼은 뉴질랜드의 본토와 완만한 경사로 연결되어 있으며, 평균 수심이 1300m 정도 되고 끝부분은 약 4000m 정도 된다. 이곳은 3개의 대륙지각Challenger Plateau, Chatham Rise, Campbell Plateau으로 이

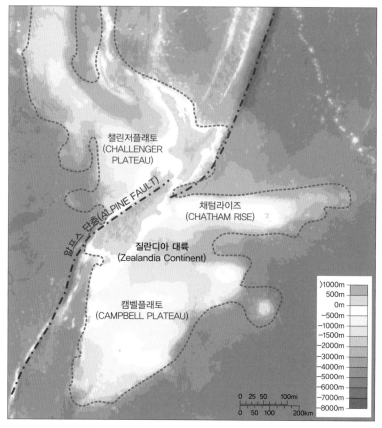

챌린저플래토
(CHALLENGER
PLATEAU)

채텀라이즈
(CHATHAM RISE)

알파인 단층(ALPINE FAULT)

질란디아 대륙
(Zealandia Continent)

캠벨플래토
(CAMPBELL PLATEAU)

〉1000m	
500m	
0m	
−500m	
−1000m	
−1500m	
−2000m	
−3000m	
−4000m	
−5000m	
−6000m	
−7000m	
−8000m	

0 25 50   100mi

0   50 100   200km

뉴질랜드 주변의 침수대륙

루어져 있으며, 근해 어업과 미래의 광물을 채굴하기 좋은 지대이기
도 하다.

　뉴질랜드 최고봉인 쿡 산을 비롯하여 가장 깊은 호수는 하우로코
Hauroko 호462m, 가장 넓은 호수는 타우포Taupo 호606㎢, 가장 긴 강은 와
이카토Waikato 강425㎞, 가장 긴 빙하는 타스만 빙하29㎞이며, 가장 깊은
동굴은 아서Arthur 산에 있는 네틀베드Nettlebed 동굴889m이고 총 해안

풍요의 땅, 이스트랜드

이스트랜드(Eastland)는 북섬 동해안의 베이오브플렌티(Bay of Plenty), 기즈번 (Gisborne), 호크스베이(Hawke's Bay)를 통틀어 부르는 이름이다. 이곳은 마오리들이 가장 먼저 도착한 곳이기도 하다. 제임스 쿡도 1차 탐험 때인 1769년 10월 8일 기즈번 해안을 목격하였는데, 이 지방의 풍부한 자원을 보고 'Bay of Plenty(풍부함, 넉넉함)'라고 이름 지었다고 한다. 1830년대부터 유럽 인이 산발적으로 들어왔으며, 1850년경에는 상인, 고래잡이, 선교사, 농부, 호텔 경영인 등이 정착하기 시작하였다. 네이피어(Napier)에는 1857년 12월에 이민 배가 처음 도착한 이후에 1839~1906년까지 모두 32회의 정착민을 실은 이민 배가 도착하였다. 기즈번(Gisborne)은 뉴질랜드의 동쪽 끝으로, 2000년 밀레니엄 때 전 세계에서 많은 사람들이 모여든 곳이다. 이스트랜드에는 마누카(Manuka) 꿀을 개발한 콤비타(Comvita) 본사, 과일 키위의 제스프리(Zespri) 본사, 양모회사 쉽스킨(Sheep skins) 본사가 있으며, 뉴질랜드 3대 와인 생산지로 유명하다. 약 250년 전에 제임스 쿡이 이름 지은 '풍요의 땅'이 맞는 셈이다.

선 길이는 1만 5811㎞ 정도 된다.

남태평양에 터를 잡은 뉴질랜드

지구를 북반구와 남반구로 나누었을 때 뉴질랜드는 남반구의 중위도인 남위 34°~47°에 위치하고, 호주 대륙 남동쪽 약 2600㎞ 지점에 위치한다. 뉴질랜드는 인도-오스트레일리아 판Australian-Indian Plate과 태평양판의 경계에 위치하여 화산 활동과 지진이 자주 발생하며, 지열 지대가 많이 분포되어 있다.

지질학상 캄브리아대Cambrian period, 5억 7000만 년 전부터 생성된 뉴질랜드는 이후 판의 움직임으로 남북으로 이동한다. 대륙 이동설에서 지구의 대륙은 약 2억 5000만 년 전까지는 판게아Pangaea라고 불리는 하

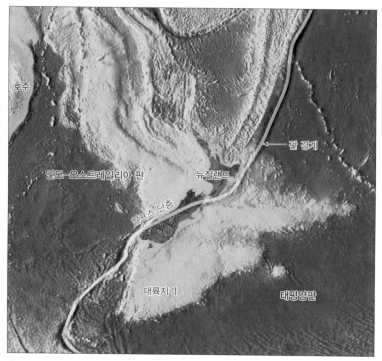

판 경계 위에 위치한 뉴질랜드

나의 커다란 대륙으로 존재해 있었고, 약 2억 년 전에는 두 개의 대륙인 로라시아Laurasia와 곤드와나Gondwana로 나누어진다. 곤드와나는 다시 1억 6000만 년 전에 남아메리카, 아프리카, 중국, 인도, 호주로 나누어지기 시작하였는데, 이때 호주와 뉴질랜드는 남극 방향으로 내려온다.

실루리아기Silurian period, 4억 3000만 년 전 때부터는 남쪽으로 더욱 급진전하여 남위 30°까지 내려오게 된다. 이러한 움직임은 데본기Devonian period, 3억 9500만 년 전에도 계속되며, 페름기Permian period, 2억 7000만 년 전에 들어서는 호주, 남극대륙, 아프리카 남부, 인도, 그리고 남아메리카 인근에 형성된 얼음덩어리 때문에 다시 남극 부근까지 밀려나게 된다. 이때 뉴질랜드 주변 바다에는 추위에 잘 견디는 토종 조개류와 육지의 식물들이 뿌리를 내리기 시작하였으며, 곤드와나 대륙이 동북쪽으로 이동하는 중생대의 트라이아스기Triassic period, 2억 3000만 년 전와 쥐라기Jurassic period, 1억 8000만 년 전에는 다시 남극으로부터 멀리 떨어져서 남반구의 중위도까지 올라가게 된다. 이때부터는 기후가 균등하게 온화하여 여러 가지 곤드와나 식물과 토속 동식물카우리, 고사리, 도마뱀, 토종 개구리, 타조, 키위 새 등들의 움직임이 활발해지면서 토지가 유용하게 변하게 된다.

인도가 북쪽으로 움직이기 시작한 중생대 말인 백악기Cretaceous period, 1억 3500만 년 전에는 곤드와나 대륙에서 분리된 뉴질랜드도 남극 가까이현재의 위치로 다시 내려오기 시작한다. 이 시기에 뉴질랜드 특유의 동식물들이 확고히 자리를 잡게 되었다. 그 외에도 인근의 오세아니아로부터 동식물들이 건너왔으며 탐험가들의 선박이나 이민자들이 가져온 부속물과 함께 여러 종류의 동식물이 들어오기도 하였다. 그리고 타스만 해는 지금으로부터 약 8000만~6000만 년 사이에 생성되었으며 뉴질랜드와 남극 사이에 있는 캠벨Campbell 고원도 이 시기에 자리 잡았다.

판의 이동과 함께 초대륙 집단인 곤드와나가 분리되면서 판과 판 사이에는 격렬한 충돌이 일어났으며 이때 뉴질랜드 전역에는 화산과 지진이 발생하여 지형이 변형되었다. 특히 북섬은 신생대 제4기Quaternary period, 250만 년 전에 많은 화산이 발생하였는데 이때 루아페후 산, 통가리로 산, 나우루호에 산 등이 분출하였다. 뉴질랜드의 빙하와 남알프스의 산도 제4기에 조산 활동에 의해 생겼는데 대략 140만~110만 년 전에 생성되었을 것으로 추정하고 있다. 현재 남섬의 큐리오Curio 만에는 1억 8000만 년 전에 생긴 것으로 알려진 세계에서 가장 크고 잘 보존된 화석 숲fossil forest이 발견되고 있다.

뉴질랜드 영토와 남극의 얼음 땅

뉴질랜드의 본토mainland 면적은 약 26만 8000㎢로 일본37만 7000㎢보다는 작고 영국24만 3000㎢보다는 조금 크며 한반도22만 3000㎢의 약 1.3배이다. 23㎞의 쿡 해협을 사이에 두고 북섬11만 6000㎢과 남섬15만 2000㎢ 두 개의 큰 섬으로 나뉘어 있다. 본토 이외에 남섬 바로 밑 30㎞ 지점에 스튜어트Stewart 섬과 동남쪽 800㎞ 지점에 1842년에 뉴질랜드 영토로 편입된 특별 지역인 채텀Chatham 제도가 있다. 남극 연안에도 스네어스Snares 제도 등의 섬이 흩어져 있으며, 뉴질랜드 북동쪽 1000㎞ 지점에 케르마데크Kermadec 제도의 라울Raoul 섬을 비롯한 여러 섬들이 있다.

뉴질랜드 영토로 포함되지는 않지만 동북 방향 3000㎞ 지점에 15개 섬으로 이루어진 쿡Cook 제도1965년 자치령, 약 2만 1000명와 2500㎞ 지점에 14개 마을로 형성된 니우에Niue 섬1974년 자치령, 약 2100명은 연합국 형태로 유지되고 있다. 같은 방향 3400㎞ 지점에 3개의 산호섬으로 이루어진 토켈라우Tokelau 제도약 1400명는 1889년부터 영국의 보호 아래 있었으나, 1948년 이후부터 뉴질랜드령이 되었다. 3개의 산호섬들은 바다

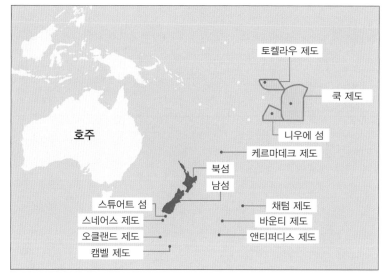

토켈라우 제도

쿡 제도

니우에 섬

케르마데크 제도

호주

북섬

남섬

스튜어트 섬

스네어스 제도

채텀 제도

바운티 제도

오클랜드 제도

앤티퍼디스 제도

캠벨 제도

뉴질랜드 영토

로부터 높이가 5m 정도 되며 아타투Atatu 섬, 누쿠노누Nukunonu 섬, 파
카오포Fakaofo 섬이 북서 방향으로 일렬로 서 있다. 뉴질랜드의 바다는
1908년에 해안으로부터 3해리를 영해로 결정하여 왔으나, 1977년에
는 영해 12해리와 배타적경제수역EEZ, Exclusive Economic Zone 200해리를
설정하였다. 이웃하는 나라가 없기 때문에 주변 나라와의 갈등도 없
으며, 비록 본토의 면적은 넓지 않지만 세계에서 다섯 번째로 넓은 배
타적경제수역340만㎢을 가지고 있다.

남극대륙은 국제법상으로 어느 한 나라의 땅이라고 소유권이 인정
되지는 않지만 뉴질랜드 쪽으로 향한 남극대륙의 일부분과 그 바다
는 뉴질랜드의 영향권 아래에 있다고 볼 수 있다. 이 지역은 뉴질랜드
가 영유권을 주장하고 있는 로스 속령Ross Dependency, 45만㎢을 일컫는데,

뉴질랜드의 영역

뉴질랜드					연합국가	
본토	특별지역	외딴 섬				
북섬, 남섬	채텀 제도	케르마데크 제도, 스리킹스 제도, 남극 연안 섬	로스 속령	토켈라우 제도	쿡 제도	니우에 섬
11개의 도(Region), 13개의 시(City), 53개의 구(District)						

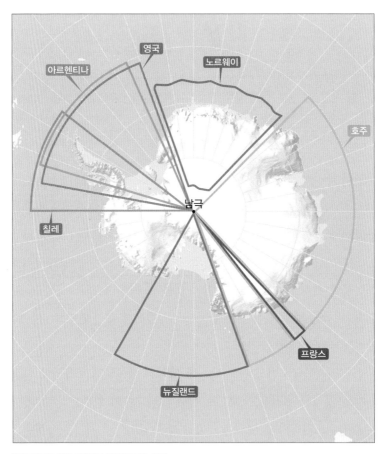

초기 7개국의 영유 지역과 뉴질랜드 로스 속령

이 땅은 1841년 영국의 해군 장교인 제임스 클라크 로스James Clark Ross, 1800~1862가 이끄는 탐험대가 발견하였다. 당시 빅토리아 여왕의 이름을 따서 빅토리아랜드Victoria Land라고 이름 붙였으나 나중에 이 땅을 처음으로 탐험한 로스의 이름으로 고쳤다. 1923년 7월 30일 영국 정부가 이 땅을 뉴질랜드 정부에 이양하여 오늘에 이른다.

로스 속령은 남극점을 정점으로 동경 160°부터 서경 150° 사이의 파이 모양의 남극 지역이다. 이 지역은 남극점에 서서 팔을 V자 모양으로 50도 벌렸을 때 앞에 보이는 땅과 바다 모두를 일컫는다. 이 지역의 특성상 남극대륙에서 유일하게 푹 패인 만 지역이라서 육지는 얼마 되지 않고 바다가 훨씬 더 많이 포함된다. 로스 속령에는 로스 빙붕Ice Shelf, 로스 섬, 발레니Balleny 제도, 스콧Scott 섬, 루스벨트Roosevelt 섬 등이 분포하고 있다.

남극 탐험은 제임스 쿡이 1차 탐험 때인 1768년부터 남극 근해를 둘러보며 시작되었고, 2차 탐험 때인 1773년 1월 17일에는 최초로 남위

 남극의 영유권

남극대륙은 초기 탐험 7개 국가(영국, 프랑스, 뉴질랜드, 호주, 노르웨이, 칠레, 아르헨티나)에서 파이 모양으로 나누어 영유권(15% 제외)을 주장하고 있는 상태이다. 이들 나라들은 남극조약(1961년) 이전부터 남위 60° 이상의 남극에 위치한 영토에 대해 영유권을 주장해 왔다. 이런 주장은 7개국 서로 간에는 인정을 한 상태이지만 남극조약 이후 국제법상으로는 인정되지 않는다. 그중 사우스오크니(South Orkney) 제도는 아르헨티나와 영국이 동시에 영유권을 주장하고 있으며, 사우스셰틀랜드(South Shetland) 제도는 아르헨티나, 칠레, 영국이 영유권을 주장하고 있는 상태이다. 프랑스, 호주, 뉴질랜드, 노르웨이는 영토가 서로 겹치지 않아서 분쟁 없이 경계선을 인정하고 있다.

71°10′까지 도달하였다. 이것은 당시로서는 위대한 업적이었다. 쿡은 얼음으로 뒤덮인 남극대륙을 보고, 이곳에 인류가 거주하기는 어렵다는 것을 확인하였다. 다음 남극권 진입은 약 50년 후인 1819~1821년 사이에 남극대륙을 일주한 러시아의 벨링스하우젠Fabian Gottlieb von Bellingshausen, 1778~1852에 의해 이루어졌다.

섬나라 뉴질랜드

뉴질랜드는 두 개의 큰 섬인 북섬과 남섬으로 이루어진 나라이지만 본 꼭지에서는 두 섬을 본토라고 간주한다. 본토 다음으로 큰 섬은 남섬의 남쪽에 있는 스튜어트 섬으로 마오리 어로 '하늘이 붉게 불타는 장소Rakiura'를 의미한다. 한때 마오리가 살았던 흔적이 있는 이 섬을 1770년에 제임스 쿡이 발견하고 해도에 그려 넣었는데, 당시는 남섬과 연결된 반도처럼 그렸다고 한다. 그 후 1809년 페가수스Pegasus 호의 1등 항해사인 윌리엄 스튜어트William Stewart가 지도에 정확하게 표시하였다. 1867년부터 1890년대까지 몇 차례 금과 주석을 채굴하려는 사람들이 몰려들었으나 모두 실패로 끝났다. 스튜어트 섬의 면적은 서울의 약 3배인 1746㎢이고, 인구는 400명 정도이다. 섬의 중심인 하프문베이Halfmoon bay의 오반Oban에는 관광 안내소, 페리와 비행기의 출발·도착지, 상점, 관공서 등이 있다. 관광지로는 포경업과 물개 사냥 기록을 전시한 라키우라 박물관, 야생 조류 보호 구역인 올바 섬 등이 있지만, 섬의 85%는 라키우라 국립공원으로 지정되어 출입이 제한되고 있다.

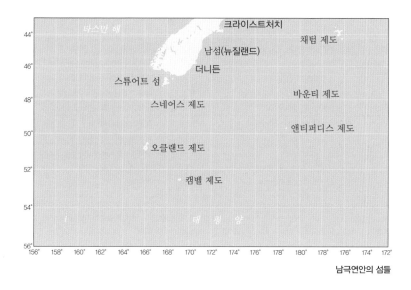

44° 바스만 해 크라이스트처치
채텀 제도
남섬(뉴질랜드)
46° 더니든
스튜어트 섬
48° 스네어스 제도 바운티 제도
앤티퍼디스 제도
50°
오클랜드 제도
52°
캠벨 제도
54°
태 평 양
56°
156° 158° 160° 162° 164° 166° 168° 170° 172° 174° 176° 178° 180° 178° 176° 174° 172°

남극연안의 섬들

　뉴질랜드에는 이외에도 많은 섬이 있지만 10여 개 정도의 섬에만 사람들이 거주하는데, 그중 오클랜드 인근의 와이헤케Waiheke 섬약 8730명에 가장 많은 인구가 살고 있다. 그 외에 그레이트배리어Great Barrier 섬약 850명, 채텀Chatham 섬약 600명 등을 비롯하여 섬에 거주하는 전체 인구는 대략 1만 명 정도 된다. 강 하구의 삼각주나 임시로 생기는 섬, 호수 안에 있는 섬, 조수 간만 때문에 생기는 섬 등은 영토이지만 섬의 영역에 포함되지는 않는다. 한편, 남섬 동남쪽 800㎞ 지점의 채텀Chatham 제도는 반경 40㎞ 이내의 10개 섬으로 이루어져 있는데 그중에 채텀 섬이 가장 크며, 피트Pitt 섬도 62㎢로 규모가 큰 편이다. 채텀 제도는 원주민인 모리오리 족이 '레코후Rekohu, 안개 낀 태양'로 불렀고, 마오리 어로는 '화레카우리Wharekauri'라고 한다.

　이외에도 굉장히 많은 섬들이 분포하고 있는데, 케르마데크Kermadec

뉴질랜드의 외딴 섬

위치	이름(/마오리 이름)	면적(㎢)	최고봉(m)
북섬의 북쪽	케르마데크 제도	33.08	모우모우카이(Moumoukai peak, 516)
	스리킹스 제도/나모투카라카	4.86	그레이트(Great Island, 294)
남섬의 동남쪽	채텀 제도/화레카우리, 레코후	966	마웅아테레(Maungatere Hill, 294)
	솔랜더 열도/하우테레	0.7	솔랜더(Solander Island, 330)
남극 연안	바운티 제도	1.35	퍼널(Funnel Island, 88)
	스네어스 제도/티니헤케	3.41	노스이스트(North East Island, 152)
	앤티퍼디스 제도	20.97	갈로웨이(Mount Galloway, 366)
	오클랜드 제도/모투마하	625.6	디크(Mount Dick, 705)
	캠벨 제도/모투이후푸쿠	113.31	허니(Mount Honey, 569)
계	-	1,769	-

주: 스리킹스(Three Kings) 제도는 북섬의 레잉아 곶에서 55km 북쪽에 위치한 섬이며, 마운트디크(Mount Dick)는 외딴 섬 중에서 가장 높은 봉우리로 오클랜드(Auckland) 제도의 아담(Adam) 섬에 있다.

제도에 4개를 비롯하여 솔랜더 Solander 열도, 스리킹스Three Kings 제도 등이 있다. 그리고 유네스코에 지정된 남극 연안의 오클랜드Auckland 제도에 4개, 캠벨Campbell 제도에 4개, 앤티퍼디스Antipodes 제도, 바운티Bounty 제도, 스네어스Snares 제도 등이 널려 있고, 연합국의 형태로 유지되고 있는 북동부의 쿡Cook 제도에 15개, 토켈라우Tokelau 제도에 3개, 니우에Niue 섬 등이 있다. 게다가 남극의 로스 속령의 발레니Balleny 제도에 4개, 아르키펠라고Archipelago에 9개, 스콧Scott 섬, 루스벨트Roosevelt 섬, 쿨먼Coulman 섬 그리고 스튜어트 섬까지 모두 합하면 대략 220개가량이 된다.

산을 만들고 호수를 만드는 불기둥

뉴질랜드는 지질학적으로 인도-오스트레일리아 지각 판과 태평양

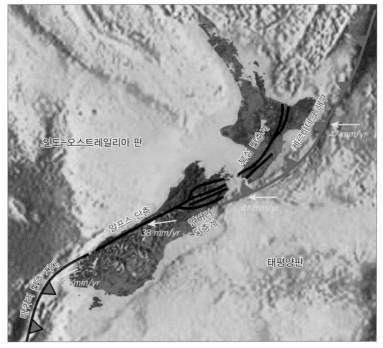

인도-오스트레일리아 판

알프스 단층

38 mm/yr

37 mm/yr

47 mm/yr

41 mm/yr

태평양판

뉴질랜드 주변의 판의 이동

지각 판의 경계 지점에 놓여 있어서 약 2500만 년 전부터 조산운동造山
運動, orogeny이 시작되었다. 그래서 신생대 제4기인 홍적세1만~160만 년 전
와 충적세현세~1만 년 전부터 화산의 폭발과 지진이 자주 발생하였다. 지
각 판의 경계는 뉴질랜드의 북섬 동편과 남섬 서편을 연결한 선으로
좌측이 인도-오스트레일리아 판이고 그 우측이 태평양판이다. 그래
서 북섬에서는 태평양 해양지각이 인도-오스트레일리아 판 아래로
매년 41~47㎜씩 섭입攝入, 다른 지각 밑으로 휘어져 들어가는 현상하고 남섬에서
는 38㎜ 내외로 인도-오스트레일리아 지각판이 태평양판으로 섭입해
들어가는 형국이다.

오클랜드의 화산 흔적Auckland Volcanic Field은 분화구와 분석구噴石丘, volcanic cone 형태로 53개소나 있다. 가장 오래된 것은 노스쇼어North Shore 시의 오네포토Onepoto 분지~25만 년이고, 다음은 푸푸케Pupuke 호~20만 년, 오라케이Orakei 분지~8만 5천 년 등의 순으로 오래되었다. 오클랜드 앞바다에는 약 600~650년 전에 분화한 랑이토토Rangitoto 섬이 있는데, 대략 700년 전부터 오클랜드에 마오리들이 살고 있었다고 하므로 당시 마오리들은 바다에서 화산이 솟아오르는 과정을 보았을 수도 있다.

통가리로Tongariro 국립공원 내의 통가리로 산, 나우루호에 산, 루아페후 산은 지금도 화산활동을 하고 있다. 이 중 루아페후 산은 지난 1995년과 1996년도에 화산 폭발이 있었던 곳으로 지금도 지하 약 75㎞ 지점에서 열기를 뿜어내고 있다. 나우루호에 산은 1839년부터 총 61번이나 폭발한 기록이 있는 화산으로 아직도 활발하게 활동하고 있다. 또한 2012년 8월 6일 통가리로 산의 분화로 인한 화산재 때문에 항공기 운항 위험 최고단계인 '적색 항공코드'가 발령되고, 지역 주민들에게 외출을 삼가라는 일이 있었다. 이 화산 폭발은 116년 만의 일로, 1897년 이후 처음이라고 한다. 일명 타라나키 산으로 불리는 에그몬트 산은 1755년 이후 아직 한 번도 분화하지 않았으나, 약 200㎞ 지하에서 용암이 꿈틀거리고 있다. 그리고 북섬 동해안 지역인 베이오브플렌티의 화카타네Whakatane 해안에서 약 50㎞ 떨어진 화이트 섬은 지금도 수평선 위로 연기를 뿜어내고 있다.

뉴질랜드 북섬 동해안에서부터 케르마데크 제도 인근까지 뻗어 있는 해저Kermadec Arc and Havre Trough에도 20개소 이상의 화산이 있으며, 케르마데크 제도의 커티스Curtis 섬, 매콜리Macauley 섬, 라울Raoul 섬 등도 화산이 분출되어 생긴 섬이다. 남극 연안 5곳의 화산은 아주 오래 전에 분화를 멈추었으며, 로스 속령의 4곳의 화산 중 에레버스Erebus 산은 2008년부터 아직까지 분화가 계속되고 있다. 뉴질랜드에서 화산이 가장 많은 지역은 역시 타우포 화산 지대Taupo Volcanic Zone로 총 27 곳에 화산이 분포하고 있다. 그 외에 이름이 많이 알려진 화산 흔적으로는 로토루아Rotorua 호, 타우포Taupo 호, 와이오타푸Waiotapu, 봄베이 힐스Bombay Hills 등이 있다.

화산이 만들어 낸 뉴질랜드 최대의 호수인 타우포 호는 둘레가 약 193㎞이며 최고 수심은 약 180m이다. 당시 거대하고 강한 폭발로 땅이 꺼지고 바위가 산산이 부서지면서 생긴 화산재와 용암이 지금의 베이오브플렌티까지 흘러가서 타라웨라Tarawera, 푸타우아키Putauaki, 망아누이Manganui 등 화산 평원을 만들었다. 약 1900년 전에 일어난 타우포 화산 폭발은 세계에서도 가장 큰 폭발로 알려졌다. 당시 중국과 로마의 역사학자들은 수십 킬로미터 상공까지 분출한 화산재로 어두워진 하늘에 대해 기록하고 있는데, 이것이 타우포 화산 때문이라는 학설이 있다. 인근의 로토루아 호도 홍적세 시대에 화산 폭발로 생긴 호수이다.

흔들리는 섬나라

뉴질랜드는 판 경계에 위치한 지리적 여건 때문에 화산뿐 아니라 지진도 많이 발생하는 편인데, 초기 정착민들은 1840년 5월 26일 웰링턴의 니콜슨Nicholson 항에서 처음으로 지진을 경험하였다. 이후 1848

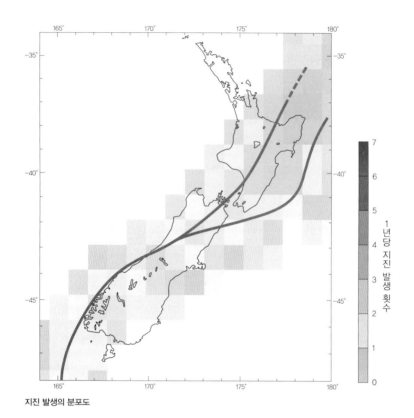

지진 발생의 분포도

년 말버러Marlborough 중심에서 발생한 지진으로 해협 건너의 웰링턴에
서 벽돌 건물이 무너지면서 많은 피해를 입었는데, 이때부터 주택을
나무로 짓기 시작하였다. 또한 1931년 호크스베이Hawke's Bay의 네이피
어Napier와 헤이스팅스Hastings에서 일어난 큰 지진으로 건물이 완전히
무너지면서 지진의 위험성에 대해 크게 인식하게 되었다. 뉴질랜드
지질 및 핵과학연구소GNS, Institute of Geological and Nuclear Science에 따르면
뉴질랜드 주변에서 매년 약 1만 4000건의 지진이 발생하지만 그중에
알아차릴 수 있는 것은 100~150개 정도이며, 1~2개가 인명과 재산에

뉴질랜드 지진 발생 현황

날짜	발생 장소	해당 지방(Region)	진도(ML)	비고
1800~1899			5.7~8.2	18회 발생
1900~1949			5.7~7.4	34회 발생
1950~1999			5.5~7.8	39회 발생
2000~2010			5.8~7.1	18회 발생
2010. 9. 4	다필드	캔터베리	5.9~7.1	3회 발생
2011. 2. 22	크라이스트처치	캔터베리	5.8~6.3	3회 발생
2011. 6. 13	크라이스트처치	캔터베리	5.9~6.4	2회 발생
2011. 7. 5	타우포	와이카토	6.5	
2011. 7. 7	라울 섬	케르마데크 제도	7.6(Mw)	
2011. 10. 22	라울 섬	케르마데크 제도	7.4(Mw)	
2011. 12. 23	크라이스트처치	캔터베리	5.9~6.0	2회 발생
2012. 7. 3	사우스타라나키 만	타라나키	7.1	
2013. 7. 19	쿡 해협	말버러	5.7	
2013. 7. 21	쿡 해협	말버러	5.8~6.5	2회 발생
2013. 8. 16	그래스미어 호	말버러	6.0~6.6	2회 발생

주: ML은 국지적 규모(리히터 규모, Magnitude Local)이고, Mw는 모멘트 규모(Moment Magnitude scale)임.

 무너진 대성당

영국 성공회 교회인 크라이스트처치 대성당(The Anglican cathedral of Christchurch)은 1864년에 주춧돌이 놓였다. 재정적인 어려움으로 1865년과 1873년 사이에 부분 완공이 되었고, 1904년까지도 건축이 계속되었다. 영국의 스콧(George Gilbert Scott, 1811~1878)과 뉴질랜드 마운트포트(Benjamin mountfort, 1825~1898)가 함께 설계, 감독한 것으로 알려진 이 건물은 원래는 목조 건물로 계획하였으나, 인근에서 양질의 석재가 발견되어 석조 건물로 바뀌었다. 성당의 첨탑은 지상에서 63m로 시내를 한눈에 볼 수 있는 훌륭한 관측소로, 그동안 지진으로 인해 세 번의 손상을 입었으며 1901년에 탄력이 좋은 구리판으로 교체하였다. 그러나 2011년 크라이스트처치 대지진 때 첨탑과 한쪽 면이 완전히 붕괴되었다.

손해를 입힌다고 한다.

　초기의 지진 발생 현황은 정확히 알 수 없으나 1460년에 웰링턴, 1610~1620년 사이와 1717년에 남알프스 지역Alpine Fault에서 지진이 있었다고 한다. 그 후 유럽 인들이 들어온 19세기부터 지진이 많이 관찰되는데, 이때부터 정확한 측정과 기록을 할 수 있었기 때문이다. 진도 5.5 이상으로 측정된 지진은 1800년부터 2013년까지 총 125회인데, 19세기 100년 동안 18회, 1900~1949년까지 50년 동안 34회, 1950~1999년까지 50년 동안 39회, 비교적 최근인 2000~2013년까지 14년 동안 34회로 나타났다. 이처럼 1900년 이후에 엄청나게 많이 불어난 것은 활발한 지각 활동 때문이기도 하지만 감지 능력이나 측정 기술이 발달한 이유도 있다.

2011년 2월 22일 오후 12시 51분에 크라이스트처치Christchurch에서 발생한 진도 6.3의 지진 때 진앙지 근처인 리틀턴Lyttelton과 크라이스트처치는 심각한 피해를 입었다. 이 지진은 2010년 9월 4일에 발생한 지진7.1의 큰 여진이라고 한다. 당시 지진의 규모는 작았지만 진앙지가 크라이스트처치 인구 밀집 지역과 가까워서 사망자가 178명이나 되었다. 모건스탠리은행J.P. Morgan Chase에 따르면 이 지진의 피해액은 120억 달러약 NZ $160억로 2008년 이후 세계의 자연재해 피해액 중 가장 많은 것으로 알려졌다. 이와 같이 지진이 많은 뉴질랜드를 '흔들리는 섬 Shaky Isles'이라고 부르기도 한다.

뉴질랜드의 산과 호수와 강

넓지 않은 국토에 비해 의외로 높은 산이 많은 뉴질랜드의 산세는 웅장하고 거대하다. 이들 중 가장 높은 산인 쿡Cook 산은 마오리 어로 '눈을 뚫고 나온 산Aoraki'의 뜻이며 해발 3754m이다. 한때는 고도

뉴질랜드 산 현황

산 이름	높이(m)	산 이름	높이(m)	산 이름	높이(m)
쿡	3,754	세프턴	3,151	어스파이어링	3,033
타스만	3,497	테이첼맨	3,144	해밀턴	3,025
댐피어	3,440	하스트	3,114	딕슨	3,004
밴쿠버	3,309	엘리드보몽	3,109	글레이셔	3,002
실버혼	3,300	라페루즈	3,078	처들리	2,966
말트브룅	3,198	더글러스	3,077	헤켈	2,965
힉스	3,198	하이딩거	3,070	드레이크	2,960
렌든펠드	3,194	마젤란	3,049	다윈	2,952
그레이엄	3,184	말라스피나	3,042	에귀유루즈	2,950
토러스	3,160	미너레츠	3,040	드라베슈	2,950

뉴질랜드 호수 현황

호수 이름	면적(㎢)	호수 이름	면적(㎢)	호수 이름	면적(㎢)
타우포	606	로토루아	79	로토이티	35
테아나우▲	344	와이라라파	78	와이카레	34
와카티푸▲	291	벤모어	75	모노와이▲	31
와나카▲	192	하우로코▲	63	매케로	28
엘즈미어	180	오하우▲	63	던스탄	26
테황아	180	와이카레모아나	54	카니에레	22
푸카키▲	179	콜리지▲	47	오마페레	14
마나포우리▲	142	포테리테리▲	43	로토아이라	13
하웨아▲	141	브루너	40	오카리토	12
테카포▲	83	타라웨라	39	오하쿠리	12

주: ▲는 빙하호수

뉴질랜드 강 현황

강 이름	길이(km)	강 이름	길이(km)	강 이름	길이(km)
와이카토	425	랑이타이키	193	와이아우(말버러)	147
클러서	322	마나와투	182	라카이아	145
왕아누이	290	불러	177	파테아	143
타이에리	288	와이호우	175	후루누이	138
랑이티케이	241	모하카	172	투라키나	137
마타우라	240	와이라우	169	와이로아(북섬)	137
와이아우	217	황아에후	161	와이로아	132
클래런스	209	와이마카리리	161	아와테레	126
와이타키	209	모카우	158	그레이	121
오레티	203	나루로로	154	랑이타타	120

가 3764m였지만, 1991년 11월 14일 정상이 붕괴되어 10m 정도 낮아졌다고 한다. 이외에도 3000m가 넘는 산이 24개이며, 30번째로 높은 드라베슈De la Beche 산이 우리나라의 백두산보다 높은 2950m이다. 고도 30위 이상의 산 모두는 남알프스 산맥에 위치한다. 2000m대의 산이 30개이므로 2000m가 넘는 산은 모두 60개이다. 우리나라의 백두산보다 높은 산은 37개이고 남한의 최고봉인 한라산보다 높은 산은 62개나 된다. 그리고 1000~2000m의 산이 34개이며 1000m 이하의 산은 53개로서, 산Mountain이라고 분류된 것은 모두 147개이다.

호수는 표면적이 1㏊ 이상인 호수가 4090개인데 그중에 10㎢¹⁰⁰ha 보다 큰 것이 41개이며, 0.5㎢⁵⁰ha 이상은 229개, 그리고 0.01㎢¹ha 이상 되는 호수가 3820개이다. 가장 큰 호수는 606㎢ 면적의 타우포Taupo 호로 오세아니아에서 가장 크다. 뉴질랜드에서 2번째 큰 호수이자 남섬에서 가장 큰 호수인 테아나우Te Anau 호344㎢는 타우포 호의 절반 정도 된다. 한편 로토루아Rotorua 호는 마오리 어로 '2번째로 큰 호수'라는 의미가 있지만 그것은 북섬에서 타우포 다음으로 큰 호수라는 의미인 것으로 보인다. 뉴질랜드 전체 순위로는 11위이기 때문이다. 특이하게도 채텀Chatham 섬의 테황아Te Whanga 석호가 180㎢로 전체 5위를 차지하였다.

남알프스 산맥 동쪽에 있는 대부분의 빙하호수는 거의 20위권에 들 정도로 호수가 넓은 편이며, 15위에 랭크된 하우로코Hauroko 호63㎢는 수심이 462m로 가장 깊다. 그 외에 수심이 깊은 호수로는 마나포우리Manapouri 호444m, 테아나우 호417m, 하웨아Hawea 호392m, 와카티푸Wakatipu 호380m 등이다. 5개의 깊은 호수는 모두 남섬의 빙하호수이

카이투나
타라웨라
랑이타이키
화카타네
모투
와이로아
모하카
나루로로
루아마항아
허트
와이라우
클래런스
와이아우
와이마카리리
라카이아
랑이타타
와이타키
타이에리
클러서
마타우라
와이로아
와이카토
와이화카이호
파테아
왕아누이
랑이티케이
마나와투
아오레레
모투에카
불러
그레이
호키티카
하스트
아라와타
와이아우
오레티
스튜어트 섬
채텀 제도

뉴질랜드의 강

며, 북섬에서 최고로 깊은 호수는 와이카레모아나Waikaremoana 호248m
이다. 캔터베리의 벤모어Benmore 호75㎢는 인공적으로 만든 호수 중에
가장 큰 호수이며, 두 번째는 오타고의 던스탄Dunstan 호26㎢, 세 번째
는 와이카토의 오하쿠리Ohakuri 호12㎢이다. 상위 15개 호수 중에 타우
포 호와 로토루아 호는 화산호수Volcanic lake이고, 엘즈미어Ellesmere 호는
댐으로 생긴 호수이다. 와이라라파Wairarapa 호는 강 때문에 생긴 호수
이며, 와이카레모아나 호는 땅이 꺼져서 생긴 호수이다.

와이카토 강의 시작인 후카 폭포

　일찍이 마오리와 유럽 인들은 내륙의 강을 교통로로 사용하였으나 지금은 레저 스포츠가 발달하여 래프팅, 카누, 제트보트, 번지점프 등 상업적인 용도로 많이 이용되고 있다. 또한 뉴질랜드에서 생산하는 전기의 절반가량을 강수력발전에서 얻고 있다. 대부분의 강은 산이 높고 험한 남섬에서 발원하는데, 가장 긴 강인 북섬의 와이카토Waikato 강의 원류는 타우포 호이다. 남섬 와나카Wanaka 호에서 흘러 나가는 클러서Clutha 강은 1초에 약 530㎥의 물을 강으로 흘려 보낸다. 강 위에는 홍수 방지를 위한 댐, 수력발전용 댐, 교통로로 이용되는 교량 등 많은 구조물이 설치되어 있는데, 교량 중에서 가장 긴 것은 라카이아Rakaia 강의 교량으로 1757m에 이른다.

　뉴질랜드 강의 총길이는 약 18만㎞ 정도 된다. 긴 강 10개 중 단연 1

위는 북섬의 와이카토 강425㎞이며, 다음은 남섬의 클러서 강322㎞, 북섬의 왕아누이Wanganui 강290㎞, 남섬의 타이에리Taieri 강288㎞, 북섬의 랑이티케이Rangitikei 강241㎞, 남섬의 마타우라Mataura 강240㎞, 사우스랜드의 와이아우Waiau 강217㎞, 클래런스Clarence 강209㎞, 와이타키Waitaki 강209㎞, 오레티Oreti 강203㎞ 등이다. 그리고 100㎞에서 200㎞ 사이의 강은 25개이고, 50㎞에서 100㎞ 사이의 강은 18개이며, 50㎞ 이하의 강이 5개인데 막내는 남섬의 워터오브리스Water of Leith 강으로 14㎞이다. 우리에게 최초의 번지점프 장소로 잘 알려진 남섬의 카와라우Kawarau 강은 약 60㎞ 정도 된다.

 동굴 속의 은하수

오클랜드에서 남쪽으로 약 200㎞ 떨어진 오토로항아(Otorohanga)에 와이토모 동굴(Waitomo Caves)이 있다. 와이토모는 마오리 말로 '구멍을 따라 흐르는 물'이라는 의미를 가지고 있다. 1887년 영국인 측량사 프레더릭 메이스(Frederick Mace)와 마오리 추장 타네 티노라우(Tane Tinorau)에 의해 정식으로 발견되었다고 한다. 이곳에는 희귀 곤충인 글로웜(Glow worm, 애벌레)이 푸르스름한 빛을 내고 있다. 순간적으로 빛을 내는 대부분의 반딧불이와는 달리 연속적으로 빛을 내며, 기어 다니는 개똥벌레 또는 커다란 모기와 생김새가 비슷하다. 동굴을 따라 들어가면 종유석, 석순, 석주들을 만난다. 동굴 천장에는 벌레들이 발산하는 빛 때문에 밤하늘의 은하수 같은 느낌이 들 뿐만 아니라 금방이라도 나에게 떨어질 것 같은 환상적인 별빛 쇼가 펼쳐진다. 크리스마스트리에 켜 놓은 아주 작은 전구 같기도 한 이 광경을 보러 매년 수만 명이 찾는다. 이 동굴은 약 3만 년 전에 바다였다가 단층 작용으로 오늘날과 같이 동굴의 형태로 형성되었다고 한다. 건기에는 지하 동굴에 흐르는 강을 따라 동굴을 관광할 수 있다.

빙하와 사운드의 땅, 남알프스

뉴질랜드의 자연 지형 중에 빼놓을 수 없는 것이 남섬의 빙하Glaciers 지대와 사운드Sound이다. 사운드는 노르웨이 어로 '피오르Fjord'라고 부르며 구불구불하게 생긴 좁은 만灣을 일컫는다. 남알프스Southern Alps 또는 웨스트랜드Westland라고도 하는 이 지역의 단층은 곤드와나Gond-wana 시기에 생성되었다고 전해진다. 산이 높고 적설량이 많아서 만년설이 쌓이고, 이 만년설에 의해 곡빙하valley glacier가 생기고 다시 침식 지형인 사운드와 빙하호수가 만들어진다.

남알프스 지역은 3000m 이상의 고산 지대이기 때문에 일반 관광객의 출입이 제한적이지만 폭스Fox 빙하와 프란츠요제프Franz Josef 빙하는 가능하다. 폭스 빙하는 하이딩거Haidinger 산3070m과 더글러스Douglas 산3077m으로부터 흘러내리며 빙하의 길이는 약 14㎞ 정도 된다. 프란츠요제프 빙하는 1865년 이 지역을 처음 탐사한 독일 지리학자 율리우스 폰 하스트Julius Von Haast, 1822~1887가 자기 나라 황제의 이름을 따서 지었다고 한다. 이 빙하는 엘리드보몽Elie de Beaumont 산3109m에서부터 흘러내리며 빙하의 길이는 약 11㎞ 정도 된다. 그 외에 보너Bonar 빙하, 클라우센Claussen 빙하, 더글러스Douglas 빙하, 그레이Grey 빙하, 고드리Godley 빙하, 후커Hooker 빙하, 아이보리Ivory 빙하, 라이엘Lyell 빙하, 모드Maud 빙하, 마운트루아페후Mount Ruapehu 빙하, 뮬러Mueller 빙하, 머치슨Murchison 빙하, 램지Ramsay 빙하, 타스만Tasman 빙하, 볼타Volta 빙하 등이 있다. 그뿐만 아니라 남극 연안의 섬과 북섬의 통가리로 인근의 고산 지대에도 규모가 작은 빙하들이 즐비하다.

폭스 빙하
(자료: 김익현)

뉴질랜드의 사운드 현황

사운드 이름	길이(km)	면적(km²)
밀퍼드	17.5	24
서덜랜드	10	11
블라이	18	21.5
조지	20.5	31
캐스웰	15	18.5
찰스	14	16
낸시	15	14
톰슨	18	28
브래드쇼	18.5	25
다웃플	40	86
대그	14	16
브레이크시	30.5	50
더스키	40	–
찰키	–	–
프리저베이션	–	–

빙하들은 오랜 시간동안 침식 작용을 거치며 해안에 사운드피오르를 만들었는데, 특히 남섬 서쪽 해안에는 규모가 큰 사운드가 15개가 있다. 사람의 발자국이 닿지 않은 더 남쪽으로 내려가면 찰키Chalky 후미, 프리저베이션Preservation 후미를 비롯하여 에드워드슨Edwardson 사운드, 쿠나리스Cunaris 사운드, 롱Long 사운드, 이스머스Isthmus 사운드, 그레이트Great 섬, 콜Coal 섬 등 원시 자연이 펼쳐진다. 대부분의 사운드는 해안가에서 깊이 들어간 하나의 사운드로 이루어져 있지만, 다웃플Doubtful 사운드 인근은 좀 복잡하다. 톰슨Thompson 사운드와 다웃플 사운드를 갈라 놓은 세크레터리Secretary 섬 안쪽 끝에서 다시 다웃플 사운드와 브래드쇼Bradshaw 사운드로 갈라진다. 그리고 브래드쇼 사운드의 입구는 타스만 해로부터 12㎞ 떨어진 다웃플 사운드와 인접해 있다. 이 지역은 탐험가들이 만의 안쪽으로 들어가 보지도 않

다웃플 사운드

고 'Doubtful의심스러운'이라고 이름을 지었다고 하는데, 다웃플 사운드 H=421m는 안쪽에 무엇이 있는지, 빠져나올 수는 있는지 '의심'을 한 것이 오늘날 사운드의 이름이 되었다고 한다.

빙하는 해안가의 사운드뿐만 아니라 민물 사운드인 빙하호수를 만들었다. 남알프스 산맥 동쪽은 바다가 아니고 넓은 평지로 이루어진 지형이기 때문에 높은 곳에서 암석 부스러기와 얼음 덩어리들이 아래쪽으로 내려오면서 U자 모양의 길쭉한 빙하호수를 만들었다. 즉 테카포Tekapo 호를 비롯하여 오하우Ohau 호, 푸카키Pukaki 호, 콜리지coleridge 호, 하웨아Hawea 호, 와나카Wanaka 호, 와카티푸Wakatipu 호, 테아나우Te Anau 호, 모노와이Monowai 호, 하우로코hauroko 호, 마나포우리manapouri 호, 포테리어Poterier 호 등 모두 12개의 빙하호수가 남섬 전체에 흩어져 있다. 그 외에 작은 빙하호수들도 남알프스 산맥 속 군데군데 숨어 있다. 깨끗한 빙하수와 빙하 퇴적물이 와이마카리리Waimakariri 강, 라카이아Rakaia 강, 랑이타타Rangitata 강으로 흘러내려 캔터베리 평원을 풍요롭게 만들고 있다.

지옥에서 솟아나는 뜨거운 물

일본과 더불어 온천이 많기로 유명한 뉴질랜드는 북섬에 80개소, 남섬에 27개소 등 도합 107개의 온천이 있다. 그러나 이름이 알려지지 않았거나 규모가 작아서 상업적으로 이용되지 않는 것까지 합하면 더 많을 것으로 생각된다. 특히 온천 지역이라 알려진 북섬의 로토루아Rotorua, 타우포Taupo, 와이카토Waikato, 베이오브플렌티Bay of Plenty 등에 61개소57%가 밀집되어 있고, 남섬에는 웨스트코스트West Coast와 캔터베리Canterbury에 거의 다 모여 있다. 각 지역별 분포를 보면 북섬에는 노스랜드Northland 2개, 오클랜드Auckland 7개, 코로만델Coromandel 3개, 와이카토 10개, 베이오브플렌티 13개, 기즈번Gisborne 2개, 로토루아 19개, 타라나키Taranaki 1개, 타우포 19개, 호크스베이Hawke's Bay 4개 등 80개소가 있고, 남섬에는 웨스트코스트 16개, 캔터베리 10개, 오타고 1개 등 27개소가 있다.

오클랜드 북쪽으로 약 30~40분 거리에 위치한 와이웨라Waiwera 온천과 코로만델 방향으로 25번 도로를 따라가다 보면 만날 수 있는 미란다Miranda 온천은 대도시와 가까워서 온천객들이 붐비는 곳이다. 그리고 오클랜드 남쪽의 카이마이마마쿠kaimai Mamaku 산 밑의 테아로하Te Aroha 온천은 세계적으로 희귀한 소다수 온천으로 유명하다. 대부분의

핫워터비치

관광객이 북섬에서 온천을 즐기기 때문에 남섬에 가서는 온천을 하지 않고 바로 퀸스타운으로 떠나는 경향이 있는데, 남섬에도 핸머Hanmer 온천, 마루이아Maruia 온천 등 조용하고 멋진 곳들이 있다.

온천으로 유명한 로토루아와 타우포에는 38개의 온천이 있는데, 그 중에 단연 으뜸은 폴리네시안 스파Polynesian Spa이다. 이 온천은 1878년부터 시작되었으나 1882년부터 정식으로 문을 열었다고 한다. 현재 이곳에는 4가지 스타일로 총 26개의 풀이 있으며 통증 치료 효과가 있는 산성수로 유명한 프리스트 스파Priest Spa와 심신의 피로를 말끔히 씻어 주는 알칼리수 스파, 천연 미네랄 스파 등 다양한 종류의 온천이 있다. 인근의 거번먼트 가든Government Gardens도 예전에 목욕탕으로 사용되어 배스하우스Bath House란 별칭으로 불린다.

특이한 바다온천으로 유명한 코로만델 반도의 핫워터비치Hot Water Beach는 휘티앙아Whitianga 남동쪽 12㎞ 지점에 위치하는데, 바닷물이 빠질 때 해수욕장 모래사장에서 뜨거운 물이 솟아나는 것이 특징이다. 이때 삽으로 모래를 파서 웅덩이를 만들면 온욕을 좀 더 색다르게 즐길 수 있다. 이 온천은 매년 13만 명 정도의 관광객을 불러들이며 유명한 관광지가 되었다.

뉴질랜드 키위들이 휴양지로 가장 좋아하는 타우랑아Tauranga의 마웅아누이Maunganui 산230m 밑에도 특이한 온천인 해수온천Hot Salt Water 이 있다. 마웅아누이 산에 올라가서 전망을 구경하고 내려오면 바로 밑에 해수온천을 볼 수 있는데, 이 온천은 우리나라처럼 바닷물을 데우는 것이 아니라 땅 밑에서 뜨거운 바닷물이 솟아나는 곳이다.

뉴질랜드에도 땅끝이 있다

땅끝이라는 단어의 사전적인 의미는 육지가 바다에 닿을 때 육지의 가장 끝부분이다. 뉴질랜드에도 우리나라의 땅끝 같은 곳이 있는데, 북섬의 북쪽 끝Northland과 남섬의 남쪽 끝Southland이 그것이다. 그런데 2000년 뉴 밀레니엄이 다가올 때 날짜변경선에서 가장 가까운 동쪽 끝을 땅끝이라고 표현하기도 했다. 우리나라는 순수한 육지를 기준으로 하는 땅끝과 섬을 포함한 땅끝이 있는 데 반하여 뉴질랜드는 남북 섬의 땅끝만 존재하고 멀리 떨어진 섬은 포함하지 않는다.

오클랜드에서 북쪽 땅끝까지는 약 400㎞ 남짓 되며 승용차로 5시간 정도 소요된다. 도로는 대부분이 왕복 2차선으로 좁고 구불구불하며 오르막과 내리막이 많다. 가장 큰 도시인 황아레이Whangarei을 지나서 베이오브아일랜즈Bay of Islands와 카이타이아Kaitaia를 벗어나면 90마일비 치실제는 100㎞ 정도 된다고 함를 만난다. 비포장도로를 따라 마지막 약 20㎞ 정도를 달리면 북쪽 땅끝인 레잉아Reinga 곶에 도착한다. '레잉아'라는 말은 '지하세계'라는 뜻과 '영혼들이 뛰어드는 곳'이라는 의미를 동시

뉴질랜드의 땅끝 위치

구분	경위도	위치
동쪽 끝	동경 178°37′	기즈번, 이스트 케이프(East Cape)
서쪽 끝	동경 166°35′	피오르랜드 국립공원, 웨스트 케이프(West Cape)
남쪽 끝	남위 46°40′	남섬 블러프, 슬로프 포인트(Slope Point)
북쪽 끝	남위 34°26′	북섬, 레잉아 곶(Cape Reinga)
국토 중심	남위 41°30′ 동경 172°50′	넬슨, 스푸너스 레인지(Spooners Range)
최남단	남위 47°17′ 동경 167°32′	스튜어트 섬, 사우스웨스트 케이프(South West Cape)

주: 뉴질랜드는 국토가 남북으로 길게 생겼으므로 동서의 땅끝은 별 의미를 두지 않으며, 멀리 떨어진 외딴 섬도 포함되지 않았다.

남쪽 땅끝 슬로프 포인트

남쪽 땅끝의 이정표

에 지니고 있다. 마오리는 이곳을 사후에 영혼이 저승 또는 고향인 하와이키Hawaiki로 가장 빨리 갈 수 있는 지점이라고 믿고 있다. 남위 34°26′, 동경 172°41′인 이곳에는 1941년에 불을 밝힌 등대가 있다.

뉴질랜드 북섬의 동부 지방을 이스트랜드Eastland라고 하는데 지형이 오른쪽으로 툭 튀어나와 있는 모양이다. 이곳이 날짜변경선에 가장 가까운 지역으로 경도상 날짜변경선 좌측에 있으므로 세계에서 가장 먼저 해가 뜨는 곳이다. 그래서 각국의 사람들은 남들보다 먼저 새천년을 맞이하기 위하여 기즈번Gisborne으로 몰려들었다. 그중에서도 가장 동쪽은 기즈번의 이스트East 곶으로 동경 178°35′에 위치한다. 기즈번에서 국도 35번을 따라 북쪽으로 약 180㎞ 정도 올라가면 테 아라로아Te Araroa라는 작은 마을을 만나는데 여기서 다시 동남쪽의 비포장 해안도로를 따라가면 나오는 육지의 끝이 동쪽 땅끝이다. 그러나 정말로 땅끝을 원한다면 육지 끝 지점에서 정동쪽으로 약 2㎞ 떨어진 이스트East 섬에 건너가야 한다. 이곳이 가장 먼저 해가 뜨는 지역이지만 뉴질랜드에서는 큰 의미를 부여하지 않는다.

뉴질랜드 남쪽 땅끝이 있는 사우스랜드Southland 지방에서도 땅끝이 있는 도시는 인버카길Invercargill이다. 거기서 남쪽으로 30㎞ 더 내려가면 블러프Bluff라는 자그마한 타운이 있는데, 이 동네의 슬로프 포인트 Slope Point가 바로 땅끝이다. 우리나라로 치면 해남군에 해당하는 곳이 인버카길이며, 송지면에 해당하는 곳이 블러프이고, 갈두리 땅끝에 해당하는 곳이 슬로프 포인트인 셈이다. 슬로프 포인트에서 적도까지는 5140㎞이고 남극점까지는 4803㎞ 정도 된다. 땅끝의 위치는 남위 46°40′이고 동경 169°이므로 북쪽과 남쪽 양 땅끝 사이의 위도 간격은 12°14′ 정도 된다. 대부분의 여행자들은 블러프에서 페리를 타고 스튜어트Stewart 섬이나 남극으로 바로 떠나지만 하루 정도 머물면서 소박한 땅끝 마을의 정취를 느껴보는 것도 좋을 듯하다. 일반적으로 뉴질랜드의 최남단을 언급할 때는 슬로프 포인트보다는 블러프가 인용되는데, 대표적인 예로 "레잉아 곶에서 블러프까지"라는 말이 있다. 사

 국토 중심

뉴질랜드의 땅끝 이외에 지리적 중심지인 국토 중심이 넬슨 시가지 중심지에서 가까운 언덕 위에 설치되었다. 이 표시는 1870년대 넬슨의 측량 책임자인 존 스펜스 브라우닝(John Spence Browning)이 삼각측량을 실시하여 결정한 것이다. 지금의 뉴질랜드 중심(gravitational centre)은 1962년에 넬슨 남서쪽 35㎞ 지점인 타파웨라(Tapawera) 근처의 스푸너스 레인지(Spooners Range) 숲 속의 360도 탁 트인 곳에 설치되었는데, 남위 41° 30′, 동경 172°50′으로 결정되었다. 이때 측량은 스튜어트 섬을 비롯한 본토 인근의 섬은 포함되었지만, 멀리 떨어진 채텀 제도 등은 포함되지 않았다.

뉴질랜드 국토 중심 마크

실은 블러프에서 남쪽 30㎞ 지점에 있는 스튜어트 섬의 사우스웨스트 Southwest 곶이 가장 남쪽인 남위 47°17′이다. 한편 뉴질랜드의 가장 서쪽은 동경 166°35′의 브레이크시Breaksea 사운드이다.

외롭지만 평화로운 나라 뉴질랜드

지구 상에는 200개 이상의 나라가 있는데, 대부분의 나라들은 서로 붙어 있거나 이웃하고 있지만 뉴질랜드는 주변에 바다뿐이라서 이웃나라와 정치적인 갈등이나 영토 분쟁이 없다. 뉴질랜드에서 가장 가까운 나라가 비행기로 3시간 떨어진 호주나 2000~3000㎞ 이상 떨어진 조그마한 섬나라들뿐이다. 뉴질랜드 사람들은 호주에 갈 때 외국에 간다는 느낌을 크게 못 받는다. 왜냐하면 비록 멀리 떨어져 있지만 그들 간에는 많은 것이 비슷하기 때문이다. 서로 생김새도 비슷하고, 말도 같고, 조상의 뿌리도 같고, 일가 친인척들도 양국에 흩어져 있는 형제 국가이기 때문에 두 나라 사이에 이질감이란 것은 거의 찾아 볼 수가 없다.

뉴질랜드와 호주 국민들은 서로의 나라에 놀러 갔다가 맘에 든다면 그곳에 눌러 앉아도 된다. 1973년 2월 4일 양국 간 체결된 트랜스타스만 조약Trans-Tasman Travel Agreement에 의해 뉴질랜드 국민들은 언제든지 자유롭게 호주에 가서 거주할 수 있다. 2010년 현재 약 40만 명의 뉴질랜드 인이 호주에서 살고 있으며, 약 5만 명의 호주 인이 뉴질랜드에 거주하고 있다고 한다. 뉴질랜드는 개척 당시부터 호주와 함께 영국의 식민지였기 때문에 문화, 정치, 사회 등 모든 분야에서 호주와 영

뉴질랜드의 위치

국과 비슷하다. 세 나라는 화폐만 다르지 대부분이 같다고 볼 수 있다.

따라서 호주 이외에는 할아버지 나라인 영국과 가까이 지내는 편이다. 지리적으로는 굉장히 먼 곳에 위치하지만 그곳은 선조들의 땅이고 말이 통하는 나라이기 때문에 제3국으로 갈 때 일단 영국에 가서 다른 나라로 접근하는 습성이 있다. 그들이 영국으로 가는 것은 할아버지를 만나러 고향에 가는 것과 비슷한 것 같다. 아무튼 뉴질랜드 젊은이들은 할아버지 나라인 영국과 형제 나라인 호주 이외의 나라와는 접촉할 기회가 별로 많지 않으므로 북반구 나라 젊은이에 비하면 촌뜨기나 다름없다.

유럽연합이 경제동맹으로 그룹을 형성하면서부터, 뉴질랜드는 영국을 통해 유럽에 수출해 오던 농·축·수산물을 자유롭게 수출할 수가 없게 되었다. 그래서 동남아시아 여러 나라와 교역을 넓히고, 이민을 받아들이고, 관광객을 유치하는 등 다른 방면으로 교류를 넓히기위해 노력하였다. 그 결과 지금은 뉴질랜드 상품들도 유럽이 아닌 동남아시아 쪽으로 많이 수출되고 있을 뿐 아니라 체육, 문화, 전통, 교육 등 다방면의 교류가 이루어지고 있고, 뉴질랜드 사람들도 동남아시아로 많이 진출해 있다.

지구를 남반구와 북반구로 나누면 뉴질랜드는 남반구에 속하고, 동반구와 서반구로 구분하면 동반구에 속한다. 또한 육반구와 수반구로 나누는 경우가 있는데, 지구의 땅이 많이 포함되는 육반구의 중심은 영국 근해이며, 바다가 많이 포함되는 수반구의 중심은 뉴질랜드의 남동쪽_{남위 48°, 서경 179°30′} 부근이다. 그만큼 뉴질랜드가 넓은 바다 한가운데에 있다는 말이다. 주변에 땅이 없어서 1978년에 설정한 배타적 경제수역_{EEZ}도 다른 나라와 협의할 일이 없다. 수천 ㎞ 떨어진 호주와 몇몇 섬들을 제외하면 우리나라와 동남아를 비롯한 등의 나라들이 대체적으로 8000~1만 ㎞ 이상 떨어져 있다. 뉴질랜드는 그만큼 외로운 나라이자 평화로운 나라이다.

항구도시 오클랜드의 지형과 지리

뉴질랜드의 관문이자 최대 도시인 오클랜드_{Auckland}는 바다로 둘러싸여 있어 지리적으로 항구도시로 발달할 수 있는 자연조건을 구비하고 있다. 흔히 오클랜드 항이라고 부르는 와이테마타_{Waitemata} 항과 화

오클랜드 시가지 위성사진

물 항인 마누카우Manukau 항또는 오네홍아 항이 깊은 만 안쪽에 형성되어
있다. 와이테마타 항은 조수 간만의 차가 3m 정도 되지만 중심 해저
의 수심이 10~14m로 골짜기가 형성되어 있어서 큰 배들의 입출항에
는 별 지장이 없다. 와이테마타 항은 레저 관광 및 상업 중심의 항구
이며, 건너편의 데번포트Devonport는 군항으로 한국전쟁에 참여한 군
함이 출발한 항구이기도 하다. 서해안의 마누카우 항은 1863년 마오
리 전쟁 중 구축함 오르페우스Orpheus가 모래톱sand bar에 걸려 빠져나
오지 못하여 259명이 전사하고 배가 침몰한 큰 재난이 발생한 곳이다.
지금도 모래톱이 계속 생성되고 있으므로 항구로서는 적합하지 못하다.

　광역 오클랜드 시는 도심으로부터 반경 20㎞ 이내에는 시가지로 개발되어 있으며, 반경 30㎞ 이내에는 마누레와Manurewa, 파파쿠라Papakura, 와이헤케Waiheke 섬, 황아파라오아Whangaparaoa, 오레와Orewa 등 부도심권으로 개발되어 있다. 뉴린New Lynn 지역의 화우Whau 강 상류에서부터 서해의 마누카우 항까지 남북 방향으로 약 3㎞의 육지가 동·서해를 갈라 놓고, 오타후후Otahuhu 지역은 오타후후 강의 상류로부터 마누카우 항까지 동서 방향으로 약 2㎞ 정도의 육지가 동서 바다를 갈라 놓고 있다. 이곳이 북섬이 두 개의 섬으로 갈라지지 않고 육지로 이어지게 한 곳이기도 하다.

　도시 서쪽의 피하Piha에는 약 150~200㎢의 와이타케레 공원Waitakere

오클랜드 부두와 노란색의 페리 빌딩

Ranges Regional Park이 있고, 그린하이트Greenhithe 서쪽의 훼누아파Whenu-apa 비행장 주변 지역과 오클랜드 비행장 주변 지역 및 이스트타마키 East Tamaki 동쪽 지역 등에는 해발 10~30m의 낮은 구릉지가 대부분 농장으로 개발되어 있다. 그 이외의 지역은 대체로 해발 50m 내외의 구릉지에 도시가 형성되어 있는데, 특이하게도 오클랜드 시내에 원트 리힐One Tree Hill, 213m, 에덴Eden 산196m 등 약 53개의 화산 흔적이 있다. 또한 오클랜드 앞바다 약 5㎞ 지점에 화산섬인 랑이토토Rangitoto 섬이 위치하는데, 이 섬은 반경 2.6㎞의 원형 섬으로 해발 259m의 정상에서 360도 방향으로 10%의 완만한 경사로 이루어져 있다. 정상까지 걸어가면 약 1시간 정도 걸리며 정상 부근에는 함몰 칼데라caldera가 형성되어 있다.

오클랜드의 주거 지역은 노스쇼어North Shore, 와이타케레Waitakere, 호위크Howick 등에 넓게 분포되어 있다. 그렌필드Glenfield, 애번데일 Avondale, 뉴린, 헨더슨Henderson 지역은 주거지와 경공업 지대가 함께 형성되어 있으며, 오네훙아Onehunga, 오타후후Otahuhu, 이스트타마키, 마나카우 등지에는 경공업 지역이 많은 편이다. 대체적으로 지대가 낮은 곳에는 공업 지대나 산업 시설물들이 자리잡고, 높은 지대나 전망이 좋은 곳은 주택가나 공공기관이 형성되어 있다. 오클랜드의 간선도로로는 남북으로 뻗은 1번 고속도로를 축으로 하여 서쪽은 16번 도로가 쿠메우Kumeu 방향으로 뻗어 있고, 매시Massey에서 동쪽으로 언스워스 하이츠 부근에서 1번 도로와 만난다. 이 도로가 오클랜드를 순환하는 중요한 도로이다.

광역 오클랜드의 면적은 559㎢ 로 서울과 비슷하며, 위치는 영국의 그리니치 천문대로부터 동쪽 방향인 동경 174°46′이고, 적도로부터 남쪽인 남위 36°51′로 위도는 한국의 대구 부근과 비슷하다. 142만 명의 인구가 살아가는 오클랜드는 거리상으로는 약 5㎞, 시간상으로는 약 10분 이내에 바다에 도달할 수 있다. 이 때문에 바다를 이용한 레저 스포츠가 활발하여 '항해의 도시'라는 별명을 가지고 있다.

눈을 뗄 수 없는
원시적 자연

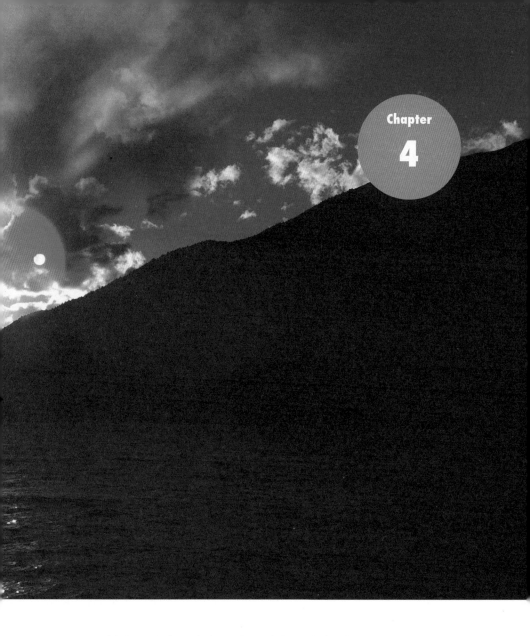

도시에서 조금만 벗어나면 지상 최대의 낙원 속으로 흠뻑 빠져들 수 있는 곳이 바로 뉴질
랜드이다. 특히 버스를 타고 달리다 보면 잠시 쉬었다 가고 싶은 예쁜 마을을 만나곤 한
다. 달리는 버스의 창밖은 가도 가도 끝이 없는 초원과 구릉뿐이다. 멀리 보이는 산은 만
년설을 이고 있다. 넓은 호수를 스쳐 지나가는 풍경도 장관이다.

눈이 내리고 추위가 있는 나라

우리나라에서 뉴질랜드라고 하면 보통 더운 나라라고 인식하는 사람들이 많다. 바다에서 고기를 낚아 생선회를 즐긴다고 하면 더운 나라라서 회가 맛이 없을 것이라고 짐작한다. 또 한약재인 녹용은 전 세계 공급량의 70%를 차지하지만 "따뜻한 나라의 녹용이라서 효능이 없다."라고 말하기도 한다. 하지만 뉴질랜드는 겨울이 되면 두꺼운 점퍼를 입고, 눈 위에서 스키를 타며 만년설과 빙산이 있는 나라이다. 그런데 사람들은 왜 그런 생각을 하였을까? 아마도 뉴질랜드가 남쪽에 있는 나라라고 배웠기 때문에 더운 나라일 것으로 유추한 것 같다.

단순히 생각하면 뉴질랜드가 우리나라보다 남쪽에 위치해 있지만, 사실은 적도를 지나 점점 기온이 내려가는 중위도까지 올라간다. 이것은 곧 우리나라에서 북쪽으로 올라가면 추운 것과 같은 이치이다. 적도에서 북쪽으로 올라오면 우리나라가 위치한 온대 지역을 거쳐서 혹한의 추위가 있는 시베리아에 도착하고, 적도에서 남쪽으로 내려가도 온대 지역을 거쳐서 혹한이 있는 남극대륙에 도착한다. 이런 기후에 대해서 잘 몰랐다면 단순히 남쪽에 있기 때문에 더운 나라라고 오해했을 수도 있다.

최근에는 우리나라 관광객이 많아져서 뉴질랜드 겨울6~8월 추위에 대해서 어느 정도 알려지기는 했지만, 관광객은 주로 뉴질랜드의 여름철12~2월에 많이 가기 때문에 뉴질랜드 겨울철을 완벽히 아는 사람은 그리 많지 않다. 뉴질랜드는 우리나라의 겨울만큼 혹한의 추위는 아니지만 겨울이 있고 사계절이 다 있다. 계절이 우리나라와 반대인

장작으로 불이 피워진 집 안의 난로

이곳의 겨울철도 생각보다 추운 편이고, 겨울철에는 대체적으로 비가 많이 오고 해가 짧다.

남섬의 고산 지대인 웨스트랜드Westland 지방의 겨울은 눈이 많이 내리고 강풍이 불어 춥다. 하지만 그 외의 지역은 겨울철이라고 하더라도 야외 활동을 즐기기에 문제가 없다. 하지만 생각하지 못한 곳에 추위가 따로 있다. 바로 집 안, 실내이다. 우리나라는 아무리 추운 겨울이라도 실내 난방이 잘 되어 있어서 집 안에서는 웃옷을 벗어도 될 정도로 따뜻하다. 하지만 아파트가 거의 없고 대부분이 주택인 이곳에는 집을 지을 때 난방용 설비를 거의 하지 않는다. 즉 우리나라처럼 온돌을 한다든가, 이중창을 만든다든가, 벽이나 마룻바닥에 방한용 자재를 사용하는 등의 난방 시스템이 없기 때문에 집 안이 추울 수밖에 없다.

따라서 겨울이 되면 집 밖보다 집 안이 더 춥게 느껴지는데, 그나마 난방용 벽난로가 있는 집은 조금 나은 편이다. 그래서 최근에 신축하는 집은 난방 시스템을 갖추고 벽난로를 설치하는 집이 늘어나고

북쪽 하늘의 태양

태양은 적도를 중심으로 북회귀선(북위 23.5°)까지 올라갔다가 다시 적도 쪽으로 내려와서 남회귀선(남위 23.5°)까지 내려간다. 이것은 태양이 1년 동안 지구를 공전하면서 생기는 자연스런 운동이다. 이때 봄, 여름, 가을, 겨울에 따라 태양의 각도나 위치도 달라진다. 태양이 이렇게 움직이는 동안 우리나라 사람들은 태양이 남쪽 하늘에 떠 있는 것만 볼 수 있지만, 뉴질랜드 사람들은 태양이 북쪽 하늘에서 비치는 것만 볼 수 있다. 우리나라는 북위 33°~38°이고 뉴질랜드는 남위 35°~47° 사이에 위치하는데, 태양이 북위 23.5°와 남위 23.5° 이상의 고위도로 올라갈 수 없기 때문에 우리나라 사람들은 태양을 남쪽 하늘에서, 뉴질랜드 사람들은 북쪽 하늘에서만 볼 수 있는 것이다. 태양이 남회귀선을 지나 뉴질랜드보다 더 남쪽으로 내려갈 수 없기 때문이다. 태양이 북쪽 하늘에 떠 있는 뉴질랜드는 자연스럽게 북향 집이 따뜻하다. 우리나라는 대부분이 집을 남향으로 짓지만 이곳에서는 대부분 북향으로 짓는 경향이 있다. 우리나라가 속한 북반구의 북쪽은 그늘지고 어둡고 춥다. 북반구의 북쪽처럼 남반구의 남쪽도 햇빛이 들지 않고 어둡고 춥다.

있다.

한편 우리나라 사람들이 온실 같은 아파트에 생활해서 적응력이 떨어진 탓도 있겠지만, 뉴질랜드 키위들은 겨울에도 반바지에 반팔 차림으로 돌아다니기도 하는데, 그런 것을 보면 우리나라 사람들보다 추위를 덜 타는 것 같다. 아무튼 뉴질랜드는 더운 나라가 아니고 해양성 기후의 온화한 나라이며 지역에 따라 강추위가 있는 곳도 있다.

뉴질랜드의 사계절과 기후

뉴질랜드도 사계절이 있지만 남반구이므로 우리나라의 계절과는 정반대이다. 우리나라의 봄3~5월은 뉴질랜드에서 가을이고, 여름6~8월은 겨울, 가을9~11월은 봄, 겨울12~2월은 뉴질랜드의 여름이다. 뉴질

퀸스타운 와카티푸 호수의 낙조
(자료: 김익현)

랜드 여름인 1월 평균기온은 20℃ 정도 되고 겨울인 7월 평균기온은
11℃이며, 1년 평균기온은 12℃ 정도 된다. 최북단의 평균기온은 15℃
인 데 반해 최남단은 9℃로 낮아지지만 전체적으로는 온화한 해양성
기후이다. 국토는 북동쪽에서 남서쪽으로 뻗어 있으며 서쪽에서 부는
바람이 높은 산맥에 부딪쳐 남섬의 서쪽 지방Southern Alps에 많은 비를
뿌린다. 전반적으로 1년 내내 크게 덥거나 춥지 않은 상춘의 나라로
7~8월은 우기이고, 1~2월은 건기이다.

　뉴질랜드의 봄은 대체로 따뜻하다. 특히 들판에는 새로 태어난 새
끼 양들이 풀밭에서 뛰어놀기 시작하고 우리나라 봄과 같이 나무와
들풀이 새싹을 피운다. 여름은 상대적으로 기온이 높고 낮에는 햇빛
이 강하다. 하지만 나무 그늘 밑에만 들어가도 서늘하고, 밤에는 쌀쌀
한 편이다. 낮에는 해변에서 수영, 일광욕, 서핑 등 해양 레저를 즐기

기에 최적의 기후이며, 특히 해변에서 맞는 크리스마스가 이색적이다. 뉴질랜드의 여름철에는 강한 자외선이 내리쬔다. 그러므로 한낮오전 11시~오후 4시에는 햇빛에 직접 노출되지 않도록 주의를 해야 한다. 서머타임일광 절약시간이 실시되는 여름철에는 오후 9시까지 훤하다. 우리나라 사람들이 뉴질랜드로 여행을 갈 때 우리나라의 겨울철에 가면 제일 좋다. 그곳은 해가 긴 여름이기 때문이다.

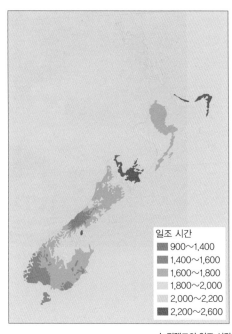

일조 시간
■ 900~1,400
■ 1,400~1,600
■ 1,600~1,800
□ 1,800~2,000
□ 2,000~2,200
■ 2,200~2,600

뉴질랜드의 일조 시간

가을은 아주 맑고 시원한 날씨이며, 낙엽수들이 화려하게 옷을 갈아입는다. 결실의 계절답게 감, 사과, 밤, 패션프루트Passion fruit, 피조아Feijoa 등 각종 과일들의 천국으로 변한다. 우리나라의 가을처럼 상쾌한 날씨와 더불어 약간 쌀쌀하기도 하다. 겨울에는 기온이 내려가고, 비가 많이 오는 편이다. 하루에 사계절의 날씨를 다 경험할 수도 있지만 대체로 온화하다. 눈 덮인 남섬의 아름다운 풍경은 겨울스포츠를 즐기기에 최상이다.

뉴질랜드 최북단의 경우 여름 동안 아열대 날씨를 나타내며, 최남단의 경우 겨울 동안 매우 추운 날씨를 나타내지만 남태평양 한가운데에 위치한 관계로 온화한 편서풍의 영향을 많이 받는다. 날씨의 일변

뉴질랜드의 시차

뉴질랜드와 우리나라는 3시간의 시차가 있다. 우리나라가 아침 9시이면 뉴질랜드는 이미 정오가 되어 있다. 그러므로 우리나라보다 뉴질랜드가 3시간 빠르다는 말이다. 여름철에는 낮 시간을 활용하기 위하여 서머타임(Daylight saving: 일광 절약시간)을 1시간 적용하는데, 이때는 우리나라보다 4시간 빨리 간다. 즉 한국이 아침 9시이면 뉴질랜드는 이미 9시가 지난 지 4시간이 넘어서 오후 1시가 되어 있다. 매년 10월 첫째 일요일부터 다음 해 3월 셋째 일요일까지 서머타임이 실시된다.

화가 큰 편인데, 쌀쌀하다가 낮이 되면 따뜻하고, 갑자기 비가 오다가도 무지개가 보이고 화창한 날씨로 변한다. 국토의 대부분은 해변과 인접해 있어서 풍부한 일조량 그리고 적당한 강수량이 유지된다. 강수량은 연평균 500~1500㎜ 사이지만 지역적인 편차가 심한 편이다. 특히 남알프스 서쪽 지역에는 연 7000~8000㎜ 이상에 1만㎜를 넘을 때도 있으며, 오타고 평원과 캔터베리 평야 지역에는 불과 500㎜가 안 되는 곳도 있다. 뉴질랜드의 연간 평균 일조 시간은 2000시간 정도이며 베이오브플렌티와 호크스 베이, 넬슨과 말버러 등은 2350시간 이상이고, 사우스랜드와 오타고 반도 등 일부 지역은 1700시간도 안 되는 곳도 있다.

뉴질랜드 국조, 키위 새

키위 새Kiwi bird는 낮에는 어두운 곳에 은신하다가 밤이 되면 "키위" 라고 소리 내며 활동하는 야행성으로, 날지 못하는 새이다. 원래는 날아다니는 새였지만 아주 오래전 천적이 없어지고 날지 않아도 풍부한

키위 새

먹이를 구할 수 있게 되자 필요 없어진 날개가 퇴화되었다고 한다. 종류에 따라 다르지만 어른 키위 새는 대체로 닭 크기만 한데, 가늘고 긴 부리를 포함한 전체 길이는 대략 40cm 정도 된다. 그런데 긴 깃털과 털처럼 조금 나와 있는 날개 때문에 생김새는 새의 모습으로 보이지 않는다.

뉴질랜드에 서식하는 키위 새의 종류는 큰알락키위, 쇠알락키위, 오카리토 갈색키위, 북섬 갈색키위, 남섬 갈색키위이다. 큰알락키위는 개체 수가 많은 편이고, 쇠알락키위는 키위 종류 중에 몸집이 가장 작으며 오카리토 갈색키위는 1994년에 새로운 종으로 확인되었다. 남섬 갈색키위는 일명 토코에카Tokoeka 키위라고 부르며, 개체 수가 아주 적다. 북섬 갈색키위는 개체 수가 가장 많은 종으로, 약 80년 전만 해도 500만 마리 정도 되었지만 오늘날에는 모두 합해 대략 5만~6만여 마리로 추정한다. 다섯 종류의 키위 새의 생김새는 큰 차이가 없는데, 대체로 깃털은 포유류의 털같이 거칠고 발가락은 4개이

키위 새의 분포도

■ 북섬 갈색키위
■ 남섬 갈색키위
■ 오카리토 갈색키위
■ 큰알락키위
○ 쇠알락키위

며, 다리가 튼튼하여 뒤뚱거리는 자세이지만 빨리 달리는 편이다. 울창한 숲에 사는 키위 새는 겁이 매우 많아서 낮에는 쓰러진 나무 밑이나 땅굴에 숨어 있다가 밤이 되면 나와 활동한다. 땅속에 사는 곤충이나 유충, 지렁이 등을 잡아먹고 나무의 열매나 부드러운 뿌리 같은 것을 먹고 산다.

멸종 위기에 몰린 키위 새가 정부의 노력으로 그 개체 수가 점점 늘어나고 있다고 한다. 키위 새가 멸종 위기에 몰린 것은 날지 못해서 다른 동물들에게 잡아먹힌 탓도 있지만 자연 부화 과정에도 문제가

뉴질랜드에 서식하는 키위 새의 종류

종류	키(cm)	몸무게(kg)	개체 수	서식지
큰알락키위(haastii)	45	3.3~2.4	20,000	북섬 북부 서해안, 남알프스
쇠알락키위(owenii)	25	1.3	1,350	북섬 남부 서해안 카피티 섬
오카리토 갈색키위(rowi)	–	–	–	북섬 서해안과 북섬 남쪽
남섬 갈색키위(australis)	40	2.–	300	남섬의 남서쪽 해발 1,500m
북섬 갈색키위(mantelli)	40	2.8~2.2	35,000	북섬 중북부 지방

자료: 위키피디아
주: 오늘날 각 섬에 보호되고 있거나 자연 상태의 키위 새 부화 등이 일일이 파악되지 않으므로 다소 차이가 있을 수 있음.

 모아 새

뉴질랜드에 살았던 모아(moa) 새는 모아 목(一目 Dinornithiformes)에 속하는 타조형의 새로서 지금은 멸종되었다. 종의 수에 대해 논란이 많았으나 대략 13~25종으로 추정하고 있다. 칠면조 크기에서부터 타조보다 더 큰 것에 이르기까지 다양했다고 하는데, 어떤 종은 서 있을 때의 키가 3m에 달했다고 한다. 마오리에 따르면 타조처럼 날개는 없지만 빠르게 달리며, 코너에 몰리면 발길질을 했다고 한다. 초기 폴리네시아 사람들은 모아 새를 식용으로 사용하기 위하여 사냥을 했는데, 부산물인 뼈를 이용하여 창끝, 낚싯바늘, 장신구 등을 만들었고 알껍데기는 그릇으로 사용했다고 한다. 큰 모아 새는 17세기 말경에 멸종되었지만 작은 모아 새는 19세기까지 생존한 것으로 전해진다.

있었다. 왜냐하면 닭 크기만 한 암컷 키위 새가 어른 주먹만 한 큰 알을 낳다가 죽기 때문이다. 이를 파악한 정부가 일부 키위 새에 대해 제왕절개 수술을 시행하여 현재와 같은 개체 수를 유지할 수 있었다고 한다. 한편 암컷이 낳은 알은 부화할 때약 3개월까지 수컷이 품고 있으며, 새끼도 한동안 수컷이 돌보는 것이 특징이다. 키위 새는 뉴질랜드를 상징하는 국조國鳥로, 동전, 우표, 배지, 그 밖에 중요한 공산품의 상표에 많이 그려지며 뉴질랜드를 배경으로 한 게임인 '뉴질랜드 스토리'의 주인공이기도 하다. 대개 한 나라를 상징하는 동물들은 독수리나 사자, 호랑이와 같이 힘이 세고 강한 이미지를 갖고 있는 데 반해 이곳 뉴질랜드의 국조인 키위 새는 그렇지 않다.

새벽잠을 깨우는 숲 속의 오케스트라

뉴질랜드에 사람들이 들어오기 전에는 숲 속이 무척 시끄러웠을 것으로 생각된다. 끝없이 이어진 울창한 숲 속에 헤아릴 수 없을 만큼 많은 종류의 새가 서식하고 있었기 때문이다. 지금도 뉴질랜드 주택가에는 숲이 많기 때문에 새들의 지저귐으로 주변이 시끄럽다. 어떤

왼쪽부터 순서대로 케아, 투이, 타카헤

노란머리 모후아

이들은 새소리 때문에 늦잠을 자지 못한다고 불만스럽게 얘기하기도 하지만 새들의 지저귐은 선율 좋은 오케스트라보다도 더 아름다운 자연의 소리이다. 이 자연의 오케스트라는 누구도 흉내 낼 수 없을 정도로 훌륭하다. 마오리들이 도착했을 때 식량으로 사용하기 위하여 많은 새를 무분별하게 잡았다. 그래서 유럽 인들이 들어오기 전 이미 3분의 2 정도가 사라졌다고 한다. 그 후 유럽 인들이 들여온 각종 동물들 때문에 더욱 많은 새들이 줄어들었고 어떤 종류는 멸종되기도 하였다. 하지만 뉴질랜드는 지금도 '새의 나라'라고 불릴 만큼 여전히 새가 많다.

뉴질랜드의 많은 새들 중에 마오리 이름으로 된 새는 투이Tui, 카카포Kakapo, 케아Kea, 웨카Weka, 푸케코Pukeko, 모아Moa, 멸종, 키위Kiwi, 코카코Kokako, 타카헤Takahe, 카레아레아Karearea 등이 있다. 또 영어 이름으로 된 새는 공작비둘기Fantail, 앨버트로스Albatross, 검은등갈매기Black-backed Gull, 방울새Bellbird, 올빼미Morepork, 동박새Wax-eye, 쇠부리물떼새Dotterel, 검은머리물떼새Oystercatcher 등이 있다.

1923년에 설립된 산림조류협회는 산림과 조류의 보호를 위해 2005년부터 매년 올해의 새Bird of the Year를 뽑았다. 2005년에는 투이, 2006년 공작비둘기, 2007년 그레이와블러Grey warbler, 2008년 카카포, 2009년 키위, 2010년 카카리키Kakariki, 2011년 푸케코, 2012년 카레아레아, 2013년에 모후아Mohua, 노란머리 카나리아가 우승을 차지하였다. 9번째인 2013년에는 1위를 차지한 모후아를 비롯하여 루루Ruru, 남부바위뛰기펭귄Southern rockhopper penguin, 케아, 앨버트로스, 카카포, 페어리턴 Fairy tern, 방울새, 코카코, 카카Kaka가 10위 안에 이름을 올렸다. 새는 뉴질랜드 화폐에 많이 등장하는데, 1달러와 2달러짜리 동전에는 키위와 코투쿠Kotuku, 지폐에는 노란눈펭귄, 블루덕Blue Duck, 카레아레아, 코카코, 모후아 등이 새겨져 있다.

새들 중 천의 목소리를 가진 투이는 생김새가 까치와 닮았고 깃털이 아주 아름다운 것이 특징이다. 특히 하얀 솜뭉치 같은 것이 목 아래쪽에 볼록하게 튀어나와 있어서 다른 새와 금방 구분이 된다. 1936년 발행된 뉴질랜드 우표에 투이가 그려져 있으며, 투이의 이름을 딴 맥주 Tui Lager도 있다. 멸종 위기에 처한 카카포는 눈가에 깃털이 배열되어 있어서 올빼미 같이 생겼지만 날지는 못한다. 보통 3.6kg으로 뚱뚱이 새인 카카포의 수명은 100년 정도 되지만 현재는 100여 마리 정도 남아 있다고 한다. 뉴질랜드 정부는 야행성인 카카포를 보존하기 위하여 1975년부터 4개의 섬Moud, Chalky, Codfish, Anchor에 이주시켜서 보호하고 있다.

카카포가 자연환경에 순응하지 못하여 멸종 위기에 처했다면 사람들에게 미움을 받아 멸종 위기에 처한 새도 있다. 앵무새의 일종인 케아인데, 이 새는 남섬 고산 지대에 살면서 독수리와 비슷한 비행 능력을 보유하여 맹금류나 다름없는 새이다. 케아는 사나운 성격에 잡식성으로 다른 새도 잡아먹으며, 자동차 창틀의 고무를 물어뜯기도 한다. 그뿐만 아니라 살아 있는 양을 공격하기도 한다. 이런 케아를 유해조수로 판단하고 농부들이 잡아 버리는 바람에 지금은 멸종 위기에 처해 있다. 키위처럼 날지 못하는 새인 타카헤도 1898년 4마리가 발견된 이후에 더 이상 알려지지 않아서 멸종된 것으로 생각되었으나, 1948년에 남섬의 테아나우Te Anau 호수 부근에서 의사인 제프리 오르벨Geoffrey Orbell, 1908~2007의 눈에 띄었다. 지금은 비록 보호를 받고 있지만 이 새도 멸종 위기종이다. 2013년 올해의 새로 뽑힌 노란머리 새 모후아도 개체 수가 많이 줄어들어 피오르랜드Fiordland의 브레이크시 Breaksea 섬과 스튜어트Stewart 섬의 울바Ulva 섬 등으로 옮겨 보호되고 있다.

동물다운 동물이 없는 뉴질랜드

폴리네시안들이 도착하기 전에는 몇 종류의 박쥐와 해안가의 물개 이외에 동물이라고 일컬을 만한 것은 없었다고 한다. 그 후 폴리네시안들과 함께 쥐의 일종인 키오레Kiore와 개가 들어왔고, 제임스 쿡이 다녀간 1769년 이후부터는 가축들도 하나둘씩 유입되었다. 19세기에 들어서는 가축뿐 아니라 사슴, 꿩, 고슴도치까지 들어왔다. 1958년 가죽을 얻을 목적으로 주머니쥐Opossum 12마리를 들여왔는데, 천적이 없고 번식력이 좋아 전국에 수천만 마리 이상 번식하였다. 마찬가지로 토끼도 들여왔지만 왕성한 번식력으로 골칫거리가 된 지 오래다. 그 후 토끼 수를 조절하기 위해 담비와 족제비까지 들여왔으나 토끼의 수를 줄일 수는 없었다.

사람들의 부주의함 때문에 파리, 모기, 벼룩, 바퀴벌레, 집게벌레 등 해충들도 유입되었는데 이러한 해충들은 생태계 여건으로는 도저히 통제할 수 없을 정도로 급속하게 번져 나갔다. 파리와 모기 같은 해충은 우리나라보다는 그 수가 적지만 대신 하루살이Sandfly가 바닷가나 잔디밭에서 사람들을 괴롭힌다. 급기야 해충들의 개체 수를 줄이기 위하여 유럽에서 다른 조류들까지 들여왔지만 별 효력을 볼 수 없었으며, 그들이 현재 뉴질랜드의 토착 조류로 자리매김하였다.

뉴질랜드의 산속이나 들판에는 사자나 호랑이 같은 맹수라든지 뱀이나 독거미 같은 혐오스런 동물은 없다. 사실 뉴질랜드에는 동물이라고 칭할 만한 동물이 없는 것도 사실이다. 기껏해야 소, 말, 양 정도의 가축뿐이다. 하지만 세계에서 가장 작은 바다 돌고래인 헥터돌고래Hector's dolphin와 세계에서 가장 희귀한 바다사자인 후커바다사자Hooker's sea lion는 오직 뉴질랜드 바다에서만 발견된다. 한편 뉴질랜드의 강과 호수에는 양식을 위해 물고기들을 여러 종 들여왔는데, 그중에 브라운송어는 호주의 타스마니아Tasmania에서, 무지개송어는 미국

 뱀이 없는 들판

아주 먼 고생대에는 뉴질랜드에도 뱀이 존재했었다고 하지만 정확한 이유를 남기지 않은 채 어느 시기에 전멸하였다고 한다. 사람들이 추측하는 뱀이 없는 첫째 이유는, 비가 많이 와서 항상 땅이 축축하게 젖어 있기 때문에 뱀이 동면하지 못하는 것 같다고 한다. 하지만 비는 남섬의 일부 지역에만 많이 올 뿐 여타 지역은 한국과 거의 비슷하므로 이 말은 그리 설득력을 얻지 못한다. 두 번째, 뱀이 살기에는 적당하지 않은 1일 4계절의 기후 때문이다. 하지만 1년 12달 계속 이런 기후가 아니므로 이 또한 확증이 되지 못한다. 세 번째, 화산 지대이기 때문에 땅에 동(구리)과 철 등의 쇠붙이 성분이 함유되어 있고, 유황 냄새도 뱀을 살지 못하게 한다는 얘기도 있다. 이 또한 과학적으로 증명되지 않았다. 뉴질랜드에는 뱀뿐만 아니라 맹수들도 없어, 산야는 조류와 초식동물의 천국이다. 반면에 가까운 호주에는 뱀을 비롯한 파충류가 득실거린다.

살아 있는 화석 동물 투아타라
(자료: 위키피디아)

캘리포니아에서 들여와서 양식하고 있다.

우리나라도 2009년 서귀포 앞바다에서 포획하여 공연에 동원되었던 돌고래들을 2013년 방류하여 세계적인 관심을 끌었지만 뉴질랜드도 동물 보호에 각별하다. 특히 덩치 큰 고래들이 수시로 해변으로 올라와서 죽는데, 극히 일부는 구조하여 바다로 돌려보내는 작업을 하고 있지만 일부는 숨을 쉬고 있어도 워낙 무거워서 바다로 돌려보낼 수 없어 안락사를 시키기도 한다. 2011년 6월 중순에는 웰링턴 부근 해변에 떠밀려 왔던 남극의 황제펭귄 '해피피트'가 웰링턴 동물원 측의 보살핌으로 건강을 되찾은 후 고향인 남극 바다로 돌아갔다. 3개월 동안 지극한 보살핌을 받은 펭귄은 동물원 측이 준비한 특수 냉방 새장에 넣어져 뉴질랜드 남쪽 700㎞ 지점에 있는 캠벨 군도로 가는 연구선에 실려 갔다.

뱀은 아니지만 공룡과 비슷한 생김새의 큰 도마뱀 투아타라Tuatara가 남섬 최북단의 말버러 사운드의 한 섬에서 보호되고 있다. 투아타라는 마오리말로 '뾰족한 등'이라는 의미인데, 실제로 등줄을 따라 울퉁불퉁한 돌기가 솟아나 있다. 특히, 신기하게도 이마 가운데 작은 눈이 하나 더 달려 있으며 몸길이는 대략 50~80㎝약 0.5㎏ 내외이고 평균 수명이 300년 이상 된다고 한다. 중생대부터 지구 상에 존재한 투아타라는 현재 전 세계의 다른 지역에서는 이미 멸종된 것으로 알려졌다. 살아 있는 화석이라고도 하는 이 파충류는 지구 상에서 유일하게 뉴질랜드에만 2종이 보호되고 있다.

옥토에 뿌리내린 식물들

뉴질랜드는 적정한 강우량과 긴 일조 시간 덕분에 식물들이 잘 자라
는 나라로, 전 국토의 10~15% 정도는 토종 식물로 뒤덮여 있다. 그중
많은 부분이 국립공원 및 보호 구역으로 지정되어 있으며 로토루아나
타우포의 인공 조림지에는 셀 수 없이 많은 다양한 관목과 양치식물,
이끼류, 지의류가 함께 자라고 있다. 뉴질랜드 토종 식물로는 카우리
Kauri, 고사리Fern, 포후투카와Pohutukawa, 리무Rimu, 토타라Totara, 타와
Tawa, 너도밤나무Beechwood, 마타이Matai, 라타Rata 등이 있다. 이들 중에
뉴질랜드를 상징하는 나무로는 수천 년을 사는 카우리 나무, 키가 큰
고사리 나무, 그리고 12월에 붉은 꽃을 피우는 포후투카와 나무 등이
대표적이다.

포후투카와 나무는 코
로만델Coromandel 반도와
베이오브플렌티Bay of Plenty
등 뉴질랜드 북섬 동부
해안에 많이 자생한다.
이 나무는 12월 크리스마
스 즈음하여 실타래 같은
모습의 붉은 꽃을 피우는
데, 꽃이 필 때 멀리서 보

붉은 꽃이 만발한 포후투카와 나무

면 나무 전체가 붉은색으로 보이기도 한다. 그래서 이 나무를 흔히 크리스마스트리Christmas Tree라고 부르는데, 이 시기에 2주 동안 열리는 코로만델 축제 때 만발하여 축제를 축하하듯 붉은색으로 거리를 물들인다. 원래는 뉴질랜드 북섬에서만 자랐으나, 지금은 남섬에서도 식재에 성공했다고 한다.

우리나라에서 나물로 무쳐 먹는 고사리와 동일 종은 아니지만 뉴질랜드의 고사리 나무는 좀 특이하다. 온화한 기후에서 키가 5~10m까지 자라는 고사리 나무는 열대와 아열대의 습기가 많은 곳에서 서식하며 줄기가 곧게 자란다. 뉴질랜드에는 총 80여 종의 고사리가 자생하고 있지만 그중에서 '퐁아Ponga'라 불리는 은고사리Silver fern가 뉴질랜드를 상징하는 식물로 널리 알려져 있다. 퐁아는 아래쪽에서 보면 긴 줄기와 은빛 색깔의 잎이 보이며, 위에서 보면 우산처럼 펼쳐진 초록색 잎을 볼 수 있다. 이 나무는 뉴질랜드의 올블랙스 럭비팀의 유니폼을 비롯하여, 뉴질랜드 엽서, 우표, 마오리들의 휘장 등 곳곳에 그려져 있다. 한국에서는 제주도 남쪽의 삼도森島에서 자라는 것으로 보고되었으나 지금은 멸종되고 식물원에서나 볼 수 있다.

카우리 나무는 주로 북섬 북쪽 지역에 많이 분포하지만 지금은 남섬의 일부 추운 지역을 제외하고는 뉴질랜드 전역으로 많이 퍼져 있다. 특히 노스랜드 지방의 서해안에는 카우리 나무가 많은 편인데, 이 지역을 카우리 해안이라고 부른다. 카우리 나무는 아주 키가 크고 쭉 뻗은 몸통을 지니고 있어서 주로 선박의 돛대와 널빤지를 만드는 데 사용되었으며, 1790년경부터 유럽 인들에 의해 벌채가 많이 이루어졌다. 지금은 보호수로 지정되어 있지만 아주 천천히 자라는 특성 때문에 나무가 완전히 자리 잡기 위해서는 최소 200년 이상 걸린다고 한다. 카우리 나무는 조직이 단단하고 뒤틀림이 없으며 습기에 강해서 가구나 건축용 목재로 많이 쓰이고 있다.

어느 나라든지 오래된 나무를 신성시하는 경향이 있다. 나무가 2000년 또는 그 이상의 나이를 먹었다면 샤머니즘Shamanism의 대상이 되기도 한다. 노스랜드 지역의 와이포우아Waipoua 숲은 카우리 나무가 가장 잘 보존된 곳이다. 마오리 어로 타네 마후타Tane Mahuta와 테 마투아 나헤레Te Matua Ngahere라는 카우리 고목들이 유명하다. 타네 마후타 둘레 13m, 높이 52m, 수령 2100년는 숲의 제왕Lord of the Forest이라는 이름을 얻을 만큼 신성시되고 있다. 테 마투아 나헤레는 숲의 아버지라는 뜻으로 크기는 두 번째이지만, 수령이 2000~3000년으로 가장 오래된 것으로 추정되고 있다. 그 외에 4자매 카우리, 유카스Yakas 카우리 등을 비롯하여 이름도 없는 수천 년 된 카우리 나무들까지 이 지역에 많이 분포되어 있는데, 이들을 보기 위하여 매년 5만 명 정도의 관광객이 찾아온다.

눈을 뗄 수 없는 원시적 자연

사람들이 보통 뉴질랜드라고 하면 낙원, 천국, 깨끗한 자연, 전원 풍경, 오염되지 않은 나라 등을 떠올린다. 사실상 지구 상에 마지막 남은 지상 천국이라 일컬을 정도로 자연 그대로인 환경은 방문하는 사람들의 가슴을 설레게 한다. 현지에서 살아가는 뉴질랜드 국민들도 자연을 굉장히 소중히 다루고 자연과 더불어 살아가는 것을 즐긴다.

어미 오리가 새끼들을 데리고 산책 중인 광경(오클랜드 그린하이트)

뉴질랜드 국토 전체가 아름답기도 하지만 특히 14개의 국립공원과 3군데의 세계 자연유산은 매우 자연스럽고 원시적인 곳이다.

실제로 뉴질랜드에 도착하여 구불구불한 시골길을 드라이브하다 보면 초록색으로 덮여 있는 산과 목초지 그리고 해안의 빼어난 절경에서 눈을 뗄 수 없다. 계속 달리다 보면 화산, 온천, 원시림, 빙하와 호수, 강 그리고 들판의 가축들까지 다양한 경치가 눈 속으로 들어온다. 만약 하루 종일 버스를 타고 달린다면 푸른 초원과 구릉 그리고 가축들을 지겹도록 마주친다. 늘 이런 환경을 접하고 살아가는 사람들은 일상이 지루하겠다는 생각도 들지만 회색빛 나라인 우리나라에서 온 사람들은 그렇지 않을 것이다.

뉴질랜드는 집 밖으로 잠깐만 나가도 걸을 수 있는 산책 코스가 바로 펼쳐진다. 나무와 꽃 그리고 푸른 잔디로 둘러싸인 길을 걷다 보면 눈이 맑아지고 기분도 상쾌해진다. 또 오리가 새끼를 데리고 산책 나온 광경도 볼 수 있으며, 어린 숙녀가 멋지게 차려입고 말을 타는 모습, 이웃집 할아버지와 할머니가 손을 잡고 걷는 모습, 동네 아저씨가 엉덩이에 반바지를 걸친 채 정원을 가꾸고 잔디를 깎는 모습 등 모두가 너무나 자연스러운 풍경이다. 해가 넘어가면서 마지막으로 뽐내는 붉은 노을도 언제든지 볼 수 있을 뿐만 아니라 우리나라에서 잘 볼 수 없는 무지개도 수시로 볼 수 있다.

우리나라 관광객뿐만 아니라 각국에서 온 사람들 모두가 뉴질랜드 자연에 감탄한다. 비록 나라의 크기는 작지만 그 안에 이렇게 아름답고 다양한 경치가 있다는 것이 놀라울 정도이다. 이 나라의 경치는 전원적 또는 원시적이

남섬 강가에 집단적으로 피어 있는 라벤더 꽃

란 말로 표현이 가능하다. 전 세계에서 인류가 가장 늦게 도착한 나라답게 자연도 대체적으로 그대로 남아 있다. 아직도 이곳에는 사람들의 발길이 닿지 않은 곳이 무수히 많다. 무성한 나무들로 이루어진 원시 밀림이 있고, 원시의 계곡과 골짜기 그리고 자연 그대로의 산림이 있는 곳이다.

우리나라 사람들에게 해외의 어느 나라에서 살고 싶냐고 설문을 한다면 아마도 뉴질랜드가 상위에 랭크될 것이다. 비교적 가까운 일본, 중국, 동남아는 사람들이 많고 복잡해서 느긋하게 살아갈 수 있는 분위기가 아니다. 또한 오염된 자연환경 때문에 즐기면서 건강하게 살아가기가 쉽지 않다. 하지만 이곳 뉴질랜드는 깨끗한 자연과 적은 인구 덕에 쾌적한 생활을 즐길 수 있는 곳이다. 간혹 바쁘고 복잡한 곳에서 살던 사람들 중 일부는 뉴질랜드를 '지루한 천국' 또는 '재미없는 천국'이라고 표현하기도 한다. 하지만 이것은 뉴질랜드를 제대로 알지 못하고 한가지 면만을 보고 따졌을 때 하는 이야기인 것 같다.

도시에서 조금만 벗어나면 지상 최대의 낙원 속으로 흠뻑 빠져들 수

있는 곳이 바로 뉴질랜드이다. 특히 버스를 타고 달리다 보면 잠시 쉬었다 가고 싶은 예쁜 마을을 만나곤 한다. 달리는 버스의 창밖은 가도 가도 끝이 없는 초원과 구릉뿐이다. 멀리 보이는 산은 만년설을 이고 있다. 넓은 호수를 스쳐 지나가는 풍경도 장관이다. 더불어 자연의 부드러운 숨결을 닮은 사람들을 만날 수 있고, 아주 조용한 해변을 걸어 볼 수 있고, 광활하게 펼쳐진 푸른 초원을 바라보는 즐거움을 한꺼번에 느낄 수 있는 곳이다. 아름답고 깨끗한 뉴질랜드에서 풀벌레 소리와 새들의 아름다운 노랫소리를 마음껏 들어도 공짜다.

우리나라보다 더 큰 남섬에 인구가 100만 명 정도밖에 되지 않으므로 사람 구경하기가 힘든 곳이다. 그러므로 가축들도 자기 주인 이외에는 사람을 보기 힘들다. 그래서 그런지 몰라도 길을 가다가 목장 울타리에 서서 사진을 찍다 보면 소들이 우르르 몰려와서 물끄러미 쳐다보는 진풍경이 연출되기도 한다. 해변의 해수욕장에 가도 아무도 없는 곳이 많다. 이런 해변을 걸으면 무척 황홀해서 가슴이 떨리고 짜

 웰빙과 힐링의 나라

우리나라도 잘살게 되면서 몸과 마음의 편안함과 행복을 추구하는 웰빙(wellbeing) 건강법이 유행하게 되었다. 최근에는 치유를 겸한 힐링(healing) 건강법이 또 유행하면서 사람들이 건강에 더욱 관심을 가지게 되었다. 또한 언제부터인가 각 지자체마다 슬로시티(Slow City)라는 단어를 많이 사용한다. 이와 같이 우리나라에서는 잘 먹고 잘살기 위한 방법으로 웰빙과 힐링 그리고 슬로시티라는 슬로건을 내세우고 있다. 그런데 뉴질랜드는 예전부터 이와 같은 단어와 딱 어울리는 나라이다. 깨끗한 자연에서 키운 음식을 먹으면서, 적당하게 운동과 산책을 즐기면서 바쁘지 않게 사는 이곳 사람들이야말로 웰빙과 힐링을 몸소 겪으며, 슬로시티에 사는 사람들이다. 천혜의 자연이 그대로 남아 있는 이곳이야말로 바로 건강한 나라이다.

릿할 것이다. 발자국이 찍히지 않은 모래 위를 처음으로 걸어갈 수 있는 이곳이 바로 뉴질랜드이다.

태곳적 모습 그대로 남은 국립공원

뉴질랜드 국립공원The National Parks of New Zealand은 '공공의 혜택과 이용, 그리고 즐거움을 위해서for The benefit, use, and enjoyment of the public'라는 목적으로 북섬에 4개 지역 약 4000㎢, 남섬에 10개 지역 약 2만 6670㎢으로 도합 14개에 약 3만 670㎢가 지정되어 있다. 특히 남섬의 서쪽 해안은 북부부터 남부까지 9개의 국립공원으로 쭉 이어져 있다.

국립공원 중에 가장 오래된 통가리로 국립공원Tongariro National Park은 1887년에 나티 투화레토아Ngati Tuwharetoa 부족의 최고지도자인 테 헤우헤우 투키노 4세Te Heuheu Tukino IV가 통가리로 산 전체를 영국 왕실에 기증하면서 국립공원으로 태동하였다. 그가 이 땅을 기증한 것은 자신들의 성스러운 땅을 유럽 인들이 무자비하게 개발하려는 것을 막기 위하여 정부 차원에서 보존해 주기를 바랐던 것이다. 그

국립공원 분포도

투키노 4세(1880)
(자료: 뉴질랜드 정부 백과사전)

후 통가리로는 뉴질랜드에서 가장 먼저 국립 공원으로 지정되었고, 전 세계에서는 미국의 옐로스톤 국립공원Yellowstone National Park 다음 두 번째로 지정되었다.

약 796㎢의 통가리로 국립공원은 3개의 활화산인 루아페후Ruapehu 산2797m, 나우루호에 Ngauruhoe 산2291m, 통가리로 산1978m이 포함되어 있으며, 국립공원을 종주하는 19.4㎞의 통가리로 크로싱Tongariro Crossing은 아름다운 경치로 유명하다. 나우루호에 산은 영화 「반지의 제왕」 3부작에서 '운명의 산'으로 나와서 더욱 유명해졌다. 북섬에서 가장 높은 루아페후 산에는 주변에 3개의 스키장이 있으며, 특히 통가리로 산의 에메랄드

뉴질랜드 국립공원 현황

위치	공원 이름	면적(㎢)	지정 연도	경위도	비고
북섬	테우레웨라	2,127	1954	38°45′S/117°9′E	
	통가리로	796	1887	39°12′S/175°35′E	자연문화복합유산
	에그몬트	335	1900	39°16′S/174°6′E	
	황아누이	742	1986	39°35′S/175°5′E	
남섬	아벌타스만	225	1942	40°50′S/172°54′E	
	카후랑이	4,520	1996	41°15′S/ 172°7′E	
	넬슨레이크스	1,018	1956	41°49′S/172°50′E	
	파파로아	306	1987	42°5′S/171°30′E	
	아서스패스	1,144	1929	42°57′S/171°34′E	
	웨스트랜드	1,175	1960	43°23′S/170°11′E	테와히포우나무 세계자연유산
	쿡 산	707	1953	43°44′S/170°6′E	
	어스파이어링 산	3,555	1964	44°23′S/168°44′E	
	피오르랜드	12,519	1952	45°25′S/167°43′E	
	라키우라	1,500	2002	46°54′S/168°7′E	스튜어트 섬(85%)

Emerald 호수는 약 1800년 전에 화산 활동에 의해 생겨난 것으로 푸른 빛의 색깔에 어울리지 않게 유황 냄새가 코를 찌른다. 인근의 블루Blue 호수는 산성 호수로, 마오리들이 성스럽게 여기는 곳이다.

지구와 함께하는 세계자연유산

뉴질랜드에는 3개의 유네스코 지정 세계자연유산UNESCO World Heritage이 있는데, 그 첫 번째는 테 와히포우나무Te Wahipounamu로 '그린스 톤Greenstone, 綠玉 생산지'를 의미한다. 남섬의 남서 지역 대부분이 국립 공원이고, 또 국립공원 대부분이 테 와히포우나무 유네스코 세계자연 유산 지역이다. 1986년 피오르랜드Fiordland 국립공원1만 2519㎢이 제일 먼저 세계자연유산으로 지정되고, 이어 1990년에는 이웃하는 쿡Cook 산 국립공원707㎢, 웨스트랜드Westland 국립공원1175㎢, 어스파이어링 Aspiring 산 국립공원3555㎢ 등 도 합 약 1만 7956㎢가 '테 와히포 우나무' 세계자연유산으로 확대 지정되었다.

세계자연유산 내에는 뉴질랜 드 최고봉인 쿡 산3754m을 비롯 한 3000m 이상의 고봉이 다수 있는데 그 웅장함에 이곳을 남 알프스Southern Alps 산맥이라고 한다. 그 외에 프란츠요제프Franz

남섬의 국립공원

아벌타스만 국립공원
카후랑이 국립공원
파파로아 국립공원
아서스패스 국립공원
웨스트랜드 국립공원
쿡산 국립공원
어스파이어링산 국립공원
넬슨레이크스 국립공원
피오르랜드 국립공원
남섬
라키우라 국립공원
스튜어트 섬

유네스코 지정 세계자연유산

문화유산 명칭	면적(㎢)	지정 연도
테 와히포우나무	17,956	1986, 1990
통가리로 국립공원	796	1990, 1993
남극대륙 연안 섬	765	1998

Josef 빙하, 폭스Fox 빙하 등의 많은 빙하가 있으며, 해안에는 1만 4000 년 전 빙하기에 형성된 밀퍼드Milford 사운드를 비롯한 사운드가 다수 분포한다. 이처럼 남서 지역 일대의 거대한 산림 지대 모두가 테 와히 포우나무에 속한 세계자연유산 지역이다.

2번째의 세계자연유산은 통가리로 국립공원이다. 통가리로 국립공 원은 1990년과 1993년에 개정된 문화유산 기준에 의해 등록된 세계자 연유산이다. 이 자연유산 내에는 마오리 족의 문화 유적과 종교 관습 및 공동체, 환경과 관련된 상징물 등 27개의 자연문화·복합유산이 포

통가리로 국립공원의 나우루호에 산

함되어 있다. 그리고 활화산, 휴화산을 비롯한 훌륭한 자연경관과 다양한 생태계로 이루어져 있다.

마지막 세계자연유산은 뉴질랜드 남동쪽 바다에 떠 있는 남극대륙 연안 섬들Sub-Antarctic Islands들이다. 5개 군도로 이루어진 이 지역은 스튜어트 섬 남쪽 100㎞ 지점의 스네어스Snares 제도를 비롯하여 바운티Bounty 제도, 앤티퍼디스Antipodes 제도, 오클랜드Auckland 제도, 캠벨Campbell 제도에 속한 모든 섬과 바위를 포함한다. 총면적은 약 765㎢이고, 위도 남위 47°~52°, 경도 동경 165°~179° 사이에 흩어져 있다. 이곳은 해양 폭풍 지대로 외부와 격리된 환경에 적응한 다양한 동식물들이 고유한 생태계를 이루고 있다. 이곳에만 사는 고유종을 포함하여 종류가 다양할 뿐 아니라 수량 또한 풍부하여 생태계 연구에 좋은 여건을 가지고 있다. 이 지역은 6000만~8500만 년과 1억 3000만~8500년 사이에 호주 대륙으로부터 떨어져 나온 섬들로 다른 지역에서 이미 사라진 신생대, 중생대의 생물들이 많이 발견되고 있다.

외부와 철저히 격리되어 있는 이 지역은 풍부한 생태적 가치를 인

 유네스코

1946년에 창설된(본부: 프랑스 파리) UN 전문기구의 하나로 교육, 과학, 문화 부문의 국제 협력을 도모함으로써 세계 평화에 기여하는 것을 목적으로 하는 국제기구이다. 1972년 11월 제17차 유네스코 정기 총회에서 "유네스코 세계유산(UNESCO World Heritage)은 인류의 소중한 문화 및 자연유산을 보호하기 위하여 채택된「세계 문화 및 자연유산 보호 협약」에 따라 정해진다."라고 정의하였다. 세계유산은 역사적으로 중요한 가치를 지니는 문화유산과 지구의 역사를 잘 나타내고 있는 자연유산, 그리고 이들의 성격을 합한 복합유산으로 구분하는데, 이 유산은 누구나 돌 하나 나무 하나라도 마음대로 훼손할 수 없는 절대적인 구역이다.

정받아 1977년 뉴질랜드 자연보호구역으로 지정되고, 1998년에 유네스코 세계자연유산으로 지정되었다. 당국은 이곳의 자연 생태계에 인간의 영향을 최소화하기 위하여 연간 방문객 수를 엄격하게 제한하고 있다. 또한 섬을 방문하는 모든 방문객들은 허가를 받아야 하며, 관리 당국이 정한 규정을 준수해야 한다. 예를 들면 야광 조명과 화장실 사용이 제한되고, 야생동물로부터 5m 이내로 접근할 수 없다. 그리고 반드시 몸을 웅크리고 다녀야 한다는 등의 구체적인 내용들이 정해져 있다고 한다. 이외에도 자연을 태초에 생성된 모습 그대로 보존하기 위하여 뉴질랜드 정부와 유네스코는 최선을 다하고 있다.

산속의 바다, 밀퍼드 사운드

뉴질랜드의 자연경관 중에 가장 으뜸으로 손꼽히는 곳이 바로 밀퍼드 사운드Milford Sound, 마오리 어 Pipiotahi이다. 피오르랜드 국립공원Fiordland National Park 내에 위치하고 있고, 동시에 유네스코 세계자연유산에 포함되어 있다. 이곳 밀퍼드 사운드는 하루에도 수천 명이 방문하는 세계적으로 유명한 관광 명소이기도 하다. 이 일대의 산들은 침식에 의해 거의 수직으로 깎인 피오르 지형으로, 노르웨이 송네Sogne 피오르와 함께 세계적으로 이름이 알려진 곳이다. 밀퍼드 사운드로 가는 길은 퀸스타운Queenstown에서 307km로 자동차로는 4시간 반 정도 걸리고, 세스나기로 40분 정도 소요된다. 밀퍼드 사운드는 세계 여행객들이 뽑은 최고의 여행지 1위로 선정될 만큼 죽기 전에 반드시 가 보아야 할 자연경관으로 이름나 있다. 또한 '자연이 만들어 낸 아름다움의

밀퍼드 사운드의 모습

예술품, 지상낙원의 비경, 뉴질랜드의 보물' 등 어떤 미사여구美辭麗句
를 수식해도 과분하지 않다.

　이곳에는 희귀한 야생 동물도 많은 편이다. 펭귄, 바다표범, 바다사
자들이 해안에서 다이빙하는 모습을 볼 수 있으며, 청백돌고래와 범
고래가 가끔 수면 위로 모습을 비추기도 한다. 그 외에 은대구Blue cod,
하푸쿠Hapuku, 쏨뱅이Scorpion fish 등 다양한 종류의 물고기가 살고 있으
며 2.5m의 날개를 가진 앨버트로스albatross도 서식하고 있다. 밀퍼드
사운드를 처음 발견한 사람은 1790년대부터 해안에서 물개를 잡던 유
럽 인들인데, 1812년 영국의 웨일스Wales에서 호주로 물개를 잡으러
온 존 그로노John Grono, 1767~1847 선장이 이곳을 방문하면서 유럽에 알
려졌다. 그로노는 그의 고향 지명인 밀퍼드헤이븐Milford Haven이라고

이름 지었으나, 나중에 존 로트 스토크스John Lort Stokes, 1811~1885 선장이 이곳을 다시 방문하여 밀퍼드 사운드라고 고쳐 불렀다고 한다. 1878년 유럽 인 도날드 서덜랜드Donald Sutherland, 1839~1919가 밀퍼드 사운드에 처음 정착한 것으로 알려졌다.

밀퍼드 사운드는 해안으로부터 내륙 안으로 17.5㎞ 뻗어 있으며, 바다 쪽의 깊이는 290m나 되고 선착장 부근도 약 120m나 된다. 양쪽에는 1000m 이상의 벌거벗은 직벽直壁이 깎아지른 듯이 솟아 있다. 특히 유람선에서 바라보면 주교가 쓰는 모자마이터와 비슷하다고 해서 이름 붙여진 마이터Miter 봉1682m은 바다에서 솟아오른 봉우리 중 세계에서 가장 높다. 이곳의 연간 평균 강우량은 6813㎜로서, 1년 중 평균 200일 동안 비가 오는데, 사흘 중 이틀은 비가 온다고 보면 된다. 하루에 250㎜의 폭우가 온 경우도 있으며, 비가 많이 올 때는 수십 개의 폭포가 생겨나서 절벽 밑으로 흐르는데 폭포의 높이가 1000m에 달하기도 한다. 이때 작은 물줄기는 강력한 바람에 흩날려 바닥까지 닿지 못하고 끊어지기도 한다. 비가 오지 않을 때에는 2개의 큰 폭포인 보엔Bowen 폭포162m와 스털링Stiring 폭포155m만 흘러내린다. 보엔 폭포는 호주 퀸스랜드Queensland의 초대 총독1859~1868이자 뉴질랜드의 5번째 총독1868~1873이었던 조지 보엔George Ferguson Bowen, 1821~1899의 부인인 엘리자베스 보엔Elizabeth Bowen의 이름을 따

도날드 서덜랜드의 집(1880)

서 붙인 폭포이다. 스털링 폭포는 조지 보엔이 1871년 밀퍼드 사운드를 방문하였을 때 타고 온 군함클라이오 호의 함장이었던 제임스 스털링 James Stirling, 1791~1865의 이름을 딴 것이다.

밀퍼드 사운드를 지나가던 제임스 쿡 선장도 사운드 안으로 들어가 보지 않고 그냥 지나쳐 갔다고 한다. 아마 사운드 안으로 들어갔다면 당시의 배로는 이 지역의 강하고 거친 바람을 이겨 내지 못했을지도

 호머 터널

밀퍼드 사운드로 가는 94번 국도를 따라가다 보면 꼭 통과해야 하는 호머 터널(Homer Tunnel)이 있다. 1935년에 공사를 시작하여 1953년에 1차 개통이 되고 1954년부터 차량이 다니기 시작하였다고 한다. 초기의 터널 공사는 폭발물이나 기계 장치를 사용하지 않고, 오로지 인력으로만 돌을 깨서 만들었다고 한다. 터널은 직선이지만 동쪽(입구)에서 서쪽(출구)으로 −10% 정도 경사가 져 있으며 터널의 길이는 1270m이다. 터널 동쪽의 해발고도가 945m라서 여름인데도 빙하 얼음을 볼 수 있다. 지금은 터널 입구 쪽을 보수해서 약간 넓어졌지만 안쪽으로 들어가면 차 한 대가 겨우 지나갈 수 있을 정도로 좁고 낮은 편이다. 터널 안에는 지금도 바위와 돌이 울퉁불퉁 튀어나와 있어서 전조등이 없으면 지나갈 수가 없을 정도이다. 이런 길을 한참 가다 보면 돌아오지 못하는 길을 가고 있는 듯한 느낌을 받기도 하지만, 어두운 터널을 빠져나와 만나는 경치는 마치 하늘나라에 온 것 같은 느낌에 취하게 한다.

모른다. 2006년 인구조사에 따르면 밀퍼드 사운드 일대에 거주하는 사람은 120명으로 조사되었는데, 이들 대부분은 관광과 공원 보존에 관련된 일을 하는 사람들이다. 아름다운 자연경관으로 유명한 이곳은 연간 55만~100만 명 정도의 관광객이 다녀간다.

자연 속에 꼭꼭 숨은 여왕의 땅

남섬의 휴양 및 관광도시인 퀸스타운Queenstown은 유럽 인들이 도착하기 전에 이미 마오리들이 다녀갔을 것으로 추정하고 있다. 퀸스타운의 와카티푸Wakatipu 호수를 최초로 확인한 찰머스Nathanael Chalmers, 1830~1910는 1853년 9월에 투투라우Tuturau 부족장인 레코Reko의 안내를 받아 와이메아Waimea 평원을 지나 마타우라Mataura 강을 건너서 와카티푸 호수 인근을 방문하였다고 한다. 또한 글레노키Glenorchy 지역에는 마오리들이 뱀장어와 새우를 잡은 흔적인 바구니와 그물이 증거로 발견되었다. 하지만 마오리들의 영구적인 정착 증거는 찾을 수 없었다고 한다.

탐험가이자 측량사인 리스William Gilbert Rees, 1827~1898는 센트럴오타고Central Otago에 정착한 유럽 인으로 동료 탐험가인 턴즐만Nicholas von Tunzelmann, 1828~1900과 함께 1860년에 와카티푸 호수 인근에 처음으로 정착하였다. 리스는 1860년에 지금의 퀸스타운 마을보다 조금 높은 곳에 집과 농장을 세웠다가 2년 후 애로Arrow 강에서 금이 발견되자, '퀸스 암스Queen's Arms, 현재 Eichardt Hotel'라는 호텔로 개축하였다. 당초 이 마을의 이름은 여러 가지로 검토되었으나 대부분의 금 채굴자들

퀸스타운 전경

이 '퀸스빅토리아Queen's Victoria'로 제안하였다. 하지만 나중에 여왕이 살아도 될 정도로 아름다운 마을이라고 하여 퀸스타운으로 고쳤다고 한다. 지금도 거리에는 금광 시대에 지은 도로 이름인 '캠프스트리트 Camp Street'를 비롯하여 성베드로 성공회 교회St Peter's Anglican Church 등 역사적인 건물들이 남아 있다.

　퀸스타운에서 북동쪽으로 약 20㎞를 가면 골드러시Gold rush 때 건설된 작은 마을인 애로타운Arrowtown이 있다. 1862년에는 폭스타운Fox town이라고 이름 지었지만 애로 강에서 금이 발견된 이후부터 애로타운으로 고쳐 불렀다고 한다. 지금은 당시의 번성했던 금광도시를 재현해 놓았는데, 아직도 19세기 골드러시 때의 건물이 상당 부분 그대로 남아 있다. 매년 가을이면 단풍 축제가 열리며, 이때는 전국에서

사진작가를 비롯한 많은 관광객이 찾는다. 과거 한창 때에는 금을 캐기 위한 중국인 노무자들이 유입되어 차이나타운도 건설되었지만, 금 생산이 줄어들며 쇠퇴하였다.

오늘날의 퀸스타운에는 관광객들을 위한 레저 상품들이 다양하게 개발되어 운영 중이다. 여름에는 번지점프와 패러글라이딩, 골프, 제트보트, 증기선 관광, 디어파크Deer Park 관광, 송어 낚시 등을 즐길 수 있으며, 겨울철에는 스키와 스노보드 등을 즐기는 사람들로 북적댄다. 그 밖에 퀸스타운 시내에서도 상시로 여러 가지의 행사를 한다. 인구 약 3만 명의 작은 도시이지만 숙박시설, 음식점, 선물가게 등이 골고루 갖춰져 있으며, 연간 약 200만 명 이상의 관광객이 찾는다.

하얀 증기 위에 건설된 지열 도시

뉴질랜드의 자연은 관광지이고, 관광지는 바로 자연이다. 그들 중 가장 대표적인 곳이 앞서 말한 남섬의 밀퍼드 사운드와 퀸스타운 그리고 마오리의 향기가 물씬 풍기는 로토루아Rotorua이다. 로토루아는 남섬의 자연경관과는 다르지만 도시 전체가 유황 냄새로 가득하고 이 나라의 주인인 마오리 민속촌이 있는 곳이다. 로토루아의 원래이름은 '테로토루아누이아카후마타모모에Te Rotorua-nui-a-Kahumatamomoe'라는 마오리 말로서 두 번째 큰 호수라는 의미이다. 여기서 호수라는 뜻의 '로토Roto'와 둘을 뜻하는 '루아Rua'로 줄여 로토루아가 되었다. 이 지역에는 테 아라와 이위Te Arawa iwi 족이 가장 먼저 정착하였고, 최초의 유럽 인은 아마도 1828년 베이오브플렌티Bay of Plenty에서 무역을 하기 위해 도착한 필립 타프셀Phillip Tapsell, 1777/1791~1873일 것이라고 추정하고

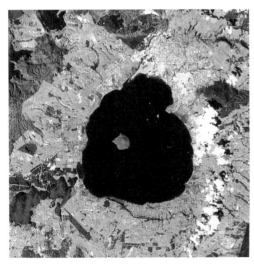

로토루아 호수 위성 사진. 호수 가운데의 섬은 모코이아 섬이고 1~2시 방향이 로토루아 시가지이다.

마오리 민속촌인 화카레카레와의 간헐천 분출 모습

있다. 그는 1810년에 베이오브아일랜즈Bay of Islands에 정착하여 고래잡
이, 무역업 등에 종사한 사람이다. 그 후 선교사 헨리 윌리엄스Henry
Williams, 1792~1867와 토마스 채프먼Thomas Chapman이 1831년에 로토루아
를 방문하여 1835년에 모코이아Mokoia 섬에 선교 센터를 건립하였다.

　로토루아의 크기는 우리나라 경주와 비슷하며 도시의 기능도 거의
비슷하다고 볼 수 있다. 우리나라 관광객이 뉴질랜드에 패키지 투어
로 관광을 가면 반드시 들리는 곳이 로토루아이다. 이곳은 한두 번 다
녀갔다고 해서 볼거리가 없는 것도 아니다. 볼거리나 체험할 것들이
수없이 많은 곳이 바로 로토루아이다. 그래서 이곳은 인구가 점점 늘
어나고 있으며 지금은 거의 7만 명에 육박하고 있다. 뉴질랜드에서
가장 잘 알려진 온천 관광지인 로토루아는 12개의 호수를 포함하여
화산 및 온천 지대로 유명한 곳이다. 로토루아 시내에는 지하에서 솟

휴양지 타우포

타우포(Taupo)는 로토루아 남쪽 80㎞ 지점에 위치하는 도시로 로토루아가 관광지라면 타우포는 휴양지이다. 인구는 약 3만 2907명(2013년) 정도로 그리 많지 않지만, 1989년에 타우포 자치구가 되었다. 1958년에 와이라케이 협곡에 지열발전소(Wairakei Geothermal Power Station)가 건설되어서 더욱 유명해졌다. 세계 최초로 건설된 이 지열발전소는 2013년에 테미히 지열발전소로 교체될 예정이라고 한다. 뉴질랜드에서 가장 큰 타우포 호수는 뉴질랜드에서 가장 긴 강인 와이카토(Waikato) 강으로 물을 흘려 보내는 원수이다. 호수에서 조금만 내려가면 아름다운 후카(Huka) 폭포가 있으며, 인근에 47m 높이의 번지점프도 있다. 타우포도 지열과 화산활동의 중심지여서 목욕하기에 알맞은 온천이 여러 곳 있으며, 로토루아보다는 탐방객이 적어 휴양하기에 최적의 장소이다.

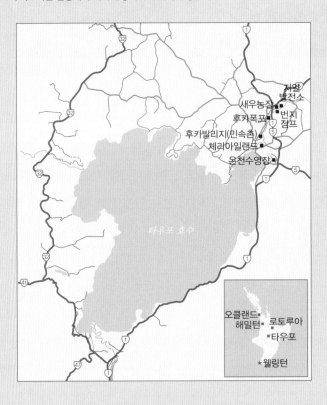

아나는 하얀 증기와 유황 냄새가 굉장히 심하지만 인체에는 해가 없다고 한다.

로토루아에서 가장 유명한 마오리 민속촌Te Puia Village인 화카레와레와 지열 지대Whakarewarewa Thermal Reserve는 원래 테 푸이아Te Puia 부족의 요새로 전쟁 때에도 함락되지 않은 곳이다. 화카레와레와에는 알칼리성 염화 온천 등 500여 개의 풀Pool이 있는데, 그중 대략 65개 정도는 이름을 지니고 있다고 한다. 현재는 7개의 간헐천Geyser이 활동하고 있으며, 그중에 가장 유명한 곳은 포후투Pohutu 간헐천으로 약 20분 간격으로 20~30m 높이까지 뜨거운 온천수가 분출된다.

로토루아에서 타우포Taupo 방향으로 차로 약 30분 정도 가면 와이오타푸 지열 지대Wai-o-Tapu Thermal Wonderland에 도착한다. 뉴질랜드에서 가장 컬러풀하고 다양한 지열 지대로 알려진 와이오타푸는 간헐천, 진흙Mud 풀, 광물 지대, 다양한 색깔의 냉천과 온천 등 여러 모양의 온천 풀을 볼 수 있다. 무엇보다 온천의 색이 특이한데, 흰색규산, 노란색유황, 적갈색산화철, 자주색이산화망간, 오렌지색안티몬, 녹색액상 유황, 검은색탄화 유황 등 다양한 색깔의 풀은 각 색에 어울리게 이름이 붙여져 있다.

만물박사가 되어야
살아남는다

Chapter

5

뉴질랜드에는 이러한 사람들을 위한 공구 가게가 많다. 공구와 재료뿐만 아니라 스스로 조립할 수 있도록 방법을 적어 놓은 설명서도 들어 있다. 그러므로 특별한 기술이 없어도 누구든지 재료를 구해서 스스로 만들 수 있다. 이러한 재주는 학교에서 배우고, 부모로부터 보고 듣고 배운 덕분이다. 이는 뉴질랜드 사람들이 목초지 한복판에서 모든 것을 스스로 하지 않으면 살아남을 수 없었던 초기부터 깨쳐 온 것이다.

뉴질랜드에서 생활하기

한국이나 뉴질랜드나 사람이 살아가기 위해서 옷과 음식, 집은 가장 기본적인 도구이자 수단이다. 뉴질랜드는 온화한 날씨 덕분에 대부분의 사람들이 캐주얼 티셔츠나 남방, 반바지 등 실용적인 옷차림을 즐긴다. 인구가 많지 않아서 대량으로 생산하는 옷 공장이 없으므로 대부분의 다른 공산품과 마찬가지로 옷도 수입에 의존한다. 주로 중국, 인도, 동남아 일대에서 수입하므로 가격은 한국보다 저렴하지만 물건의 질은 좋지 않은 편이다. 뉴질랜드 자체에서 생산되는 의류의 경우도 디자인이나 색상은 한국보다 다양하지 않으며, 가격도 비싼 편이다. 특히 생활 스포츠가 발달된 뉴질랜드는 질 좋은 스포츠 의류들이 많이 있지만 소량 생산하므로 생각보다 가격이 만만치 않다. 세계적인 브랜드 제품은 한국처럼 다양하지 않은 편인데 이는 인구도 적지만 그들의 몸에 밴 검소함 때문이라고 판단된다.

우리나라의 재래시장 같은 것은 없지만 5일장 같은 개념의 토요마켓이나 일요마켓 등이 오전에 잠깐 열린다. 이러한 마켓도 모든 동네마다 열리는 것이 아니므로, 뉴질랜드 주부들이 장을 볼 때는 주로 푸드타운Food Town, 울월스Wool Worth, 파크앤세이브Park & Save, 스리가이스3 Guys, 빅프레시Big Fresh, 카운트다운Count Down 등의 대형 할인점을 이용한다. 뉴질랜드의 먹을거리는 대부분 영국의 영향을 받았다. 그래서 대부분의 파케하 가정에서는 우유, 시리얼, 샌드위치, 스테이크, 샐러드 등 보편적인 서양 음식을 먹는다. 한국인들은 한국 식품 가게에서 한국 음식을 구입해 먹는데 한국의 가격보다 2~3배 정도 비싼 편이다.

뉴질랜드의 주택은 잔디와 정원이 딸린 단독 목조 주택들이 대부분이다. 대지의 크기는 대개 600~700㎡ 내외이며, 침실이 3~4개, 주방, 거실, 욕실 1~2개, 화장실 1~2개, 차고 1~2개 등으로 이루어진다. 정착 초기에는 건물의 재료로 벽돌을 많이 선호했지만 몇 차례의 지진으로 목조 주택으로 바뀌었다. 최근에 신축하는 집은 방이 4~5개, 거실 2개, 욕실 2~3개, 화장실 2~3개 등으로 조금 더 크게 짓는 경향이 있고 겨울철을 대비하여 난방 시설을 하기도 한다. 한국만큼 겨울이 추운 것은 아니지만

코로만델의
파머스 마켓(Farmers Market) 입간판

예전에 지은 집들은 난방용 자재를 사용하지 않아서 집 안이 많이 추운 편이다. 단독주택을 제외하고 공동주택 중에는 아파트와 연립주택 형인 유닛Unit, 타운하우스Townhouse, 빌라Villar 등 다양한 주거형태가 있으며, 오클랜드 같은 대도시는 1~2동으로 구성된 고층 주상복합형 아파트가 더러 있지만 부도심권에는 대부분이 저층2~4층 아파트이다.

대부분의 뉴질랜드 집은 각 방마다 붙박이 장롱이 설치되어 있다. 그래서 옷을 정리하기 위하여 별도의 장롱을 가지고 다니지 않아도 되지만, 한국처럼 사계절이 뚜렷한 지역에 살다가 온 사람들은 계절별로 옷이 많으므로 붙박이장이 좁을 수도 있다. 뉴질랜드는 목재 산업이 발달되어 질 좋은 가구들이 많은 편이지만 가구의 가격은 한국보다 약간 비싼 편이며, 세계 유명 브랜드 가구는 한국보다는 대체적

으로 저렴한 편이다. 그 외에 생활에 필요한 여러 가지 공산품은 대체적으로 비싼 편인데, 이는 대부분의 공산품을 수입하기 때문이다. 특히 학생들이 많이 사용하는 문구류는 한국 제품보다 중국, 인도 등의 제품이 싸고 흔하지만 디자인이나 질적인 면에서는 많이 떨어지는 편이다.

2구 콘센트. 팔(八)자 모양에 플러그를 꽂고 좌우 스위치를 위로 눌러야 전원이 연결된다.

  잡화점Wharehouse이나 전기 및 공구를 전문으로 취급하는 할인점도 여럿 있다. 뉴질랜드는 우리나라와 전압이 다르고, 콘센트도 다르다. 우리나라는 220V에 60Hz이지만 뉴질랜드는 230~240V에 50Hz이다. 만약 한국의 전기 제품을 사용해야 한다면 전압을 조절해 주는 변압기를 이용해야 한다. 그렇더라도 모터에 의해 가동되는 냉장고, 세탁기, 발전기 등은 수명이 짧아질 수 있으므로 가급적 뉴질랜드 현지에서 전압에 맞는 전기 제품을 구입하는 것이 현명한 방법이다.

 클린턴과 발전기

1998년 1월 말경 오클랜드 시내에 정전이 되었다. 이때 전기 공급(Mercury Energy 사)이 2주 이상 중단되어 수많은 가게들이 한동안 문을 닫았다. 어떤 이는 이 기간 동안 휴가를 다녀오기도 하였다. 정전의 큰 위기는 3월 말경에 대충 끝났지만, 5월 말까지 산발적인 정전이 계속되었다. 하지만 누구 하나 머리에 띠 두르고 시위하는 사람이 없었다. 우리나라 같았으면 한전에 찾아가서 시위를 하고 배상하라고 난리가 났을 것이다. 원인은 너무 오래된 전선 때문이라고 한다. 이듬해(1999년) 빌 클린턴 미국 대통령이 APEC 회의차 뉴질랜드를 방문하였다. 이때 1년 전의 정전 사태를 기억하고 미국에서 대형 발전기를 비행기로 공수해 와 호텔 옆에 세워 두고 24시간 가동한 일이 있었다. 클린턴도 뉴질랜드의 근검절약과 느림보 정신을 알았나 보다.

100집을 보면 100집이 다 다르다

뉴질랜드에서 주택을 구입한다는 것은 매우 힘든 작업 중에 하나다. 우선 집을 둘러보기 위해서는 차를 타고 이곳저곳을 이동해야 하는데, 내가 집을 보고 싶다고 해서 당장 가서 볼 수 있는 것도 아니다. 집을 볼 수 있는 요일^{대부분 토요일}과 시간이 정해져 있다. 한국은 대부분 아파트이기 때문에 몇 층인지 알아보고 결정하기도 하지만 대부분이 단독주택인 뉴질랜드에서는 집을 더욱 세밀히 보아야 한다. 먼저 뉴질랜드는 햇볕이 북쪽 방향에서 비추므로 집이 앉은 방향이 중요하다. 그리고 전면이 넓은지, 큰 나무가 있는지, 경사가 지지 않았는지, 침수 지역이 아닌지, 도둑이나 강력 사건이 많지 않은 지역인지, 슈퍼마켓이 가까운지 등 많은 조건을 고려해야 한다. 그뿐만 아니라 집의 구조와 사용 자재, 방 개수, 화장실 개수, 차고 개수와 형태, 땅 면적 등도 따져 봐야 하는데, 이런 것들을 고려해서 보면 100집을 보면 100집이 다 다르다. 또 전망이 굉장히 중요한데 특히 바다나 호수 또는 강이 보이는 집이 비교적 좋은 집에 속하지만 이런 집은 역시나 대체적으로 비싼 편이다.

뉴질랜드에도 주택을 거래할 때 공인중개사를 경유하게 되는데 주택 매매 시 매도자가 4%^{금액이 올라갈수록 누진제 적용}의 수수료를 부담하고 매입자는 수수료를 내지 않는다. 그리고 매수자는 우리나라의 취득세 같은 인지세^{Stam duty}을 납부해야 한다. 그 외에 부동산 대금^{계약금, 중도금, 잔금}은 한국과 달리 매도자와 매수자의 변호사 사이에서 진행된다. 외국에서 온 거주 희망자들은 주택을 구입하기 전에 일반적으로 임대를

오클랜드 데번포트의 빅토리아 산 정상에서 내려다본 주거지

많이 하는 편이다. 임대 주택에서 얼마간 거주한 후 생활이 안정되고 완전한 정착 의지가 정해지면 주택을 구입하는 것이 좋으며 임대 주택은 월세 개념으로 매주 혹은 2주마다 임대료를 납부하게 되어 있다. 임대료는 보통 주당 400~500달러(방3~4개) 정도 한다. 계약기간 전에 집을 나가려면 최소한 3주 전에 집주인이나 공인중개사에게 연락해야 한다.

임대 계약을 할 때 보증금Bond이라는 것이 있는데, 대략 3~4주 정도의 세를 공인중개사에 납부하면 그들이 관리하든지 아니면 집주인에게 맡겨 두었다가 이사 갈 때 돌려받는다. 만약 살던 집에 손상을 입혔다면 보증금을 다 돌려받을 수 없다. 간혹 세를 놓는 사람 중에 전에 살던 집주인에게 리포트를 받아오라고 요구하는 경우가 있다고 한다. 이럴 때 전 주인과 불협화음이 있었다면 리포트를 좋게 써줄 리

만무하기 때문에 주의를 해야 한다.

농부로 살아가기

뉴질랜드 사람들은 태어날 때부터 농촌적인 기질을 가지고 있다. 왜냐하면 대도시에 사는 키위의 대부분도 농촌 출신이고, 대부분의 키위들은 농업 지식도 상당한 편이다. 뉴질랜드라고 하면 우선 목가적인 풍경이 떠오르는데, 양을 치고 목장을 관리하며 농산물과 원예 작물을 경작하는 농부의 모습이 상상된다. 지금은 뉴질랜드 인의 85% 정도가 도시에 살고 있긴 하지만 도시민의 70% 이상이 마당과 정원이 딸린 단독주택에 살면서 전원생활을 즐기고 있다. 도시에서도 화초를 가꾸고 잔디를 깎고, 거름을 뿌리고, 농기구를 다루는 것이다. 이런

일 모두가 우리네 농촌에서 하는 일과 같다. 이뿐만 아니라 주택의 정원, 인근의 공원, 잔디가 깔린 학교 운동장, 골프장 등 도시에 살지만 푸른 초원에 둘러싸여 농부와 같이 살아가고 있다.

예전 농부들은 반바지 차림에 가죽 조끼를 입고 고무장화Gumboots를 신고 양치기를 하였지만 오늘날 이런 모습은 거의 볼 수 없다. 하지만 그 전통은 일부 남아 있다. 배우 존 클라크John Clarke는 고무장화 노래 Gumboots Song를 만들었고, 북섬 중부의 타이하페Taihape에서는 1985년부터 매년 3월에 고무장화 던지기 대회Gumboot Festival가 열린다. 비록 전문 농부는 전 인구의 15%밖에 안 되지만 농산물은 국가 수출의 반을 차지하고 있다. 또한 이들은 양털 깎는 기계와 젖 짜는 기계 등을 개발한 농사 전문가들이다. 뉴질랜드에서 농부라고 하면 일반 농사 곡식, 채소, 과일뿐만 아니라 낙농업을 하는 사람들도 포함되며, 낙농업이 일반 농사보다 더 비중이 높다. 뉴질랜드의 8개 종합대학 가운데 북섬 파머스턴노스Palmerston North의 매시 대학교Massey University와 남섬 크라이스트처치Christchuch의 링컨 대학교Lincolon University는 농업과 관련된 대학으로 유명하다.

좀 더 시골로 내려가면 가장 가까운 이웃집도 수 킬로미터 떨어져 있고, 집 안에 있는 길을 따라 바깥의 우체통까지 가려고 해도 수백 미터 나가야 하는 농장도 흔하다. 남섬에서는 차로 30분을 달려도 집 한 채 구경하기 힘든 곳도 있다. 그러므로 농촌에서는 모든 것을 자급자족해야 한다. 채소밭을 일구고, 과일나무를 키우고, 빗물을 받아 두고, 가축을 도축하며 농장에서 버터와 빵을 만들어 먹는다. 이 나라에는 영세농민이라는 단어가 없다. 물론 농부라고 얕보는 경우도 없다.

농부라는 직업이 대부분의 다른 직종보다 더 여유롭고 부유하기 때문이다. 그들은 농사를 천직으로 여기고 자랑스럽게 생각한다.

한편 도시 근교에 작은 농장을 구입하여 가축 몇 마리를 키우며 농부 생활을 즐기는 도시인들도 점차 늘어나고 있다. 아마도 이들은 도시의 문화시설을 편하게 이용하면서 농촌생활을 즐기려는 사람일 것이다. 필자는 대도시인 오클랜드에서 6년간 살았지만, 당시의 생활이 농부나 다름없었다. 한국에서 출발한 비행기가 오클랜드 상공에 도달하면 아래쪽에 보이는 풍경은 도시라기보다는 농촌 풍경에 가까웠다. 공항에서 집으로 가는 약 35분 동안 길가의 모습도 전원 풍경이고, 집에 도착하면 아주 한적한 시골 냄새가 물씬 풍긴다. 필자가 살던 집의 대지가 2500㎡^{756평}로 보통 뉴질랜드의 집들보다 4배 정도 넓었다. 건물 앞뒤에 넓은 잔디와 수영장이 있고, 울타리 안에는 물이 흐르는 계곡과 고사리 나무숲이 있어서 도시라는 느낌은 어디에도 찾아볼 수

 가장 평화로운 나라

영국 런던의 경제평화연구소(Institute for Economics and Peace)에서 발표한 세계평화지수 연례 보고서에 따르면 뉴질랜드가 세계에서 가장 평화로운 나라로 선정되었다. 평화지수는 국내 사정 및 국제분쟁, 사회안전, 치안, 군비, 폭력범죄, 잠재적인 테러 등 23개 지표에 대해 1점부터 5점까지 점수를 매겨 산출하는 것으로 1에 가까울수록 평화로운 상태이다. 2009년에는 144개 국가를 조사했는데 뉴질랜드가 1위, 한국은 33위, 북한은 131위를 차지했다. 2012년 조사에서는 뉴질랜드가 2위, 아이슬란드가 1위를 차지하였다. 뉴질랜드는 덴마크와 함께 2위로 밀렸으며 한국도 42위로 밀려났다고 한다. 하지만 1위이든 2위이든 전 세계에서 가장 평화로운 나라임에는 틀림없다. 반면에 일본은 5위에 랭크되었는데, 방사능 공포와 지진의 불안함이 있었는데도 불구하고 한국보다 더 평화로운가 보다. 아마도 우리나라는 남북 분단 때문일 것으로 생각한다.

없었다. 집에 도착하자마자 화초에 물을 주고, 텃밭의 고추도 따고, 수영장의 낙엽도 건져 내고, 내가 하는 모든 것이 농촌생활이었다. 그러므로 도시에 살았지만 농촌에 사는 것이나 다름없었다.

만물박사가 되어야 살아남는다

뉴질랜드에서 살아가려면 무엇이든지 스스로 다 할 줄 알아야 한다. 남자는 물론이고 여자도 여러 방면에 재주가 많고 아는 것이 많아야 생활에 편리하다. 어느 퇴직 교수가 자기가 살 집을 새로 짓는다든가, 화장실에서 물 새는 것을 스스로 고친다든가, 나무를 심거나 전지를 할 때도 뉴질랜드 사람들은 남녀 구분 없이 스스로 다 한다. 잔디 깎기는 물론이다. 최고 직종이라고 하는 비행기 조종사도 운항이 없을 때는 반바지를 걸치고 자기 집에 페인트칠을 하고 울타리를 고친다. 과연 한국에서 이렇게 스스로 하는 것Do it Yourself이 통할까? 아마도 어림없는 말일 것이다.

그래서 뉴질랜드에는 이러한 사람들을 위한 공구 가게가 많다. 공구와 재료뿐만 아니라 스스로 조립할 수 있도록 방법을 적어 놓은 설명서도 들어 있다. 그러므로 특별한 기술이 없어도 누구든지 재료를 구해서 스스로 만들 수 있다. 이러한 재주는 학교에서 배우고, 부모로부터 보고 듣고 배운 덕분이다. 이는 뉴질랜드 사람들이 목초지 한복판에서 모든 것을 스스로 하지 않으면 살아남을 수 없었던 초기부터 깨쳐 온 것이다. 정착 초기에는 무엇 하나 고장이 나도 전문 기술자를 구할 수도 없고, 기술자가 있다고 해도 시간이 얼마나 걸릴지 장담할 수 없고 비용을 지불할 능력도 되지 않았다. 그래서 생존을 위해 필요한 것은 모두 직접 하게 된 것이다. 즉 이곳에서 살아남을 수 있는 방법은 만물박사가 되는 길뿐이다.

전문가가 아닐지라도 처음 시도해 보는 일을 어느 정도 해낸다면 본인 스스로도 만족감이 생기고, 다른 사람들로부터 칭찬과 부러움도 받을 것이다. 우리 속담에 "시작이 반이다."라는 말이 있듯이, 한번 시도해 보면 용기가 생긴다. 만약 나무로 배를 만든다고 가정하고 여러 종류의 공구와 못을 가지고 시작해 보자. 처음 만든 것은 물도 새고 울퉁불퉁할 수 도 있다. 하지만 한번 시작해 본다는 것이 얼마나 중요한지 모른다. 전문가들이 보기에 보잘것없을지 몰라도 본인은 처음 시도한 것에 대하여 자신감을 느낄 수 있을 것이다.

뉴질랜드 국민들은 스스로 하는 것이 습관화되어 있다. 전문가가 아니더라도 일단 해 본다는 개척정신 때문에 황야에서 살아남았다고 생각한다. 그 결과 뉴질랜드 인들은 목장에 필요한 여러 가지 기계뿐 아니라 탈착이 편리한 벨크로 스트립, 자동 밀봉 뚜껑, 어린이들에게 안전한 약통 뚜껑, 머리핀의 주름 등 생활에 유용한 발명품들을 많이 개발하였다.

아나바다 정신이 만든 상거래

흙과 나무를 빚어 집을 짓고 생활 도구를 만들어 살아온 인류의 선조들은 오늘날과 같은 풍족한 물자와 여유로움에 대해 상상이나 할 수 있었을까? 오늘날 뉴질랜드 사람들은 지구 상의 어느 민족보다도 근검절약 정신이 몸에 배어 있다. 뉴질랜드를 여행했거나 유학을 경험해 본 사람이라면 근검절약의 대명사격인 '차고 세일Garage Sale'과 '골동품점Antiques Shop'을 보고 들었을 것이다. 이곳에서 꼭 필요하고 소중한 물건을 값싸게 구입한 경우도 있었을 것이고 재미 삼아 들러 본 일도 있을 것이다. 뉴질랜드 사람들은 자기 집에서 필요없는 물건 중 사용이 가능한 것은 차고 세일을 통해 직접 처분하거나 골동품점에 넘기는 것이 생활화되어 있다.

차고 세일이란 각 가정에서 사용하던 물건 중에 안 쓰는 물건을 골라서 평소 또는 이사하기 전에 차고에서 염가로 판매하는 것이다. 최근에는 신문에 난 차고 세일 광고를 보고 찾아다니는 것을 즐기는 사람들도 늘고 있으며, 그것이 이제는 익숙한 주말 풍경이 되었다. 앤티크 숍이라고 불리는 골동품점은 우리나라의 중고품 가게와 비슷하다고 생각하면 된다. 이곳에는 아주 희귀하거나 가치 있는 물건도 있지만, 반면에 지저분하고 자질구레한 잡동사니들도 손님을 기다리고 있다. 예를 들어 도저히 팔릴 것 같지 않은 녹슨 병뚜껑, 잉크 없는 볼펜, 임자도 없는 책상 열쇠, 콜라병과 상자 등도 진열되어 있다. 이런저런 잡동사니를 취급하는 골동품점이 있는가 하면 시계, 그릇, 가구, 옷, 책 등 한 가지만 전문으로 취급하는 가게도 있다.

차고 세일과 골동품점은 옛것을 소중히 여기는 마음과 수집하는 취미, 그리고 헌것을 고쳐서 다시 사용할 줄 아는 지혜가 수백 년 전부터 이어져 내려온 것으로, 이른바 '아나바다아껴 쓰고, 나눠 쓰고, 바꿔 쓰고, 다시 쓰고' 정신이 관습화된 것으로 판단된다. 실제로 가정에서 사용하던 물건이 나와 있기 때문에 일반 가게에서 구입할 수 없는 독특하고

앤티크숍 내부

오래된 물건이 눈에 띄기도 한다. 물론 우리나라에도 골동품점이 있다. 서울의 인사동 거리는 고가의 미술품이나 도자기류 위주로 판매하고 있으며, 각 도시마다 중고품을 취급하는 벼룩시장도 있다. 또는 전자 제품이나 가구를 취급하는 재활용품 센터도 각 지역마다 있긴 하지만, 뉴질랜드처럼 다양하고 보편화되어 있지 않아서 이사할 때마다 발생하는 잡동사니 대부분은 천대되며 쓰레기통으로 들어간다.

　이 나라는 변하지 않는 자연지리를 가지고 있다. 어느 시골에 위치한 관광지에 가 보면 매표소도 10년 전의 모습 그대로이고 직원들도 10년 전의 직원 그대로이다. 물론 주변의 도로나 경치도 10년 전 그대로이고 산, 강, 들 모두가 변함없이 그대로이다. 뉴질랜드 전체가 변하지 않는 나라인지 변화를 싫어하는 나라인지는 몰라도 모든 것이 이토록 변함이 없다. 인구가 적고 사람들의 왕래가 적어서 그런 것일 수도 있겠지만 기본적으로 한 번 시설한 것은 사용할 수 있을 때까지 그대로 사용하는 경향이 있다. 아마도 뉴질랜드는 큰 도시를 제외하고 앞으로 100년이 지나도 그대로일 것 같다.

약 700년 전부터 마오리들이 도착하였다고 하나 제대로 된 나라의 형성은 이제 겨우 174년가량 되었다. 그동안 영국에서 정착민들이 도착하고, 그들 스스로 살아남기 위하여 땅을 개척하고 나라를 만들어 갔다. 산업혁명을 일으키고 세계를 무대로 살아온 영국 사람들은 국가 경영도 절약 정신에 입각하여 꾸려 나갔다. 그래서 영국인들의 근검절약 정신이 몸에 밴 뉴질랜드 정착민들도 그와 다름없이 아나바다 정신으로 살아왔다. 즉, 나라와 국민 모두가 근검절약하는 분위기이다. 옛것을 그대로 사용할 수 있는데 왜 돈을 들여서 새것으로 바꾸는지 알 수 없다는 논리이다. 그래서 각종 시설물도 사용이 불가능하지 않은 이상 새것으로 바꾸지 않는 경우가 많다. 그렇다고 경제적으로 후진국도 아니다. 아주 더디더라도 옛것을 소중하게 생각하고 아끼는 나라이다.

하룻밤 쉬어 갈 수 있는 곳

호텔과 모텔은 너무나 잘 알려져 있기 때문에 별도의 설명이 필요 없을 것 같다. 다만 뉴질랜드의 모텔은 한국의 모텔과 완전히 다르다. 여기는 주로 단층으로 된 건물에 방이 총 10~20개 정도 되며, 대체로 경치가 좋은 곳에 위치하고 주차장도 매우 널찍하다. 모텔 1칸에 보통 방이 1~3개이며, 침대가 2~5개 놓여 있어 가족이 한꺼번에 묵을 수 있는 편리함도 있다. 그리고 욕실, 부엌과 요리 도구, 세탁기 등 없는

모텔

것이 없다. 한국의 콘도미니엄과 비슷한데, 오히려 더 깨끗하고 분위기 있다. 가격도 저렴한 편이고 음식도 마음대로 해 먹을 수 있다.

요즈음 젊은 사람들은 배낭여행을 많이 선호하는 편인데, 이때 주로 이용하는 숙소가 가격이 저렴한 백패커스Backpackers이다. 방은 싱글, 더블, 트윈, 도미토리dormitory 등으로 나뉘는데, 도미토리는 남녀구분 없이 여러 사람이 함께 쓰는 방이다. 사람 수에 따라 가격도 달라지는 도미토리는 큰 방에 여러 개의 침대가 놓인 것과 같은 개념의숙박 시설이다. 그러므로 방을 빌리는 것이 아니라 싱글 침대를 빌린다고 생각하면 된다. 화장실, 샤워실, 취사도구, 휴게실, TV 등은 공동으로 사용해야 한다. 이렇게 함께 어울리다 보면 중요한 정보도 얻을 수 있고 함께 여행하는 동지를 만날 수도 있다는 장점이 있다.

배낭여행객이 자주 찾는 또 다른 숙소는 백패커스보다 조금 시설이좋은 유스호스텔YHA, Youth Hostels Association이다. 뉴질랜드 전국에 150

예전에 감옥이었지만 지금은 숙박 시설인
크라이스트처치의 제일하우스

여 개의 유스호스텔이 있는데 YHA 카드를 소지하고 있어야 요금을 할인해 준다. 시설과 위치가 좋은 곳은 미리 예약을 해야만 내가 원하는 날짜에 숙박할 수 있다. YMCA와 YWCA에서 운영하는 게스트하우스도 저렴하게 이용할 수 있는 숙박 시설로서, 한국의 YMCA와 YWCA 회원이라면 이곳에서도 할인을 받을 수 있다. 하지만 인터넷으로 미리 예약하는 준비성이 필요하다. 시골길을 가다 보면 길가에 'B&B Bed & Breakfast'라고 적힌 허름한 간판을 볼 수 있는데, 이곳은 우리나라의 민박이라고 생각하면 된다. 해는 저물고 인적도 불빛도 거의 없는 곳에서 잠을 청할 수 있는 민박집을 만난다는 것은 행운이다. 막상 들어가 보면 대체로 허름한 오두막이나 마구간 같은 분위기이지만 간혹 고풍스런 벽돌집을 만날 수도 있다.

야외에서 텐트를 치고 잠을 자는 캠핑이나 차에서 숙식을 해결하는 캠핑카를 이용하는 경우도 있다. 특히 뉴질랜드는 캠핑카를 빌려서 여행하기에 좋은 환경이다. 최근에 한국에도 캠핑 문화가 유행하고 있어서 자세한 설명은 필요 없지만, 뉴질랜드 전국에 이런 캠핑카를 정차해 놓을 수 있는 홀리데이 파크Holiday park가 잘 조성되어 있다. 이곳에서는 15달러 정도의 비용만 지불하면 전기, 수도, 화장실, 샤워실 등을 사용할 수 있다. 뉴질랜드는 조금만 오지로 나가면 편히 숙박을 할 수 있는 곳을 찾기 어렵다. 그럴 경우 현지에서 숙식을 해결할 수 있는 차량인 캠핑카가 유용하게 쓰인다. 그 외에도 인터넷을 잘 검색해 보면 사람들이 실제로 생활하던 아파트나 단독주택을 통째로 빌려주는 곳을 발견하기도 한다. 이런 것은 자신들이 장기로 집을 비울 때 일시적으로 빌려주는 경우이다.

 퀄마크

뉴질랜드 관광청 산하의 관광산업 인증 마크인 퀄마크(Qualmark)는 뉴질랜드에 관광객을 끌어들이는 중요한 요소이다. 청정 뉴질랜드의 상징이기도 한 은고사리 잎과 그 아래에 별의 개수로 등급을 나누는 퀄마크는 뉴질랜드의 품질(Quality) 보증 마크이다. 우리나라에서 호텔에 별로 표시하여 등급을 매기는 것과 같다. 이 마크는 주로 숙박업소, 교통 및 여행사, 식당 등에 붙여지는데 퀄마크가 붙은 곳은 일단 안심하고 숙박하거나 상품을 구입해도 된다는 보증이 된다. 별 1개는 Acceptable(기본적인 곳), 2개는 Good(좋은 곳), 3개는 Very Good(아주 좋은 곳), 4개는 Excellent(훌륭한 곳), 5개는 Exceptional(아주 훌륭한 곳)을 의미한다. 또한 세계 최초로 환경 인증 등급제인 퀄마크 그린(Qualmark Green)이 도입되어 더욱 청정한 뉴질랜드를 만들어 가고 있다.

일하며 체험하는 우프와 워킹홀리데이

요즈음은 항공 교통의 발달로 각 나라 간에 무역이나 관광 등으로 교류가 잦다. 이와 동시에 현지에 가서 일도 하고, 관광도 하고, 영어도 배우고, 농촌 체험도 하면서 장기로 머물기를 원하는 사람들도 점점 늘어나고 있다. 이 모든 것이 동시에 가능한 제도가 바로 우프WWOOF와 워킹홀리데이Working holiday 프로그램이다. 'World Wide Opportunities on Organic Farms'의 약자인 우프는 말 그대로 시골 농장에서 일하며 농장에서 함께 지내는 것이다. 워킹홀리데이는 초창기에는 시골 농장에서 일하며 지냈지만 요즈음은 도시의 사업장에서 일하며 공부하는 사람들이 많아졌으므로 농장 체험이라고 표현하기는 곤란하다.

우프는 유기농 농가에서 1년 동안 하루에 4~6시간씩 일하면서 식사와 잠자리를 제공 받는 체험 프로그램이다. 마을 행사나 파티에도 농장 가족과 함께 참석하며 인근을 관광하기도 한다. 물론 기초적인 생활영어도 배울 수 있다. 우프는 1971년 영국인 코퍼드Sue Coppard가 창시하였는데, 처음에는 주말을 이용해 유기농 농장에서 숙식을 제공 받는 조건으로 일손을 도와준 데서 시작되었다고 한다. 그래서 원래의 명칭은 '유기농 농장에서 주말에 일하기Working Weekends on Organic Farms'였지만, 점차 주말에만 일하는 형태에서 벗어났기 때문에

World Wide
Opportunities on
Organic Farms

1982년에는 '유기농 농장에서 일하려는 노동자Willing Workers on Organic Farms'로 바뀌었다. 2000년도 영국 우프 회의에서는 우프가 자원 프로그램이므로 자발적인 참여자를 '노동자Worker'라고 부르는 것은 적합하지 않다고 하여 지금의 이름이 되었다. 우프는 현재 약 100여 개 이상의 국가에서 행해지고 있는데, 처음에는 유기농을 보급하려는 목적으로 시작되었지만 지금은 그와 더불어 각 나라의 문화를 체험할 수 있는 기회로 널리 자리 잡았다.

워킹홀리데이는 정부 간의 협정에 의해 워킹홀리데이 비자를 발급받아 1년간 체류할 수 있는 제도이다. 이는 노동을 겸할 수 있는 관광비자이며, 관광취업사증이라고도 한다. 젊은이들에게 해외여행을 경험할 수 있게 하는 제도로서, 상대국에 가서 여행 경비를 스스로 벌면서 지낼 수 있도록 정부 간에 허가한 것이다. 한국과 뉴질랜드는 1998년 12월에 워킹홀리데이 비자 협정을 체결하여, 1999년 5월부터 시행되고 있으며 비자 발급 대상자는 18세 이상 30세 미만의 남녀이다. 워킹홀리데이 비자는 한국 내에서만 신청이 가능하고, 평생 동안 1회, 그리고 1년만 체류할 수 있으며 실제 체류 기간만 계산하므로 체류 기간 중에 다른 국가를 다녀올 수도 있다. 워킹홀리데이 비자는 복수 비자Multiple Entries로 현지에서 타 비자로 전환이 가능하며, 체류 기간 중에 합법적으로 노동권을 보장받으므로 현지에서 떳떳하게 일을 할 수 있다. 2014년 11월 한-뉴 FTA 타결로 워킹홀리데이 인원도 1800명에서 3000명으로, 체류 기간도 3개월에서 6개월로 바뀔 예정이며, 한 고용주 밑에서 3개월을 넘지 않아야 하는 조항도 바뀔 것이라고 한다.

입을 즐겁게 하는 먹을거리

미식가 또는 식도락가들은 맛있는 음식을 찾아 국내뿐만 아니라 해외에까지 찾아다니곤 하는데, 그만큼 먹을거리는 우리 삶의 중요한 부분이다. 최근 들어 북반구의 여러 나라 사람들이 뉴질랜드를 많이 찾는 관계로 뉴질랜드에서도 전 세계의 음식을 고루 맛볼 수 있는 기회가 많아졌다. 또한 해외에서 질 좋은 음식을 접한 키위들이 뉴질랜드에 들어와 더 맛있고 수준 높은 음식을 바라게 되었다. 이러한 이유로 뉴질랜드에서도 음식의 종류가 더욱 다양해지기 시작하였다. 큰 쇼핑몰의 푸드코트food court에 가면 중국식 뷔페, 베트남 쌀국수, 인도식 카레와 탄두리치킨, 이탈리아의 피자와 파스타, 일본의 스시, 멕시코의 타코, 터키의 케밥 등 골라 먹는 재미가 쏠쏠하다. 최근에는 한국 식당도 많이 볼 수 있는데, 순수한 한식을 파는 한식당과 스시를 파는 일식이 눈에 뜨인다.

 초콜릿 명가

뉴질랜드의 초콜릿 역사는 더니든(Dunedin)에서 시작되었다. 1894년 더니든에 캐드버리(Cadbury) 초콜릿 공장이 최초로 설립된 이후, 오세아니아에서 가장 유명한 초콜릿의 명가이자 최고의 브랜드로 자리 잡았다. 상대적으로 제조업이 발달하지 않은 뉴질랜드에서 초콜릿 제조업은 꽤 큰 산업에 속한다. 캐드버리는 뉴질랜드에서 가장 큰 초콜릿 공장으로, 캐드버리 초콜릿과 젤리, 아이스크림 등은 뉴질랜드를 여행하는 동안 가장 많이 마주치는 브랜드이다. 캐드버리가 유명해진 데에는 뉴질랜드 낙농업과 밀접한 관련이 있다. 왜냐하면 초콜릿을 만드는 과정에서 카카오(cacao)에 우유를 넣는데, 우수한 유제품이 우수한 초콜릿을 만들기 때문이다. 더니든을 방문하는 사람들은 캐드버리 월드(Cadbury World) 공장을 투어하기도 한다.

피시 앤 칩스

30~40년 전만 해도 뉴질랜드의 외식은 피시 앤 칩스Fish and Chips, 고기와 파이 등 주로 영국 음식 문화에서 비롯된 것이었다. 이 중 가장 흔하게 접할 수 있는 음식이 감자와 생선을 튀겨 내는 피시 앤 칩스이다. 이 음식은 원래 포장용 음식이었지만 요즘에는 식당에서도 많이 즐기는 편인데, 손님한테 주문을 받으면 즉석에서 튀겨 주므로 신선하고 따뜻하여 맛도 괜찮다. 다만 기름에 튀겨낸 음식이므로 자주 먹는 것은 좋지 않을 것이다. 크리스마스 때에는 칠면조 고기와 푸딩 그리고 샐러드가 포함된 음식을 많이 먹고, 더운 여름철에는 바비큐 파티와 야외 식사를 즐기는 편이다. 생활 환경이 좋아지면서 조개류, 생선류, 고급 고기, 특제 소스와 허브 향이 곁들여진 샐러드와 과일 등으로 메뉴가 고급화되었다.

최근에는 각 도시마다 열리는 토요마켓에서 채소를 비롯하여 신선한 식재료를 값싸게 구입할 수 있다. 뉴질랜드에서 잘 알려진 식품이나 재료로는 골드키위, 초록입홍합, 전복, 피조아Feijoa, 타마릴로Tamarillo, 나무토마토, 호키포키hokey-pokey 아이스크림, L&PLemonx Paeroa 청량음료, 캐드버리 초콜릿 등이 있다. 뉴질랜드에서는 각 도시마다 농산물을 소개하는 축제가 개최되고 있는데, 특히 남섬의 호키티카Hokitika에서 열리는 야생 음식 축제에서는 특이하면서도 재미있는 음식을 만날 수 있다.

가격이 저렴한 프랜차이즈 음식을 좋아한다면 미국의 패스트푸드체인점인 버거킹, 맥도날드, 웬디스, KFC, 피자헛 등이 전국의 큰 도시마다 자리 잡고 있다. 그 외에 샌드위치, 머핀, 소시지롤, 파이 등을 파는 가게도 눈에 많이 띄는데, 이런 가게는 주로 점심시간에 문을 연다. 뉴질랜드는 목축의 나라답게 양고기, 돼지고기, 쇠고기 등 스테이크 요리나 훈제 요리가 많은 편이다. 우리나라에서는 쇠고기가 비싸지만 뉴질랜드에서는 돼지고기가 더 비싸다. 전 영토가 바다로 둘러싸여 있어서 청정한 바다에서 잡은 해산물도 풍부하지만, 생선으로 만든 음식은 가격이 좀 비싼 편이다. 만약 낚시를 좋아한다면 직접 낚아서 다양한 방법으로 조리해 먹는 것도 좋을 듯하다.

뉴질랜드의 많은 식당들이 'Fully Licensed'라는 안내문을 걸어 놓고 장사를 한다. 이는 '모두 허가 받음'이란 뜻으로 주류를 팔 수 있도록 허가 받은 곳이라는 의미이다. 또한 'BYOBring Your Own'라는 안내문이 걸려 있으면 자신이 마실 술을 식당 안으로 가지고 들어갈 수 있다는 뜻이다. 하지만 이때는 1인당 약간의 서빙 요금Corkage를 지불해야 한다. 또한 미국이나 유럽에서는 음식을 먹고 나가면서 팁을 주는 것이 관례화 되어 있지만, 뉴질랜드에서는 공식적으로 팁을 주지 않아도 된다. 만약 팁을 주면 고맙게 받겠지만 의무적으로 탁자에 놓고 나갈 필요는 없다.

BYO 안내판

식수로 사용할 수 있는 무공해 빗물

사람이 살아가는 데 가장 중요한 것은 물이다. 깨끗함의 대명사격인 뉴질랜드는 대부분의 가정에서 수돗물을 식수로 먹는다. 사무실에도 물을 마실 수 있는 식수통이 있지만 이것도 수돗물을 담아 놓은 것이 대부분이다. 그만큼 수돗물이 깨끗하다는 증거이다. 원수인 저수지의 물이 워낙 깨끗하기 때문에, 특별한 경우를 제외하고는 약품 처리를 거의 하지 않지만 다만 충치 예방을 위해 불소를 넣는다는 얘기를 들은 적이 있다.

시가지와 멀리 떨어져 있는 목장이나 큰 농장 같은 곳에서는 지하수를 이용하거나 아니면 빗물을 모아 두었다가 식수로 사용한다. 따라서 도시에서 약간 변두리 지역이나 수도 배관이 되어 있지 않은 집에는 반드시 빗물을 모아 둘 수 있는 물탱크가 있다. 1995년에 필자가 처음 입주한 집에도 직경 3m, 높이 3m 정도의 원형 물탱크가 두 개 있었다. 비가 오면 지붕의 빗물이 모아져서 홈통을 타고 위쪽에 있는 1번 물탱크에 물이 채워지고, 다음은 아래쪽에 있는 2번 물탱크에 순

오클랜드 그린하이트(Greenhithe) 주택의 빗물 탱크. 삼각형의 나무 구조물은 모터가 있는 곳.
집 안에서 수도꼭지를 틀면 자동으로 펌핑이 되어 빗물을 집 안으로 보내 준다.

차적으로 물이 채워진다. 만약 비가 많이 와서 물탱크의 물이 넘치면
아래쪽의 2번 물탱크에서 자연스럽게 밖으로 빠져나간다. 2개 물탱크
의 총량을 계산해 보면 대략 5만ℓ가 되는데, 이것을 1인당 하루 100ℓ
씩 사용한다고 가정해도 5인 가족이 약 100일 정도를 사용할 수 있는
양이다.

　필자가 이 집에 입주하기 몇 년 전에 이 지역에 수도가 들어와서 수
돗물과 빗물을 동시에 사용할 수 있도록 배관이 되어 있었다. 그러므
로 상수도 물과 물탱크의 빗물을 함께 식수로 사용할 수 있었던 것이
다. 이 빗물은 수돗물에서 나는 특유의 약품 냄새가 나지 않으며 예전
시골 우물의 물맛과 비슷한 것으로 기억한다. 수영장에 물을 보충하

거나 채소밭과 화단에 물을 줄 때 등 물이 많이 필요한 작업에도 수도
요금이 부과되지 않는 빗물을 이용하였다. 물탱크의 이 빗물은 별도
의 처리를 전혀 하지 않는 순수 자연수이며 관리도 1년에 한 번 정도
물탱크 청소를 해 주는 것이 고작이다. 뉴질랜드 전 가구의 약 10%는
아직도 빗물을 식수로 사용하고 있다.

함께 살아가는
평등 사회

뉴질랜드는 동식물을 비롯한 모든 사물들이 외국에서 수입된 것들이다. 시베리아산 사
슴, 유럽에서 개량해 온 양과 젖소, 그리고 파케하까지 모두 외국에서 왔다. 하물며 마오
리도 약 700년 전에 다른 곳에 살다가 이 땅에 들어온 것이다. 그래서 뉴질랜드 사람들
에게는 민족 차별이나 인종 차별 등의 개념이 다른 나라들에 비해 적으며 주민들 사이에
도 평등 정신이 강한 편이다.

뉴질랜드의 문화예술

뉴질랜드에서 가장 규모가 큰 박물관인 오클랜드 전쟁기념박물관
Auckland War Memorial Museum은 마오리 족의 문화유산과 남태평양의 섬
나라 문화를 한꺼번에 볼 수 있는 곳이다. 그뿐만 아니라 뉴질랜드 동
식물과 광물 자원, 해양 문화, 정착 초기 백인들의 이주 생활 등이 생
생하게 전시되어 있다. 또한 전쟁에 참전했다 희생된 사람들의 자료
도 볼 수 있다. 웰링턴의 테파파통아레와Te papa Tongarewa 국립박물관은
뉴질랜드의 보물이 소장, 전시되어 있는 곳으로 1995년 11월 영국 엘
리자베스 여왕도 방문한 일이 있다. 이곳에는 태평양, 자연사, 예술,
마오리, 이민사 등 각 테마별로 방대한 양의 자료가 전시되어 있을 뿐
아니라 각종 전시회, 공연, 강좌 등 문화 프로그램과 행사가 끊임없이
개최되며, 연중무휴로 무료 입장이다. 이외에도 각 지역마다 특이한
박물관들이 전국에 300여 개 이상 널려 있다.

뉴질랜드를 대표하는 유명한 작가로는 맨스필드Katherine Mansfield,
1888~1923와 메이슨Ronald Allison Kells Mason, 1905~1971을 들 수 있다. 제2차
세계대전 이후에는 시인인 백스트James Keir Baxte, 1926~1972와 소설가 프
레임Janet Paterson Frame, 1924~2004 등이 활약했고, 20세기 초에는 프랜시
스 호지킨Frances Hodgkins, 1869~1947 같은 화가가 세계적 명성을 얻었다.
21세기에 들어서는 아동문학가인 마히Margaret mahy, 1936~2012가 유명세
를 떨쳤으며, 울라스톤Toss Woolaston, 1910~1998을 비롯한 화가들이 뉴질
랜드의 토속적인 풍경과 전통을 표현하는 화가로 이름을 날렸다. 세계
적으로 유명한 영화 「반지의 제왕The Lord of the Rings」은 뉴질랜드의 영화

웰링턴 국립박물관

감독 피터 잭슨Peter Jackson이 만든 작품으로 뉴질랜드에서 촬영되었다.

뉴질랜드는 1940년대부터 예술 지원 정책을 펴 왔다. 엘리자베스 2세 예술위원회Queen Elizabeth II Arts Council가 연극, 음악, 무용, 발레, 오페라 등의 발전을 위해 매년 보조금을 지급하고 있으며, 도서관 기금에서 출판사와 작가들에게도 보조금을 지급하고 있다. 정부에서도 뉴질랜드 방송회사를 통해 국립교향악단과 문화 잡지인『뉴질랜드 리스너즈New Zealand Listeners』를 지원하고, 영화 산업에도 지원을 아끼지 않는다. 그 결과 수많은 박물관과 화랑을 통해 활발한 예술 활동이 이루어지고 있으며, 뉴질랜드 교향악단The New Zealand Symphony Orchestra은 연중 100여 회 이상의 공연을 열고 발레단도 연중 공연을 펼친다.

한국 사람들이 뉴질랜드에 방문하여 즐길 수 있는 밤문화는 거의 없다. 물론 연극이나 영화 등을 하는 극장도 있지만 말이 통하지 않는다면 즐기기 어렵다. 기껏해야 말이 통하는 한국 식당에 앉아서 소주

뉴플리머스 도서관 옆 마당에서 서양 장기(chess)를 하며 휴식 중인 학생들

한 잔 기울이는 것 정도일 것이다. 하지만 키위들은 펍Pub에 가서 밴드 음악을 듣고 떠들고 어울리며 즐긴다. 용기 있는 사람이라면 한번쯤 펍에 가 보는 것도 좋은 경험이 될 것이다. 지금은 젊은이들을 위한 클럽이 몇 개 생겼지만, 일반인이나 외국 관광객들이 출입하기에는 어딘가 어색하고 불편하다. 하지만 오클랜드 시내 중심부에 대형 카지노가 생겨서 밤 시간을 보내기가 나아졌다. 그래도 각종 엔터테인먼트 즉, 연주, 쇼, 공연 등의 문화 생활을 즐길 수 있는 것은 인구가 많은 북반구 나라의 도시처럼 활기차지 못한 편이다.

뉴질랜드의 언론과 미디어

뉴질랜드에는 24개석간 16개의 일간지가 있지만, 전국을 대상으로 하는 일간지는 없다. 다만 오클랜드에서 발행되는 『뉴질랜드 헤럴드The New Zealand Herald』가 북섬 전역에 공급되는 뉴질랜드 최대의 일간지이다. 주요 일간지의 약 90%는 페어팩스 뉴질랜드Fairfax New Zealand Ltd, 본사 웰링턴와 APN 뉴질랜드APN New Zealand Ltd, 본사 시드니 등 2개의 언론 미디어 그룹이 소유하고 있다. 주요 일간지는『뉴질랜드 헤럴드』약 21만 부이외에 『더 도미니언 포스트The Dominion Post』약 11만 부, 『더 프레스 크라이스트처치The Press Christchurch』약 9만 부, 『오타고 데일리 타임스Otago Daily Times』약 4만 부, 『와이카토 타임스Waikato Times』약 4만 부, 『베이오브플렌티 타임스Bay of Plenty Times』약 2만 부, 석간 등으로, 비교적 발행 부수가 많은 편이다. 그리고 각 지역에는 120여 개의 지역신문이 발행되고 있는데, 대부분이 수천~1만 부 미만으로 규모가 작다. 주간 잡지로는『선데이 스타 타임스Sunday Star Times』약 20만 부, 『선데이 뉴스Sunday News』약 11만 부를 비롯하여 전국에 650여 종의 각종 잡지가 발행되고 있는데, 대부분이 1만 부 미만의 소규모 잡지사이다. 이들 잡지는 농목축업, 마케팅 및 경제, 건축 및 부동산, 의료 및 보건, 관광, 스포츠 등 전문 분야별로 나뉘어 있다.

1988년에 제정된 뉴질랜드방송공사구조조정법The Broadcasting Corporation of New Zealand Restructuring Act에 의해 뉴질랜드방송공사The Broadcasting Corporation of New Zealand가 설립되어 텔레비전 방송국TVNZ, Television New Zealand과 라디오 방송국RNZ, Radio New Zealand Ltd으로 나뉘어 운영된다. 국영 텔레비전 방송국인 텔레비전뉴질랜드TVNZ가 뉴질랜드 전역을 대상으로 3개의 채널로 방송을 송출하고, 민간 텔레비전 방송국에서 2개 채널을 운영하고 있다. 북섬에는 상업 방송국인 스카이네트워크 텔레비전Sky Network Television Ltd이 뉴스, 스포츠, 영화 등을 송출하고, 그 외에 각 지역별로 지역 텔레비전 방송국이 있다.

뉴질랜드 전역을 대상으로 하는 라디오 방송국은 국영 라디오 방송국인 라디오뉴질랜드RNZ뿐이다. 그 외에 1996년 8월에 민영화가 된 뉴질랜드라디오네트워크Radio Network of NZ Ltd가 전국에 100개가 넘는 라디오 방송국을 보유하고 있으며, 비영리 라디오 방송으로는 전국에 11개 방송국을 가지고 있는 액세스라디오Access Radio로 각 커뮤니티와 소수민족 단체에 방송을 제공하고 있다. 한편 한국어 방송은 1991년 KVAKorea Voice of Auckland 방송을 시작으로 1995년에 KCVA, 1996년에 KCR와 에이스라디오Ace Radio, 2003년에 KFM이 개국하였다.

　뉴질랜드에는 공영 텔레비전 방송과 민간 텔레비전 방송을 비롯한 여러 채널의 텔레비전 방송이 있지만 자체에서 제작하는 텔레비전 프로그램은 얼마 되지 않으며, 대부분이 유럽이나 미국의 프로그램을 받아서 재송출하는 것이다. 그런데 우리나라 사람이 뉴질랜드의 텔레비전 방송을 보면 답답한 기분을 느낄지도 모른다. 왜냐하면 방송특히 영화 중간중간에 광고를 굉장히 많이 내보내기 때문이다. 방송 사업자의 수입 때문에 어쩔 수 없다고 하지만 좀 심하다 싶을 정도로 광고를 많이 한다. 시간을 측정해 보지는 않았지만 아마도 1시간 반짜리 영화 한 편을 본다고 가정하면 중간중간에 송출하는 광고가 30분 이상 될 것이다. 최근 우리나라의 종합편성채널 프로그램에서 중간에 1분 동안 광고하는 형태와 비슷하다.

　- 2011년 6월 작성된 외교부 자료를 토대로 정리하였으므로 각종 매스컴의 명칭, 숫자 등이 변경될 수 있음

뉴질랜드가 낳은 세계적인 작가

캐서린 맨스필드

뉴질랜드 출신의 캐서린 맨스필드Katherine Mansfield, 1888~1923는 세계적인 여류 소설가로서, 시적 산문 문체로 쓴 단편소설 장르를 크게 발전시킨 작가이다. 그녀의 본명은 캐슬린 비챔Kathleen Beauchamp으로 1888년 뉴질랜드의 수도 웰링턴에서 출생하였으며, 1923년 프랑스 파리 근교의 퐁텐블로Fontainebleau에서 사망할 때까지 열정적인 작품 활동을 하였다. 16세 때인 1903년에 영국으로 건너가 당대 최고의 여학교인 퀸스 대학교Queens College에 입학하여 문학과 음악을 공부하였다. 그리고 퇴폐주의 경향을 지닌 예술, 문예의 한 분야인 데카당décadent파에 심취하였다. 졸업 후 고국인 뉴질랜드로 돌아갔으나 정착하지 못하고 다시 영국으로 가서 시, 평론, 단편소설 등을 발표하게 된다. 그녀는 뉴질랜드 웰링턴에서 태어나고 자랐지만 선조들의 고국인 런던을 매우 사랑하였다. 그래서 1908년 이후에는 주로 영국에서 거주하였으므로 영국의 소설가로 불리기도 한다. 그녀는 첫 번째 남편과 결혼에 실패하고 문예평론가인 존 미들턴 머리John Middleton Murry, 1889~1957를 만나 1918년 30살에 다시 결혼하였다.

캐서린 맨스필드는 『뉴에이지New Age』에 처음으로 글을 발표한 이래 정기적으로 이 잡지에 기고하였다. 독일에서 견문한 것을 스케치하듯이 쓴 『독일 하숙에서In a German Pension』1911는 그녀의 첫 단편집이다. 1912년부터는 후에 자신의 남편이 된 머리가 편집자로 있던『리듬 Rhythm』및『블루리뷰The Blue Review』등에 단편소설을 발표하였다. 1915년에는 군인이었던 남동생이 죽자 충격을 받고 뉴질랜드를 더욱 그리워하였다고 한다.

1917년 결핵에 걸린 이후에는 여러 휴양지를 전전하며 치료에 몰두했다. 1918년에 발표한『서곡Prelude』은 동생의 죽음과 뉴질랜드에 대한 그리움을 표현한 단편들이다. 1920년 두 번째 소설집『행복Bliss』을 발표하고 그 후 1922년에는 세 번째 소설집이자 생애 마지막 책인『가든파티The Garden Party』를 발간했다. 여기에는 뉴질랜드를 배경으로 한「만灣에서At the Bay」,「항해The Voyage」,「이방인The Stranger」등이 실려 있다.

맨스필드는 폐결핵이 악화되어 남프랑스의 여러 곳에서 휴양하며 미완성 유고들을 정리하였다. 그 후 마지막 작품이 된『비둘기 둥지 The Dove's Nest』1923,『어린애다운 것Something Childish』1924은 사후에 출판되었다. 남편 머리는 그녀가 남긴 기록들을 정리해 1927년에『일기Jour-nal』를 펴냈으며, 그녀가 그에게 쓴 편지에 주석을 붙여 1928년에『서간집Letter』을 출간했다. 맨스필드는 만 30세에 재혼하여 1923년 만 35세의 젊은 나이에 세상을 떠났다.

영국 영어를 닮은 키위 영어

영국의 영향을 받은 뉴질랜드의 영어는 우리가 어릴 때 배운 미국 영어와는 조금 차이가 있다. 본 꼭지는 키위 영어Kiwi English, 즉 뉴질랜드 영어를 설명하는 꼭지이지만 경우에 따라서는 영국 영어라고 표현하기도 한다. 영어 단어 중에는 똑같은 뜻인데 영국과 미국이 단어를 다르게 사용하는 경우가 종종 있지만 인적 교류가 많아진 지금은 거의 대등하게 쓰인다. 예를 들면, 가게를 뜻하는 store와 shop, 추월의 의미인 passing과 overtaking, 극장을 의미하는 theatre와 cinema, 예약의 reservation과 booking 등 이다. 한편 단어의 스펠링이 다르게 쓰이는 것도 있다. center미와 centre영, theater미와 theatre영, favor미와 favour영 등이다. 우리를 더욱 혼돈스럽게 하는 것은 건물의 층고를 얘기할 때이다. 뉴질랜드에서 1층은 'First Floor'가 아닌 'Ground Floor'로 표기하고 'Second Floor'를 'First Floor'로 표기하는데, 이것도 영국식 방식을 따른 것이다.

초기의 뉴질랜드 영어는 호주 영어와 같았지만 여러 나라 사람들이 드나들면서 지금은 약간의 차이를 보인다. 호주 영어의 'I'는 뉴질랜드 영어의 'e'와 같고, 뉴질랜드의 'I'는 호주의 'u'같이 소리 난다고 한다. 이러한 차이 중 일부는 뉴질랜드 영어가 호주 영어보다 영국의 남부 지방 영어에 더 가깝기 때문이라고 하는 사람들이 있는가 하면 마오리 말에 영향을 받은 것이라고 말하는 학자도 있다. 한편 뉴질랜드 영어의 악센트는 19세기에 정착한 스코틀랜드와 아일랜드 영어의 영향을 많이 받았다고 한다.

알고 보면 호주 영어든, 영국 영어든, 미국 영어든 이제 모든 영어는 거의 다 섞였다. 우리나라 사람들은 대부분 미국식 발음으로 영어를 배웠기 때문에 미국식 영어에 익숙해져 있고 영국식 발음을 낯설게 생각하기도 한다. 한편 일부에서는 영국식 발음을 두고 고급 영어, 원조 영어라고 말하기도 하지만 이제 그런 이야기들은 아무런 의미가 없다.

2006년 인구조사에 따르면 뉴질랜드 총인구의 약 91%가 뉴질랜드 영어로 말하고 있다고 한다. 뉴질랜드에서 'a'를 "아"로 발음하는 경우가 많다. 'I can't…'를 "아이 카안트…", 'fast'를 "파스트" 같은 식으로 발음한다. 그리고 미국에서는 'Water'를 "워러"라고 발음하지만 뉴질랜드에서는 "워터"라고 발음하고 'Better'도 "베러"가 아니라 "베터"로 발음한다. 한마디로 뉴질랜드 영어는 미국처럼 혀를 굴리지 않는다. 처음엔 듣기에 좀 딱딱하게 들릴 수도 있지만, 영어 스펠을 보고 발음하는 우리나라 사람들의 특성을 감안하면 더 편할 수도 있다. 이런 발음은 영국 영어의 영향도 있지만, 아마도 마오리 글을 읽을 때 'a'는 "아"로 'e'는 "에"로 하는 것도 일부 영향이 있지 않았나 생각해 본다.

영국식 영어를 배우고 싶은 사람들은 영국 현지로 유학을 가는 것보다 뉴질랜드에서 영어를 배우는 것이 더 실용적이다. 왜냐하면 영국 사람들이 터를 잡은 뉴질랜드에는 수백 년 전부터 이어져 오는 영국식 영어 발음이 그대로 살아 있고, 유학 비용 또한 영국의 3분의 1 정도로 저렴하기 때문이다.

대박 영화, 반지의 제왕

존 로널드 톨킨John Ronald Reuel Tolkien, 1892~1973의 소설 『반지의 제왕The Lord of the Rings』을 원작으로 한 영화 「반지의 제왕」은 1부 「반지 원정대」 2001, 2부 「두 개의 탑」2002, 3부 「왕의 귀환」2003 등 삼부작으로 이루어진 영화이다. 이 영화는 현실에서 있을 수 없는 초자연적이고 비현실

톨킨

적인 이야기들을 주제로 한 판타지fantasy 소설을 영화화한 것이다. 소설가인 톨킨은 옥스퍼드의 머튼 대학Merton college에서 1925~1959년까지 영어학 및 영문학 교수로 재직하기도 하였다. 영화 「반지의 제왕」의 제작은 영화감독이자 각본가, 프로듀서인 뉴질랜드의 피터 로버트 잭슨Peter Robert Jackson, 1961~이 맡았다.

이 영화는 미국 영화사인 뉴라인시네마New Line Cinema에서 총 2억 8000만 달러를 들여 제작하였는데, 당시 영화 제작에 투입된 금액으로는 가장 큰 금액이었다. 결국 투자 금액의 10배인 28억 달러의 흥행 기록을 세워 대박 영화가 되었다. 이 영화의 작가는 영국인이고, 영화감독은 뉴질랜드 인, 촬영 장소는 뉴질랜드, 제작 및 배급사는 미국 회사로 구성하여 세계적인 대작을 만들었다.

각 3편의 영화는 아카데미상 30개 부문에서 후보에 올라 작품상 등 17개 부문에서 수상을 하였다. 특히 마지막 시리즈인 「왕의 귀환」은 무려 11개 부문에서 수상하면서 「벤허」, 「타이타닉」과 함께 최다 부문 수상 기록을 갖고 있다. 아카데미상은 총 14개 부문으로 나누어 상을 주는데, 1부 「반지 원정대」는 13개 부분에 후보로 올라 4개를 수상하였고, 2부 「두 개의 탑」은 6개 부문에 후보가 되어 2개를 수상하였으며, 마지막 3부 「왕의 귀환」은 후보가 된 11개 부분 모두를 수상한 기록을 가지고 있다.

「반지의 제왕」은 뉴질랜드 남북섬에서 골고루 촬영되었는데, 특히 오클랜드에서 남쪽으로 두 시간 거리에 있는 와이카토 농장 지대인 마타마타Matamata는 호빗 마을Hobbiton로 유명 관광지가 되었다. 통가리로 국립공원의 화산 중 하나인 나우루호에Ngauruhoe 산은 반지가 만들어진 운명의 산으로 나온다. 특히 이곳의 그랜드샤토Grand Chateau 호텔은 출연 배우와 제작진이 묵어서 유명해졌다. 또한 수도인 웰링턴에서도 여러 장면을 촬영하였다. 남섬의 쿡 산은 2부에서 첫 장면을 장식한 안개 산맥으로 나온다. 그 밖에도 퀸스타운에 있는 디어파크, 와카티푸Wakatipu 호수 등 뉴질랜드 전국의 아름다운 경치를 전 세계인에게 소개한 영화이다.

함께 살아가는 평등 사회

우리나라에도 예전에 양반과 머슴이라는 계급이 있었듯이, 서양에서도 귀족 계급과 하인이 있었다. 특히 상류사회가 존재하는 영국에서는 계급 구분이 뚜렷하여 하인으로 살아가는 것은 무척 힘들었을 것이다. 그래서 하인들은 주인으로부터 벗어나길 원했고, 더불어 가난으로부터 탈출하기를 바랐다. 그들 모두가 하층 계급이라는 것이 아니며 본국인 영국과 유럽에서 '미스터Mr'와 '미세스Mrs' 같이 대등한 호칭을 부르지 않았다는 것도 아니다. 다만 뉴질랜드에 정착한 이들은 서로 동등한 조건에서 편한 호칭을 좀 더 자연스럽게 사용하였을 것이다. 아주 간단한 이런 평등주의를 기반으로 상하 평등, 남녀 평등, 종족 평등 등의 평등 사회를 표방하는 나라로 발전하였다. 미스터와 미세스는 지금도 평범한 사람들 사이에 통용되고 있는 가장 편한 호칭이다.

뉴질랜드에서는 수상도 휴일이면 집에서 정원을 가꾼다거나 이웃들과 격의 없이 대화를 나누는 모습을 텔레비전에서 자주 볼 수 있다. 또한 지역의 단체장도 아주 조그마한 행사라도 참석하여 주민들을 격려하고 무엇인가 도울 것이 없는지 함께 걱정한다. 즉 이곳은 권위주의 같은 것이 존재하지 않는다. 그런 모습들을 보면 우리나라의 그것과는 사뭇 대조적이다. 이런 것이 진정한 평등 사회가 아닌가 생각해 본다.

탐험 이후 들어온 유럽 인의 대다수는 영국인이지만 네덜란드, 유고슬라비아, 독일 등에서도 다수가 들어왔다. 또한 금광에 노예로 들어온 중국인, 아시아에서 정식으로 이민 온 사람, 인도차이나, 에티오피아, 보스니아, 소말리아 난민들뿐 아니라 기타 칠레, 러시아 등에서도 소수의 사람들이 뉴질랜드로 유입되었다. 이들 모든 종족도 평

 영국의 귀족 제도

왕의 나라인 영국은 전통적인 귀족 계급사회이다. 귀족은 다섯 등급의 공후백자남(公侯伯子男)이라는 오등작(五等爵)으로 구분되는데, 세습이 가능하다고 한다. 그 외에 귀족에 들수 없는 준남작(準男爵, Baronet), 기사(騎士, Knight), 향사(鄕士, Esquire) 등이 있다. 현재 공작(公爵, Duke)의 지위를 가지고 있는 가문은 약 20개 정도 되며, 후작(侯爵, Marquis)은 약 30여 개 가문이 존재하고 있다고 한다. 백작(伯爵, Earl)은 중간밖에 안 되지만 가장 오래된 역사를 지니고 있으며 수백 가문이 있다. 참고로 다이애나 왕세자비는 백작 집안의 아가씨였다. 하위 작위인 자작(子爵, Viscount)과 남작(男爵, Baron)은 백작의 보조 작위라 생각하면 된다. 남작은 영국 귀족의 절반 이상을 차지할 만큼 많다. 귀족 작위들 중 백작 이하의 귀족을 부를 때는 대부분 Lord라는 경칭(敬稱)을 붙이며, 귀족들의 자제도 오등작에 따라 부르는데 호칭이 매우 복잡하다. 공작은 왕의 형제나 근친 빼고는 드물었기 때문에 한때 영국 상원(上院, the House of Lords)은 '귀족들의 집합체'였다.

등한 사회구조에서 살아가고 있다. 특히 여성 위주의 사회라고 할 정도로 여성에 대한 사회적 보장 제도가 잘 갖추어져 있다. 전 세계에서 처음으로 여성에게 투표권을 준 나라도 뉴질랜드이다.

대부분 다른 국가들에 비하면 뉴질랜드는 인종주의가 덜하다고 말한다. 뉴질랜드는 동식물을 비롯한 모든 사물들이 외국에서 수입된 것들이다. 시베리아산 사슴, 유럽에서 개량해 온 양과 젖소, 그리고 파케하까지 모두 외국에서 왔다. 하물며 마오리도 약 700년 전에 다른 곳에 살다가 이 땅에 들어온 것이다. 그래서 뉴질랜드 사람들에게는 민족 차별이나 인종 차별 등의 개념이 다른 나라들에 비해 적으며 주민들 사이에도 평등 정신이 강한 편이다.

하지만 마오리와 파케하 간에는 약간의 갈등이 있는데, 1970년대에 몇몇 마오리들이 국회에 난입한 일이 있었다. 초기 식민지 시대에 영국인들이 마오리 족 토지를 불법 강탈하는 등의 부정 행위와 더불어 와이탕이 조약의 해석상 아직도 많은 문제를 안고 있기 때문이다. 아무튼 마오리와 파케하 간에 약간의 문제는 있지만 국론이 분열될 정도로 엄청나게 심각한 상황도 아니다. 지금은 마오리와 파케하가 서로를 이해하려고 많은 노력을 기울이고 있다.

유럽 인들이 도입한 각종 기념일

뉴질랜드의 기념일은 탐험 이후 유럽 인들에 의해 도입된 것이 대부분이다. 공휴일로는 신년 휴일1월 1~2일, 국경일인 와이탕이데이2월 6일, 부활절3월 중~4월 말 사이의 금~월, 전쟁기념일4월 25일, 영국 여왕의 생일6월 첫

째 월요일, 노동절10월 넷째 월요일, 크리스마스12월 25일와 박싱데이Boxing day, 12월 26일 등이 있다. 만약 공휴일이 토요일 또는 일요일과 겹칠 경우는 다음 월요일에 휴무한다. 뉴질랜드의 여러 가지 기념일 중 가장 특이한 것은 한여름에 맞이하는 크리스마스이다.

크리스마스라고 하면 보통 북반구의 나라에서는 눈이 펑펑 내리는 추운 겨울을 생각한다. 하지만 뉴질랜드는 한여름 해변에서 크리스마스를 보낸다. 이 시기에는 각 직장도 긴 휴가에 들어간다. 대체적으로 크리스마스와 박싱데이, 신년 등을 끼워서 1~2주 휴가를 떠나는데, 약 1달간 긴 휴가를 떠나는 사람들도 있다. 비록 날씨는 덥지만 크리스마스 휴가 때에는 가게들이 창틀에 장식을 하고 산타클로스와 사슴 인형 등으로 한껏 분위기를 낸다. 동네 집집마다 아름다운 크리스마스 트리가 장식되고 캐럴이 울려 퍼진다. 이 더운 여름철에 산타클로

여름 크리스마스

스로 분장한 어른은 땀을 뻘뻘 흘리며 아이들을 즐겁게 해 준다. 각 가정이나 회사에서는 파티가 열리고, 주변 사람들에게 감사의 선물을 전한다. 이웃 간에도 카드를 보내고 "메리크리스마스Merry Christmas"라고 축하 인사를 나눈다. 다음날인 26일은 박싱데이로 우편배달부, 환경미화원 등 사회에서 궂은일을 하는 사람들에게 성탄절 선물 상자Christmas box를 주는 풍습에서 유래된 날이라고 한다.

영국과 마오리 간에 맺은 와이탕이 조약을 기념하는 와이탕이데이2월 6일는 뉴질랜드의 가장

중요한 국경일이다. 이날은 수상, 주지사, 외교사절과 마오리 왕, 부족장 등이 참석하는 큰 규모의 행사가 열린다. 예수의 부활을 기념하는 부활절Easter day에는 3월 22일~4월 25일 사이의 보름날Full moon day을 기준으로 첫 번째 일요일 전 금요일성 금요일, Good Friday부터 다음 월요일부활절, Easter Monday까지 휴무에 들어간다. 그러므로 금요일부터 다음주 월요일까지 4일간 긴 휴일을 맞이하는 것인데, 가족 단위로 농장을 방문해 '로열 이스터쇼Royal Easter Show'라는 부활절 축제에 참가하기도 한다. 전쟁기념일인 안작데이Anzac day, Australian and New Zealand Army Corps는 호주·뉴질랜드 연합군을 기리는 날로, 제1차 세계대전을 비롯하여 제2차 세계대전, 한국전쟁 등에 참전했다가 희생된 군인들에게 경의를 표하고 이들을 추모하기 위한 날로 각종 추모 행사를 개최한다.

1952년 제정된 영국 여왕 생일Queen's Birthday도 공휴일인데 실제 여왕의 탄생일은 4월 21일이지만, 관례상 날씨가 좋은 6월 중 하루를 선택하여 축하한다. 최근에는 여왕 생일에 특별한 의미를 부여하지 않고 단순히 휴일로서 즐기는 편이다. 노동절Labour day은 근로자들의 노고를 치하하기 위하여 1936년에 제정한 것으로, 매년 10월 마지막 주 월요일이 노동자의 날이다. 기념일은 아니지만 올블랙스All Blacks 럭비팀이 승리하는 날, 아메리카컵을 쟁취하는 날 등 굵직한 스포츠 대회에서 승리하는 날은 사람들이 거리로 나와 자축 파티를 하는데, 이때 사람들은 우리나라가 일본에게 축구를 이긴 것 보다 더 열광적이다.

국가적으로 시행하는 각종 기념일 이외에 뉴질랜드 전국에는 약 300여 개의 기념 행사가 각 도시에서 열리는데, 그중에 80~90개 정도가 음식, 포도주 그리고 맥주 축제이다. 일 년 내내 각 지역에서 축제가 이어지지만 특히 늦봄인 11월부터 여름을 지나 초가을인 3월까지 5개월 동안 전체의 약 76%인 230여 개의 축제가 열린다. 각 지방마다 축제의 종류가 다양한데, 대표적으로 퀸스타운의 겨울스키 축제, 베리와인 축제, 베이오브아일랜즈의 음악 축제_{재즈와 블루스}, 넬슨의

 결혼식과 장례식

예전에 뉴질랜드에서는 아기가 태어나면 지역 신문에 알리는 풍습이 있었다고 한다. 거기엔 아기의 이름과 몸무게, 산파(조산원)나 의사에게 감사하는 내용도 포함한다. 아이가 성인으로 인정받을 때나 결혼식을 거행할 때도 지역 신문에 광고를 내어 친구나 어른들에게 알린다. 한편 결혼식 전 신부의 친구들은 신부를 위해 음식과 조리 도구 등을 들고 와서 파티를 하며 축하해 준다. 여자들만의 파티인 키친 이브닝(Kitchen evening)은 소위 처녀 파티인데, 예비 신부는 이 행사를 위해 미리 자기가 받을 선물 목록을 친구들에게 전달한다. 총각 파티도 있다. 남자들만의 행사인 스태그 나이트(Stag night)도 주로 결혼식 전날 열리는데, 이것도 남자 친구들끼리 마지막 밤을 축하하는 것으로, 결혼 후 자유를 빼앗길 신랑을 놀리며 갖가지 장난을 치기도 한다.

장례식은 대부분 장례식장(Funeral Home)에서 치러지는데 한국과 달리 밤에는 상주들이 집으로 돌아간다. 그러므로 조문은 낮에만 가능하다. 뉴질랜드의 묘지는 대부분이 마을에서 가장 전망이 좋은 곳에 위치하는데, 환경이 공원 같아서 주변에는 운동을 하거나 산책하는 사람들도 많다. 봉분이 한국처럼 불룩 올라오는 것이 아니라 거의 평평하다. 명패는 대체적으로 잔디밭에 평평하게 또는 앞으로 약간 경사지게 놓지만 일부는 비석을 세우기도 한다. 매장의 경우 부부 중 먼저 돌아간 사람이 묻히면 나중에 묻히는 사람이 그 위에 수직으로 묻히기도 한다. 대부분의 공동묘지는 양지바르고 너무나 아름다워서 그곳에 묻히고 싶은 충동이 생길 정도이다. 우리나라의 공동묘지같이 공포스러운 이미지는 찾아볼 수 없다.

산악인 힐러리의 장례식

의상 축제, 기즈번의 와인 축제 및 정원 축제, 와이헤케 섬의 와인 축제, 호키티카의 와일드푸드 축제, 코로만델의 포후투카와 축제, 로토루아의 송어낚시 축제, 웰링턴의 경마스포츠 축제, 오클랜드의 경주마 축제, 공연 축제, 국제보트 축제, 크라이스트처치의 꽃 축제, 와나카의 빛깔 축제음악, 영화, 퍼포먼스 등, 로토루아 음악 축제 등이 있다.

0세부터 100세까지 탄탄한 복지 제도

일반적으로 뉴질랜드를 표현할 때 "지상의 낙원"이라는 말을 한다. 이 말은 푸른 초원 위에 평화롭게 양떼들이 풀을 뜯고 있는 모습을 보고 한 말인 것 같다. 이런 별명이 생긴 이유는 겉모습 때문이겠지만 실제로는 삶의 질을 풍요롭게 해 주는 복지 정책 때문이 아닐까 생각한다. 1938년에 사회보장법Social Security Act이 제정되면서 뉴질랜드는 종합적인 사회복지 제도를 수립한 국가가 되었다. 이 제도는 병든 사람과 실업자, 그리고 그 가족들의 생계비를 보조하는 것으로 "요람에서 무덤까지" 국가가 책임지는 것이다. 한때 경제적인 불황과 국가의 재정 상태 악화로 복지 제도가 일시적으로 주춤한 일이 있었지만 지금까지 큰 틀은 변함이 없다고 한다.

뉴질랜드 사회개발부Ministry of Social Development 내의 WINZWork and Income NZ라는 기관에서 취업과 소득 그리고 각종 복지 관련 일을 맡아 보는데, 우리나라의 보건복지부에서 하는 일과 같다. 각종 수당의 종류는 아주 다양한데, 먼저 직업이 없어 직장을 찾고 있는 18세 이상의 남녀에게 지급하는 실업 수당Unemployment Benefit, 16~17세 나이로 최소 6개월 이상 직업 훈련 학교에 다닌 자에 한해 지급하는 구직 보조금Job Search Allowance, 부모를 떠나서 누구에게도 도움을 받을 수 없는 16~17세의 청소년들에게 지급하는 청소년 수당Youth Benefit 등이 있다. 또 부모의 연간 수익에 따라 지급되는 자녀 양육 보조금인 가족 지원금Family Support, 홀로 있는 부모나 과부에게 지급하는 홀부모 및 과부 수당Sole Parents and Widow's Benefit, 질병으로 인하여 일시적으로 일할 수 없는 사람에게 지급하는 병가 수당Sickness Benefit, 장기 치료가 요구되는 환자에게 지급하는 환자 수당Invalid's Benefit, 기타 장애인 수당을 비롯하여 추가 보조 수당, 특별 수당, 주거 수당 등이 있다. 이런 수당들은 정부 정책에 따라 수시로 변하기도 한다.

65세 이상의 전 국민에게 지급되는 국민연금은 개인의 재정 상태와 관계없이 지급된다. 단, 20세가 된 이후 10년 이상 뉴질랜드에 거주해야 한다. 지급되는 연금은 개인별 상황에 따라 조건이 약간씩 다르지만, 일반적인 부부가 매월 약 2000달러 정도의 수당노령자 수당, 은퇴 수당을 받는다고 한다. 그런데 이제 이런 혜택도 점점 줄어들어 앞으로는 우리나라처럼 봉급 생활자가 매월 연금을 납부해야만 노후에 지급 받을 수 있도록 제도가 변경될 것이라고 한다.

뉴질랜드에서 사고가 날 경우에는 자국민이든 외국인 관광객이든 정부가 운영하는 ACCAccident Rehabilitation Compensation Insurance Scheme, 사고 복구 및 보상 보험에서 모두 무료로 치료해 준다. 만약 뉴질랜드 국민이라면 의료비뿐만 아니라 그동안 일하지 못하여 줄어든 수입까지 보상해 주며, 또한 그에 따른 재활 서비스, 주택 구조 변경 등도 지원해 준다. 만약 사고로 인해 사망한다면 장례 비용이나 유족 위로금 같은 것도 받을 수 있다. 이런 각종 지원 제도들 모두가 복지 국가로 가는 길이 아닌가 생각해 본다.

모든 진료는 GP로부터 시작한다

　뉴질랜드는 우리나라와 의료 시스템이 매우 다르다. 가장 큰 차이는 전문의를 만나기가 쉽지 않다는 점이다. 우리나라는 각 동네마다 다양한 분야의 전문의가 개업을 하고 있어서 언제든지 병원에 가면 쉽게 만날 수 있지만, 뉴질랜드의 개업의는 대부분 GP General Practitioner라고 하는 가정의이다. 가정의가 소견서를 써 주어야 전문의를 만날 수 있는데, 그것도 반드시 예약을 해야 하며 병에 따라 많은 비용을 지불할 능력이나 보험이 있어야 한다. 다만 응급환자인 경우는 GP를 거치지 않고 바로 종합병원 응급실에 가면 무료로 치료를 받을 수 있다. 그러므로 뉴질랜드의 모든 환자의 일상적인 진료는 GP로부터 시작된다고 할 수 있다. GP도 전문의 과정의 한 분야로, 의대 졸업 후 약 5년 정도의 수련 과정과 진료 경험을 쌓고 GP 시험을 통과해야 개원할 수 있다.

　규모가 큰 공립 병원에는 24시간 운영되는 응급실이 있으며 이때 긴급 Urgent, 준긴급 Semi Urgent, 보통 Non Urgent 등의 위급 상태에 따라 처치의 순서가 정해진다. 응급실에 갔다고 하더라도 긴급하지 않다고 판단될 경우에는 대기 상태로 오래 기다릴 수 있다. 만약 가슴통증, 호흡곤란, 출혈이나 발작 등 긴급 상황이 발생했을 때는 111에 전화를 하면 즉각 구급차가 도달하여 공립 병원까지 후송해 준다. 우리나라와 완전히 다른 시스템 중 하나는 개인 병원에 근무하는 전문의가 어느 한 병원에서만 근무하는 것이 아니라 보통 2~3군데의 개인 또는 종합병원을 돌아다니면서 진료를 하는데, 이때 진료는 개인 병원에서 보고, 수술은 시스템이 잘 갖추어진 종합병원에서 하는 것이다. 뉴질랜드에서 치과 치료는 좀 비싼 편이다. 하지만 18세 미만이거나 18세가 넘더라도 아직 학교에 다니는 학생이라면 무료이다. 다만, 학생이더라도 치열 교정이라든지 반드시 필요한 치료 목적이 아닌 치과 처치는 개인 비용을 지불해야 한다.

우리나라도 인구 감소로 각 도시마다 출산과 영유아 양육에 많이 신경을 쓰는 추세인데, 뉴질랜드도 마찬가지이다. 뉴질랜드는 출산 서비스부터 아이가 잘 자라고 있는지 지속적으로 자문해 주는 산후 의료시스템이 운영되고 있다. 병원에서 자연분만으로 아이를 낳으면 1~2일 만에 퇴원하는데, 이때부터 모자의 건강 상태를 살피기 위하여 플렁켓Plunket 간호사가 가정을 방문한다. 플렁켓은 뉴질랜드가 자랑하는 세계적인 비영리 의료 단체로 전국에 600여 개의 지부가 있다. 이들은 산모와 아기를 관리해 주는 일을 하는데, 특히 아기가 잘 자라고 있는지 지속적으로 점검한다. 그 외에 카시트 대여, 장난감 대여 등의 다양한 서비스를 제공하고 있으며 활성화된 커뮤니티를 통해 산모의 건강과 보건 및 육아 관련 정보를 다양하게 제공한다.

플렁켓 안내판

전인교육을 지향하는 뉴질랜드

1877년 최초로 교육법이 제정되고 전 국민에 대한 무상 의무교육이 시행된 뉴질랜드는 1964년에 교육법Education Act 1964이 개정되었다. 교육 행정은 각 지역 또는 교육 목적별로 설립된 해당 위원회가 담당하며, 학교 운영은 각 초·중·고등학교 별로 대표교장, 교직원 대표, 학부모 대표, 학생 대표로 구성된 이사회Board of Trustees가 관장하고 있다. 한편 이 나라에는 이미 마오리라는 종족이 먼저 들어와 있었으므로 그들의 생활, 문화, 전통, 언어, 교육 등을 무시할 수 없다. 그래서 교육법이 제정된 지 100년 만인 1977년에 마오리 어가 공식 언어로 지정되었으며, 그 덕분에 지금은 마오리 어가 교육 현장에도 많이 섞여 있다. 뉴질랜드의 의무교육 기간은 유치원 입학 시기인 만 5세부터 고등학교 졸업 시기인 18세까지이며, 초·중·고등학교는 대부분이 공립학교이지만 종교 관련 단체에서 운영하는 사립학교도 다수 있다.

뉴질랜드 교육부Ministry of Education는 배움을 중단한 젊은이들에게 배움을 지속할 수 있도록 여러 가지 정책을 개발하고 있다. 특히 만

오클랜드 그래머스쿨의 음악 교육

16~17세 청소년들이 학업을 중도에 포기하지 않도록 유도하고, 이미 학교를 떠난 학생들이 학업을 계속할 수 있게 도와준다. 청소년을 위한 기술직업학교NTA, National Trades Academy, 전국의 24개 기존 학교에 개설된 서비스직업학교Service Academies, 청소년 실업 해소를 위한 청년보장Youth Guarantee 정책 등을 펴고 있다. 또한 뉴질랜드는 인구에 비해 땅이 넓고 깊은 오지가 많아서 학교에 통학할 수 없는 상황의 학생들이나 학교 시스템을 싫어하는 청소년들을 위한 통신학교도 개설되어 있다. 이 통신학교는 어린이 조기교육부터 고등학교 수준까지 교육이 가능하며, 현재 약 2만 여 명의 학생들이 교육을 받고 있으므로 뉴질랜드에서 가장 큰 학교인 셈이다. 그 외에 각 나라에서 이민을 온 민족들은 자기네 나라의 모국어를 잊어버리지 않기 위하여, 정규 학교는 아니지만 각 나라 별로 학교도 개설되어 있다.

뉴질랜드의 고등교육기관Tertiary은 8개의 종합대학과 5개의 사범대학University and College of Education 그리고 전문대학Polytechnics and Private Tertiary Institutes인 18개의 폴리텍Polytech, 기술단과대학과 41개의 사립전문대학Private Tertiary Institutes이 있다. 교육대학은 예전에 교사대학Teachers' College이라고 불렀지만 이름이 교육대학으로 바뀌었으며, 당시에는 종합대학에 소속된 것이 아니라 별도의 독립된 대학이었다. 하지만 지난 30년 동안 뉴질랜드의 교육대학은 종합대학에 합병되었다. 파머스턴노스 교육대학은 와이카토 대학교와 매시 대학교에 합병되고, 오클랜드와 웰링턴의 교육대학은 각각 오클랜드 대학교와 빅토리아 대학교에 합병되었으며, 크라이스트처치 교육대학이 캔터베리 대학교에 합병되었고, 더니든 교육대학은 오타고 대학교에 합병되었다. 폴리텍은 기술 대학인데 비단 취업을 위한 기술 교육뿐만 아니라 4년제 종합대학 못지않은 프로그램을 가진 학교도 있다. 그 외에 사설 학원과 대학 부설 어학원 등도 뉴질랜드 교육평가심사위원회NZQA, New Zealand Qualifications Authority에 정식으로 등록된 교육기관이다. 특이한 것은 마오리 문화를 전문으로 가르치는 마오리학Maori studies, Te Wānanga O Waipapa 교육 프로그램이 별도로 있다.

사립전문대학은 NZQA가 학력을 인정한 학교로서 중등 교육과정을 마치고 바로 직업전선에 뛰어드는 젊은이들을 위해 전문적인 기술을 교육하는 기관이다. 1989년 개정된 교육법에 의거하여 사립전문대학의 설립이 허용되었는데, 현재는 오클랜드에 23개, 웰링턴 6개, 크라이스트처치 2개, 해밀턴&와이카토 3개, 기타 지역에 7개 등 모두 41개의 사립전문대학이 있다. 교육과정은 학위Degree 과정, 수료 Diploma 과정, 자격Certificate 과정으로 나뉘며, 학업 기간도 6개월에서 3년까지로 매우 다양하다. 학위 과정의 경우는 일반대학의 학위와 동급으로 취급되며 졸업 후 일반대학의 준석사 과정Post Graduate Diploma에 입학할 수 있고 석사 과정Master Diploma, 박사 과정Doctorate까지 이수가 가능하다. 수료 과정과 자격 과정을 이수하면 대학의 학사 과정과 교직자 과정Teaching Diploma에 편입할 수도 있다.

초·중·고의 교육제도

어린이 조기교육Early Childhood Education은 5세 미만의 미취학 아동을 대상으로 하는데, 우리나라의 유치원과 같은 기능으로 대부분이 정부 보조하의 자선단체에서 운영된다. 우리나라의 초·중·고등학교와 같은 학제가 뉴질랜드에서는 초등 교육과정과 중등 교육과정으로 구분되는데, 학교를 마치는 연령은 우리나라와 비슷하다. 초등 교육과정은 저학년Primary Junior 2년, 중학년Primary Standard 4년, 고학년Intermediate School 2년 등 8년 과정으로 되어 있으며, 고학년 과정은 Form 1과 Form 2이다. 중등 교육과정College, High School은 5년에 걸쳐 공부하는데, 한국의 중학교 중간부터 고등학교에 해당한다. 초등 교육과정Primary Schools 입학 연령은 6세나 보통 5세부터 입학이 가능하며, 8년간의 교육과정을 이수하고 중등 교육과정 5년인 Form 3에서 Form 7까지 마쳐야 대학이나 사회에 나간다.

초등학교의 입학 기준은 매년 4월 말이기 때문에 생년월일에 따라 1년 빠르게 입학하거나 1년 늦게 입학할 수도 있다. 매년 학기는 2월에 시작하여 12월에 학사 일정이 끝나며, 4월 초~말, 7월 초~중, 9월 중~10월 초쯤에는 2주 정도의 단기 방학이 있고, 여름철인 12월 중~1월 말까지는 약 2달간 학기말 장기 방학이 있다. 그러므로 총 4번의 방학이 있는 셈이다. Form 3까지는 다양한 체험과 창의적인 교육을 실시하고 여러 종목의 스포츠와 예체능 과목도 교육한다. 학업 수준이 한국보다 떨어진다고 생각할 수도 있지만 Form 5부터는 내용이 급격히 어려워지는데, 특히 논술형 방식에 익숙하지 못하면 한국 학생들은 이때 뒤처진다.

중등 교육과정의 학생들은 3년Form3~5간의 이수 기간을 마치면 Form 5에 국가시험인 학력고사School Certificate를 치르는데, 최소 4개 과목 이상에서 합격점을 받아야 계속 공부할 수 있다. 즉 A, B, C, D,

E 등 5단계로 평가하는데, 합격·불합격 없이 성적만 나온다. Form 6 에서는 대학에 진학하기 위한 준비 또는 본인이 관심 있는 분야를 6과 목까지 선택하여 공부할 수 있다. Form 6 학생들도 대학 입학시험을 치를 수 있는데, 이때 성적이 우수할 경우에는 Form 7을 거치지 않고 바로 대학 진학이 가능하다. 그리고 4년제 대학 진학을 원치 않는 학 생들은 굳이 Form 7 과정을 이수할 필요가 없다. Form 7^{한국 고3} 과정 에서는 앞으로 대학에서 공부하고자 하는 과목들을 집중적으로 공부 하게 되며 과정 마지막에 대학 입학을 위한 국가시험을 치게 된다. 이 시험은 각 과목 100점 만점으로 점수에 따라 5단계^{A~E}로 평가를 실시 한다. 이때 D 이상 4과목을 획득하면 대학 입학 자격이 주어진다. 물 론 대학에 입학할 때도 한국처럼 입학시험 성적에 따라서 학교와 학 과를 선택할 수 있다. 한국에 비해 대학 진학률은 낮지만 일단 대학에 진학하게 되면 대체적으로 1학년부터 열심히 공부하지 않으면 다음 학년으로 올라가기 쉽지 않다.

우리나라는 교복이 일제의 잔재라고 여겨 중·고등학생들의 교복을 없앤 일이 있지만 뉴질랜드는 아직도 교복을 입는 전통을 유지하고 있다. 아마도 이것은 영국의 영향이 크지 않았나 생각된다. 뉴질랜드 의 초등학생들은 매우 큰 책가방을 메고 등교한다. 이는 그날 배울 교 과서와 함께 럭비공이나 크리켓 도구 등 운동 기구를 넣어 다니기 때 문이다. 뉴질랜드의 공립학교는 대부분이 남녀 공학이며 뉴질랜드 인 과 영주권을 가진 아이들은 무료로 다닐 수 있지만, 영주권이 없는 학 생이거나 유학생들은 비싼 학비를 지불해야 한다. 사립학교의 경우는 뉴질랜드 인이라고 하더라도 비싼 수업료를 내야 한다. 학생들이 등

뉴질랜드의 학제

연령	한국	뉴질랜드		
만 5세	어린이집	Early Childhood Education	–	–
만 6세	유치원	Primary/Junior 1	Year 1	
만 7세	초 1학년	Primary/Junior 2	Year 2	
만 8세	초 2학년	Primary/Standard 1	Year 3	
만 9세	초 3학년	Primary/Standard 2	Year 4	Full Primary School (초등 과정)
만 10세	초 4학년	Primary/Standard 3	Year 5	
만 11세	초 5학년	Primary/Standard 4	Year 6	
만 12세	초 6학년	Intermediate, School (Form 1)	Year 7	
만 13세	중 1학년	Intermediate, School (Form 2)	Year 8	
만 14세	중 2학년	College, High School (Form 3)	Year 9	
만 15세	중 3학년	College, High School (Form 4)	Year 10	Secondary school (중등 과정)
만 16세	고 1학년	College, High School (Form 5)	Year 11	
만 17세	고 2학년	College, High School (Form 6)	Year 12	
만 18세	고 3학년	College, High School (Form 7)	Year 13	
만 19세	대학	Polytechnic 또는 University	–	–

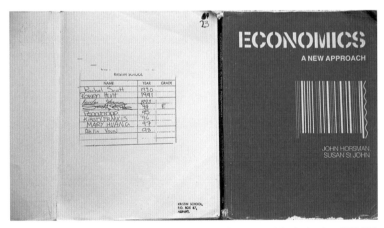

학교 소유의 책을 학생들에게 1년 동안 빌려주었다가 다음 해에 후배에게 또 넘겨준다. 연도별로 사용한 학생들의 이름이 적혀 있다.

하교하는 아침과 오후에는 학생들을 바래다주거나 데리러 온 학부모들 때문에 일시적으로 교통 체증이 생긴다. 또한 아침 8시 25분에서 9시까지, 오후 2시 55분에서 3시 15분까지 스쿨존School Zone을 통과하는 자동차는 반드시 시속 40㎞ 이하로 주행해야 한다. 만약 속도를 위반하다가 적발되면 많은 벌점과 벌금을 각오해야 한다. 뉴질랜드 학생들은 학교 수업의 일환으로 럭비, 축구, 하키, 크리켓, 네트볼 등의 스포츠를 배운다. 그리고 토요일에는 학교끼리의 운동 시합이 열리는데, 이때는 학생뿐만 아니라 학부모들도 소풍 나오는 기분으로 참석하여 즐긴다.

세계적 수준의 종합대학교

뉴질랜드에는 6개 도시에 8개의 종합대학이 있다. 가장 큰 도시인 오클랜드에는 오클랜드 대학교University of Auckland와 오클랜드 공과대학교Auckland University of Technology가 있고, 매시 대학교Massey University 분교인 알바니Albany캠퍼스1993도 자리 잡고 있다. 해밀턴에는 와이카토 대학교University of Waikato, 파머스턴노스에 매시 대학교의 본교가 있으며, 수도인 웰링턴에는 빅토리아 대학교Victoria University 와 매시 대학교 웰링턴캠퍼스1999, 구 웰링턴폴리텍가 있다. 특히 매시 대학교는 본교와 분교를 합쳐 3곳에 있으며, 뉴질랜드에서 유일하게 수의학과가 있는 대학이다. 수의학과의 경우 미국 수의학협회American Veterinary Medical Association 소속으로, 졸업생은 미국, 호주, 캐나다, 영국에서도 학위를 인정해 준다.

뉴질랜드 대학교 현황

학교 이름	캠퍼스 소재지	설립 연도	대학 순위
링컨 대학교	크라이스트처치	1878	481~490
매시 대학교	파머스턴노스	1927	343
빅토리아 대학교	웰링턴	1897	265
오클랜드 대학교	오클랜드	1883	94
오클랜드 공과대학교	오클랜드	1895	471~480
오타고 대학교	더니든	1869	115
와이카토 대학교	해밀턴	1964	401~410
캔터베리 대학교	크라이스트처치	1873	238

주: 순위는 2013년 기준임.

남섬 크라이스트처치의 캔터베리 대학교University of Canterbury와 링컨 대학교Lincoln University는 농업계 대학으로 특성화되어 있으며, 최남단 더니든에는 뉴질랜드 최초의 대학인 오타고 대학교University of Otago가 있다. 8개 대학 중 6개는 1800년대 후반에 설립되었고, 2개 대학은 20세기에 들어와서 설립되었다. 이들 대학 모두는 각 대학 간의 학력 격차는 거의 없으며, 다만 각 대학마다 특성화된 교육 환경 및 운영 시스템이 구축되어 있다. 2011년 기준 풀타임EFTS, equivalent full-time students 학생 수는 13만여 명이며, 전체 등록 학생 수는 18만 명이 넘는다. 2013년 영국의 대학 평가 기관인 QSQuacquarelli Symonds가 발표한 세계 대학 순위에서 오클랜드 대학

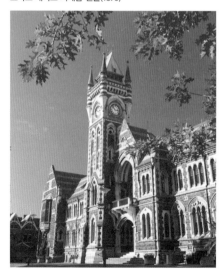

오타고 대학교 시계탑 건물(1879)

교가 94위로 뉴질랜드 내에서 1위를 차지하였고 8개 대학 모두가 500위 안에 들어 있다. 8개의 종합대학을 전부 소개할 수가 없어서 뉴질랜드에서 가장 먼저 설립된 더니든의 오타고 대학교만 간단하게 설명하기로 한다.

오타고 대학교는 더니든을 '대학의 도시'라고 불리게 한 대학이다. 도시 인구 12만 명 중에 대학생이 2만 명이 넘어서 이런 별명이 붙었다. 여름방학이 되어 유학생을 비롯한 학생들이 빠져나가면 더니든은 텅 빈 모습이 된다. 오타고 대학교 학생들 대부분은 외지에서 온 학생들이다. 1848년 스코틀랜드 이주자들이 이곳에 정착한 이후 1869년에 3명의 교수들이 개교하였으며, 1873년에 법학, 1875년에 의학, 1907년에 치의학과가 개설되었다. 1912년에는 회계, 경제, 경영학과가 개설되었으며 1947년에 체육학과 등이 개설되어 현재는 약 100여 개의

 노벨상 수상자

뉴질랜드는 3명의 노벨상 수상자를 배출하였는데, 그 첫 인물이 넬슨 근교인 브라이트워터(Brightwater)에서 태어난 어니스트 러더퍼드(Ernest Rutherford, 1871~1937)이다. 그는 1908년에 세계 최초로 원자 구조 및 방사능을 연구하여 노벨 화학상을 수상하였으며, 1919년 세계에서 처음으로 원자를 분리하였다. 러더퍼드는 이탈리아의 굴리엘모 마르코니(Guglielmo Marconi, 1874~1937)보다 약 1년 앞서 무선 전파 발신과 수신에 성공하기도 했으며 주로 영국 케임브리지 대학의 트리니티 칼리지(Trinity College)에서 교수직을 지냈다. 웰링턴 북쪽의 와이라라파(Wairarapa)에서 태어난 모리스 윌킨스(Maurice Hugh Frederick Wilkins, 1916~2004)는 1962년 노벨 생리학상과 의학상을 수상하였고, 1953년 생명체의 핵심인 DNA 분자 구조를 밝혔다. 웰링턴 근교의 매스터턴(Masterton)에서 태어난 앨런 맥더미드(Alan Graham MacDiarmid, 1927~2007)는 2000년에 노벨 화학상을 수상하였으며, 그는 플라스틱이 전기를 전달한다는 사실을 처음 발견해 오늘날의 정보 과학 발전에 크게 기여하였다.

더니든 시청 강당에서 열린 오타고 대학교 졸업식 광경

학과가 운영되고 있다.

유서 깊은 건물들과 현대적인 건물들이 조화를 이루는 캠퍼스는 더니든 중심부에 위치하여 번화가와 도보로 5~10분 정도의 거리이다. 더니든의 메인 캠퍼스 외에도 크라이스트처치와 웰링턴에 의과대학 캠퍼스가 있으며, 오클랜드에는 지도자 양성 과정이 개설되어 있다. 오타고 대학교는 특히 의학, 생물학, 자연과학 등에 뛰어난 것으로 알려져 있다. 한때 유학생들에게는 의과대학 입학이 허용되지 않았다고 하며, 뉴질랜드 학생들도 입학하기가 무척 어려운 학과였다. 그리고 치의학과, 측량학과, 소비자응용학과 등은 뉴질랜드에서 이곳에만 개설되어 있다.

2006년 12월, 오타고 대학교 졸업식에 참석한 일이 있었다. 대학의 대강당에서 합동으로 졸업 기념 다과회 행사를 마치고, 시가행진을 위해서 졸업생과 하객 모두가 삼삼오오 길거리로 나왔다. 대학 깃발

오타고 대학교 졸업식 시가행진

을 선두로 하고 바로 뒤에는 영국의 전통 악기인 백파이프가 연주되
며 행진이 시작되었다. 교수들과 졸업생들이 뒤따르는 시가행진은 자
유스러운 분위기의 축제 같았다. 길가의 시민들과 관광객들의 환영을
받으며 약 1㎞을 행진해 나아갔다. 행진의 종점인 더니든 시청 대강당
앞에 도착하여 졸업생들은 친구와 가족들과 함께 사진을 찍고 추억
을 담았다. 시청 강당의 내부 모습은 아주 웅장하여 축하객들을 압도
하는 듯한 분위기였다. 잠시 후 학위 수여식이 있었는데 한 사람씩 단
상에 올라가서 총장으로부터 학위증을 받고 기념사진을 찍었다. 강당
안의 수많은 축하객들은 박수와 환호로 그들을 축하해 주었고 약 1시
간에 걸쳐 모든 행사가 끝났다.

벤처스쿨이 있는 학교

오클랜드에서 남쪽으로 약 2시간 거리인 해밀턴Hamilton에 소재하고

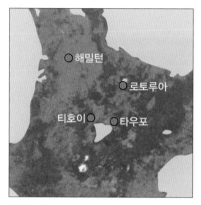

티호이 위치

있는 세인트폴 칼리지어트 스쿨St Paul's Collegiate School, 1997은 전교생이 약 700명 정도 되는 가톨릭계 사립학교이다. 남학생은 중등 교육과정인 Form 3中2부터 Form 7高3까지 있지만 여학생은 Form 6高2, Form 7高3뿐이며 전체 학생의 약 2분의 1 정도가 기숙사 생활을 하고 있다. 이 학교의 시스템 중 티호이 벤처스쿨Tihoi Venture School이라는 것을 소개하고자 한다. 이것은 Form 4中3학년을 전·후반기 두 차례로 나누어 한 학기 동안 티호이라는 지역에서 합숙하면서 여러 가지 체험을 하는 교육 프로그램이다.

체험 사례

말도 잘 통하지 않는 나는 1997년 Form 4학년에 입학하자마자 티호이로 가게 되었다. 티호이에 가기 위한 준비는 좀 특별하다. 초대형 배낭에 운동복 등 약 20여 벌의 옷과 식사 도구, 목욕 용품, 침구류, 신발류 등을 준비한다. 옷과 수건 등 모든 소지품에는 실로 내 이름을 새겨 다른 친구들의 물건과 섞이지 않도록 몇 날 며칠 동안 준비하였다. 마침내 1997년 1월 28일 티호이로 출발하는 날이다. 나를 비롯한 학생들은 군인들이 전장에 나가는 모습처럼 큰 배낭을 메고 낡은 군용차를 타고 환송 나온 부모님에게 손을 흔들며 학교를 떠났다. 해밀턴에서 약 2시간 정도 걸려 타우포 인근의 가옥 7채가 있는 티호이라는 조그마한 산촌의 체험

암벽 등반팀(뒷줄 맨 오른쪽이 윤태진)

학교에 도착하였다.

나는 올해 처음으로 이 학교에 전학을 왔기 때문에 모두가 생소하고 어색하였으며 한국 사람이라고는 나 혼자뿐이어서 친구도 없었다. 식사는 점심을 제외하고는 아침과 저녁에는 선생님들이 음식 재료를 주면 우리들이 직접 요리하여 먹는 시스템이었다. 그곳의 오븐은 한국의 시골집 아궁이같이 꺼멓게 되어 있었다. 나를 비롯한 아이들은 매일 아침저녁으로 나무를 준비하여 요리를 해야만 했는데 지금 생각해 보면 굉장히 불결한 상태였다. 보통은 아침 7시에 기상하지만 식사 당번일 경우에는 6시경에 기상하여 준비해야 한다.

등교라는 것은 별도로 없다. 숙소 옆의 한 칸짜리 교실에서 오후 3시까지 공부를 하고 방과후에는 선생님의 인솔로 달리기를 비롯한 여러 가지 운동을 약 2시간 정도 한다. 그리고 토요일과 일요일은 카약 타기, 보트 타기, 등산, 암벽 등반, 동굴 탐험, 서바이벌, 트레킹 등 여러 가지 특별활동을 한다. 그리고 매주 일요일 저녁에는 부모님에게 의무적으로 편지 쓰는 시간이 있으며 특별한 일이 아니고서는 부모님과 전화 통화를 할 수가 없다.

방학인 3월 28일부터 4월 13일까지는 오클랜드에 있는 집에 다녀오고 4월 14일부터 다시 티호이 생활에 들어갔다. 뉴질랜드의 3~5월은 가을이지만 티호이는 워낙 산골이라서 무척 추웠다. 날씨가 점점 추워져서 통나무를 쪼개어 집 안에 난방을 하였지만 추위를 견디기는 어려웠다. 티호이에서 가장 재밌었던 때는 아무래도 주말이다. 토 · 일요일은 당일 혹은 1박 2일로 위에 열거한 여러 가지 특별활동을 하며, 마지막 주에는 자기가 하고 싶은 야외 활동을 4~5일 정도 할 수 있었는데, 나는 내가 좋아하는 암벽 등반을 하여 상을 받기도 하였다.

한번은 숙소에서 약 5㎞ 떨어진 곳으로 트램핑(Tramping)을 나갔는데, 그날 저녁은 날씨가 좋아서 캠프파이어를 하며 재미있게 놀았다. 그런데 그날 밤 선생님께서는 텐트와 침낭도 주지 않고 비닐 한 장으로 추운 산에서 하룻밤을 지내라고 하셨다. 내가 속한 팀(4명)은 고사리 잎을 따서 바닥에 깔고, 비닐로 바람 막을 벽과 천장을 대충 만들고 산에서 잠을 청하였다. 아침에 깨어 보니 겉옷은 온통 서리로 덮여 있고 나와 친구들 모두 푸석한 얼굴이었다. 어찌나 추웠던지 지금 생각해도 몸이 오그라든다. 비록 당시에는 굉장히 힘들었지만 지금 생각해 보면 아주 좋은 추억이다. 4개월간의 티호이 경험이 정신적으로나 육체적으로 많은 도움이 되었다. 또 이 나라의 문화를 이해할 수 있었고, 다양한 야영 방법을 경험한 것도 좋았다. 티호이 벤처스쿨은 더 이상 말이 필요 없는 교육과정이라고 생각한다. 지나고 보면 최고의 추억으로 간직되기 때문이다. 이 프로그램은 지금도 변함없이 하고 있을 것이다.

- 윤태진(Daniel Youn)

햇볕이 키우는
와인 산업

들판에 방목된 가축의 목가적인 풍경도 농촌을 살찌우고 있다. 목초지를 관리하고, 가축을 기르고, 우유를 수거하고, 치즈를 만드는 모든 일들이 농촌에서 벌어진다. 특히 남알프스에 많이 분포하고 있는 사슴은 녹용 산업을 성장시켰다. 또한 따뜻한 햇볕으로 키우는 포도는 과일로 유통시키기도 하지만 뉴질랜드의 와인 산업을 이끌고 있으며, 넓은 바다에 점점이 떠 있는 요트와 보트는 뉴질랜드의 해양 산업을 선도하고 있다.

뉴질랜드 산업의 기반은 농촌

인구가 많은 대도시인 오클랜드에서 조금만 벗어나면 푸른 초원의 농촌이 펼쳐진다. 농촌은 비록 조용하고 적막한 감이 돌지만 그 내면을 들여다보면 활발한 움직임이 있는 곳이다. 씨를 뿌리고, 밭을 갈고, 비료를 뿌리고, 잡초를 베어 거름을 만들고, 추수를 하는 등 많은 일들이 분주하게 돌아간다. 키위를 비롯한 토마토나 감자 등 각종 채소와 과일도 농촌에서 키워서 시장에다 내다 팔고, 양, 소 등 가축도 농촌에서 기르고, 나무가 자라는 주변 산야도 모두 농촌 지역이다. 그러므로 뉴질랜드의 중요한 산업 모두는 농촌이 기반이 되며, 농촌은 뉴질랜드 산업을 이끌어가는 원동력이다.

들판에 방목된 가축의 목가적인 풍경도 농촌을 살찌우고 있다. 목초지를 관리하고, 가축을 기르고, 우유를 수거하고, 치즈를 만드는 모든 일들이 농촌에서 벌어진다. 특히 남알프스에 많이 분포하고 있는 사슴은 녹용 산업을 성장시켰다. 또한 따뜻한 햇볕으로 키우는 포도는 과일로 유통시키기도 하지만 뉴질랜드의 와인 산업을 이끌고 있으며, 넓은 바다에 점점이 떠 있는 요트와 보트는 뉴질랜드의 해양 산업을 선도하고 있다. 국립공원에서 자라는 야생 풀에서 채취하는 꿀도 뉴질랜드의 중요한 산업이다. 이뿐만이 아니다. 가장 중요한 것은 아름답고 청정한 뉴질랜드의 친환경 자연을 세계인에게 판매하고 있다는 것이다.

한국처럼 조선, 자동차, 철강, 석유화학, 군수, 건설 등을 비롯하여 각종 공산품을 생산하는 곳은 거의 없다. 기껏해야 우유 공장, 설탕

266

어스파이어링 산 국립공원 인근을 지나는 6번 도로변의 시골 카페와 주유소

공장 등이다. 즉 굴뚝산업이 없다는 말이다. 2013년 현재 세계에서 여덟 번째로 천연자원이 많은 나라로 평가되고 있지만 그린피스Green-peace와 마오리 족의 반대로 개발이 쉽지 않다. 다만 농촌의 특성을 살려서 각 지역에 맞는 1차 산업 위주로 발전시키고 있다. 그러므로 농촌이 뉴질랜드를 먹여 살리는 셈이다. 그리고 이 나라의 경제의 잣대는 농촌이 잘사느냐 못사느냐에 달려 있다고 해도 과언이 아니다. 뉴질랜드의 10대 수출 품목도 낙농품, 육류, 목재류, 과일 및 견과류, 수산물, 포도주, 꿀 등 대부분이 농촌에서 생산되는 1차 상품이다.

뉴질랜드의 농촌은 전 산업을 끌어가는 원동력이지만 1차 산업농업, 임업, 광업, 수산업 등이 GDP 대비 차지하는 비율은 불과 7.44%밖에 되지 않는다. 그리고 2차 산업제조업, 전기, 수도, 가스, 건설업 등이 18.3%, 3차 산업 도매업, 소매업, 숙박, 요식업, 운송, 통신업, 금융, 보험, 중개업, 공공 서비스 등이 74.16%로 더 큰 비중을 차지하고 있다. 하지만 2,3차 산업의 대부분도 농촌에서 이루어지고 농촌을 기반으로 발전하고 있다.

뉴질랜드를 대표하는 과일

 세계적으로 유명한 과일 키위는 다래나무과 Actinidiaceae의 식물로 1904년 중국인 노예들이 뉴질랜드로 들어올 때 가져왔다고 한다. 처음에는 가정에 몇 그루씩 심어졌으나, 정원을 가꾸는 조경업자들이 울타리용으로 심은 후부터 점차적으로 뉴질랜드 토양에 적응하였다고 한다. 지금은 뉴질랜드의 특산물이자 수출 효자 상품으로 뉴질랜드를 대표하는 과일이 되었다. 1910년 왕아누이Wanganui에서 최초로 키위 열매가 수확되었고, 1952년부터 영국으로 수출되면서 본격적으로 알려지기 시작하였다. 초창기에는 구즈베리Chinese Goosberry 또는 멜로네츠Mellonettes라고 불리었으나, 1959년부터 뉴질랜드 국조國鳥인 키위 새에서 이름을 따와서 '키위Kiwifruit'라고 개명하였다고 한다.

키위 과일은 크기와 모양이 달걀과 비슷하고, 겉에 털이 나 있으며, 과육의 가운데에는 검은색의 작은 씨가 빼곡히 박혀 있다. 맛은 약간 신맛으로 주로 생과일로 먹지만 고기를 요리할 때 키위즙을 넣으면 고기가 연해져서 먹기가 편하다고 한다. 한편 새로운 과일과 식품을 주로 개발하는 뉴질랜드 국립원예식품연구소Hort Research, Food Research Institute of New Zealand Limited는 신맛이 강한 그린키위를 단맛을 가진 품종으로 개량하기 위한 연구를 시작하였다. 그 결과 1998년 골드키위

키위 농장

Gold Kiwi를 만들어 냈다. 이 키위는 단맛을 선호하는 아시아권 국가에서 큰 인기를 얻었으며 지금은 수출의 상당 부분을 차지한다.

오늘날 뉴질랜드 과일 키위는 세계적으로 명성이 자자하다. 2500여 곳의 키위 재배 농가가 모여 세운 생산자 협동조합인 제스프리Zespri 사는 뉴질랜드 키위 수출을 총괄한다. 뉴질랜드에서 생산되는 모든 키위의 수거 및 판매를 독점하는 이 회사는 뉴질랜드뿐만 아니라 전 세계 4000여 개의 키위 재배 농가를 대표하는 회사이다. 제스프리 키위의 세계 시장 점유율은 약 30%에 가깝다. 또한 제스프리는 이탈리아·프랑스·중국·일본·한국·칠레·호주 등 전 세계 7개국에 자회사 및 라이선스 농가를 두고 일 년 내내 키위를 공급 받아 수출하고 있다. 호주를 제외하면 모두 북반구 나라인데 이것은 지리적으로 남반구에 위치한 뉴질랜드의 단점을 보완해 준다. 즉, 북반구에 위치한 국가에서 재배하여 북반구 여러 나라에 적기에 공급하고 있다.

레드우드 수목원과 목재 산업

로토루아 근교의 레드우드 수목원Redwood Grove은 키 큰 나무들이 빽빽하게 밀집되어 있어서 한낮에도 어두울 정도이다. 이 나무들은 제2

레드우드 나무 밑에서 자라는 고사리 나무

차 세계대전에서 희생된 뉴질랜드 병사들을 추모하는 의미로 미국에서 캘리포니아산 적송레드우드을 선물 받아 육종하기 시작한 것이다.

레드우드 수목원에는 굵기가 1m에 달하고 높이가 40~60m 되는 나무들이 즐비하다. 잠시나마 열대우림에 들어와 있는 것 같은 착각을 일으킬 정도이다. 길고 곧게 뻗은 레드우드 숲의 상층부에는 레드우드의 짙푸름이 있고, 그 아래에는 10m 이상 되는 고사리 나무들이 초록빛과 은빛을 발산한다. 하층의 고사리 나무가 이곳의 수분을 저장하고 공급하는 중요한 역할을 한다. 또한 바닥에는 레드우드 낙엽이 두껍게 쌓여 푹신푹신한 양탄자 위를 걷는 느낌도 받는다. 굵은 레드우드 나무 사이에 어린 레드우드가 빽빽하게 자라고 있다. 그러므로 계속해서 나무를 심지 않아도 자연적으로 레드우드가 자라고 있는 것이다. 오염된 환경에서 살아온 사람들은 이곳에서 입을 최대한 벌리고 심호흡해 보기를 권한다.

　레드우드 수목원에는 짧게는 15분에서 길게는 8시간까지 다양한 산책 코스도 개발되어 있는데, 코스마다 색깔로 구분하여 다른 코스와 혼동되지 않도록 해 놓았다. 한편 인근에는 우리나라의 제지 기업인 한솔제지에서 지난 1993년에 조성한 약 1만ha의 조림지가 있다. 뉴질랜드는 목축 산업도 중요하지만 목재 산업도 범국가적으로 지원하고 있다. 인구에 비해 땅이 넓은 뉴질랜드는 질 좋은 토양과 강력한 햇빛으로 비교적 나무들이 빨리 자란다. 침엽수의 수확량을 우리나라와 비교해 보면 한국에서 잣나무를 80년 키우면 334㎥/ha가 되지만, 뉴질랜드는 30년만 키워도 700㎥/ha가 되어 많은 차이를 보인다. 나무 종류에 따라 다르지만 대체적으로 20~30년 지나면 벨 수 있을 정도로 빨리 성장한다. 이와 같이 나무가 잘 자라는 뉴질랜드는 목재 가공 기술도 발달하여 자연스럽게 목재 수출도 많이 하는 편이다.

　뉴질랜드 목재협회는 목재 산업이 향후 20년간 40% 이상 성장할 것이라고 내다보고 있다. 경제 연구 기관인 NZIERNew Zealand Institute of Economic Research의 보고서에 의하면 목재 수출 중에 원목 수출이 절반 가까이 되지만 앞으로는 가공 처리까지 하여 부가가치를 더욱 높이려고 하고 있다. 뉴질랜드의 2011년 목재 수출액은 중국 14억 달러, 호주 8억 2000만 달러, 일본 5억 2000만 달러, 한국 4억 6000만 달러, 인도 2억 3000만 달러, 미국 2억 1만 달러와 기타 포함해서 총 약 45억 달러로 알려졌다. 그리고 2010년 기준으로 목재 산업에 3만 명 이상의 사람이 일하고 있는 것으로 밝혀졌다. 더불어 목재 축제Winning with Wood, 전국목재기술대회 및 벌목공대회Kwerau Woodfest 등 다양한 목재 관련 행사가 개최되고 있다. 여기서는 산림과 벌채, 목재 건조 및 가공, 수송 서비스, 목재 섬유를 이용한 바이오 기술, 목조 건축, 목재 제품, 건축 및 제품 디자인 등과 같은 목재 관련 전 분야를 관람할 수 있다.

뉴질랜드의 주특기, 양 목축업

제임스 쿡이 도착한 1769년 이후 1773년과 1777년 사이에 양이 처음으로 도입되었다고 하지만 확실하지는 않다. 이후 선교사 새뮤얼 마스든Samuel Marsden, 1764~1838이 1814년에 베이오브아일랜즈Bay of Islands에 도착하여 포도나무와 함께 양을 키웠다고 하며, 1832년부터 정착민들이 늘어나자 베이오브아일랜즈 인근에서 포도 농사도 지으면서 1838년부터는 양을 무리지어 키웠다고 한다. 또한 웰링턴 부근인 마나Mana 섬에서 고래 사냥의 미끼로 사용하기 위하여 양을 키웠다고 하

봄이 되어 산책 나온 어미 양과 새끼 양들

며, 고래잡이인 조니 존스Johnny Jones, 1809~1869는 1840년경에 오타고에서 농장을 세우고 양을 키웠다고 한다. 또 다른 한 사람인 존 딘John Deans, 1820~1854은 1843년 양을 호주에서 캔터베리까지 수입한 첫 번째 사람으로 기록되어 있다. 그 외에도 윌슨John Cracroft Wilson, 1808~1881, 아크랜드Whilst John Acland, 1823~1904, 트리프Charles George Tripp, 1820~1897, 무어George Henry Moore, 1812~1905 등 많은 사람들이 양을 수입하여 목장을 시작하였는데, 그중 무어는 뉴질랜드에서 가장 큰 양 목장을 캔터베리에 설립한 사람이다.

　양은 인간들에게 고기와 털을 주로 공급하지만 양의 젖sheep milk도 유제품으로 많이 애용된다. 초기 이민자들은 황무지나 다름없는 넓은 땅에 좋은 기후를 이용한 양 목축업에 주로 종사하였으며, 1880년 냉동선이 개발된 이후부터는 양 목장이 뉴질랜드의 전 국토로 골고루 퍼져 나갔다. 양 목축업은 뉴질랜드 산업에서 중추적인 역할을 해 왔지만 최근 들어서는 조금 위축되고 있는 추세이다. 양의 마릿수를 보면, 1982년 약 7000만 마리ㅣ인당 20
마리였던 양이 1992년 약 5500마리,
2002년 약 4200만 마리로 줄어들었
으며, 2013년 9월에는 3120만 마리
ㅣ인당 7.5마리로 더욱 줄어들었다. 한마
디로 뉴질랜드의 양 목축업이 사양
산업이 된 것이다. 이에 정부에서도
뉴질랜드 국민들이 가장 잘 아는 양

양털 깎기 시범

목축업을 살리기 위해 노력하고 있지만 쉽지만은 않다.

　이런 와중에, 2012년 중국 상하이에 본부를 둔 펑신鵬欣 그룹의 자회
사가 뉴질랜드에서 16개 목장을 1900억 원에 구입했다고 한다. 또한
2013년 9월에는 남섬 리즈밸리Lees Valley에 있는 마운트펨버스테이션Mt
Pember Station 목장2만 7242ha이 북미 지역의 한 투자 그룹에 팔렸으며, 이
때 소와 양 등 5만 3000여 마리의 가축도 함께 매각되었다고 한다. 이
와 같이 외국인에게 목장을 매각한다는 소식이 전해지자 일부 국민들
은 반대의 목소리가 높지만, 목장주들은 경영이 어려워서 어쩔 수 없
다고 얘기한다. 더구나 뉴질랜드 국내에서 새로운 주인을 찾기도 쉽
지 않은 상황이다. 이처럼 뉴질랜드의 주특기라고 할 수 있는 목축업
이 외국인에게 지배된다면 앞으로 '뉴질랜드=목축업'이라는 등식이
성립되지 않을 수 있다. 그나마 다행스러운 것은 지난 10년간 축산 동
향을 살펴보면, 비록 양의 수는 감소했지만 소의 수가 증가하는 추세
라고 한다.

초원에서 살찌우는 방목 소

영국에서 온 이민자들이 뉴질랜드에 정착하여 약 4~5代가 지나는 동안 무성한 숲은 소를 위한 목장으로 변했다. 소는 양보다 덩치도 크고 먹는 양도 많아서 그만큼 목초지가 많이 필요하였으며, 그 결과 상당량의 국토가 소를 위한 푸른 목초지로 개발되었다. 소는 하루에 먹어야 되는 일정한 양의 풀이 필요한데 땅이 넓다고 해서 수백 마리씩 한꺼번에 풀어 놓을 수는 없다. 만약 4㏊의 초지가 있다고 가정하면, 그 초지를 4~5등분 한 다음에 각 구역에 순차적으로 소를 옮겨야 한다. 그래서 1년 후에는 처음 먹었던 구역에 소가 도달하도록 해야 한다. 즉 소가 A구역의 풀을 다 뜯어 먹으면 B구역으로 옮겨 주고 다시 C구역, D구역으로 옮겨 준다. 그동안 다른 구역은 풀이 자랄 수 있는 시간을 주는 것이다. 그러므로 4㏊의 초지라고 해도 1㏊에 들어갈 소만 있으면 되는 것이다.

오늘날 작은 규모의 목장을 소유한 농부들은 큰 규모의 목장을 소유한 농부들에게 자리를 내주기 시작하였다. 큰 규모의 목장주들은 도시에 살면서 관리자와 일꾼을 고용하여 목장을 경영하면서, 점점 더 목장을 넓혀 가고 있다. 1916년경에는 전통적인 목축업 농가에서 하루에 26마리의 젖소에서 우유를 짰지만, 현재는 약 250마리의 젖소에서 우유를 짠다고 한다. 그보다 더 큰 규모의 목장주들은 하루에 약 500마리 이상의 젖소에서 우유를 짜고 있다고 하니 그만큼 현대적인 시설을 구비하여 효율적으로 젖소를 관리하고 있다는 말이다. 2013년 현재 뉴질랜드에는 약 660만 마리의 소젖소와 육유가 있다. 소가 많다 보

오클랜드 북쪽 리(Leigh) 부근의 농장

니 자연히 소가 방출하는 방귀, 트림, 호흡이 문제가 될 수 있다. 2003년 뉴질랜드가 지구온난화 방지 차원에서 소, 양 등 가축에 대한 이른바 '방귀세稅' 도입을 추진하였지만 농민들의 반대로 중단되었다.

　뉴질랜드의 국토는 목축업에 아주 적정한 기후를 가지고 있다. 철따라 자라는 짙푸른 목초가 젖소들에게 충분한 양식을 제공하고 그들은 인간들에게 많은 것을 제공해 준다. 특히 자연에서 자라는 야생 풀을 섭취하며, 자연이 주는 햇빛으로 살찌운 그들은 양질의 우유 및 분유류와 가죽, 고기, 각종 부산물 등을 제공한다. 동양인들이 이민 오기 전에는 소뼈, 발, 꼬리, 내장 등의 각종 부산물들은 그냥 버리는 것들이었으나 요즘은 슈퍼마켓에서 돈을 주고 사 먹어야 하는 상황이 되었다.

얼마 전 뉴질랜드 쇠고기의 우수성이 입증된 일이 있었다. 일반 곡물로 사육된 쇠고기는 오메가6 지방산과 오메가3 지방산 함량 비율이 4:1 정도이지만, 뉴질랜드 쇠고기의 함량은 1:1로 건강에 유익한 비율로 구성된 것으로 밝혀졌다. 또 지방 함량은 100g당 4.66g으로 낮으며, 저칼로리, 저콜레스테롤이라고 한다. 주된 이유는 뉴질랜드 소의 99%를 자연에서 방목하기 때문이라고 한다. 오직 방목으로 키우는 뉴질랜드 청정 쇠고기는 식품 안전 및 가축 이력 추적 시스템을 갖추고 있으며, 국제적으로도 인정하는 가축 질병 안전 국가이다.

차를 타고 시골 길을 달리다 보면 차도에서 가끔 소를 만나는데, 이때 경적을 울리면 안 된다. 그리고 소가 지나갈 때까지 차는 한쪽으로 비켜서 기다려야 한다. 소들은 다른 동물처럼 빨리 비키지 않고 물끄러미 차를 쳐다보면서 아주 천천히 이동한다. 또한 농부들이 소를 데

 뉴질랜드 산업의 견인차 폰테라

뉴질랜드에는 키위 협동조합인 제스프리와 함께 낙농 협동조합회사인 폰테라(Fonterra)가 뉴질랜드 산업을 이끌고 있다고 해도 과언이 아니다. 전체 1만 1500여 곳의 낙농가 중 1만 500여 곳의 낙농가가 가입한 폰테라는 생산 원유의 95%를 가공 수출하고 국내에서는 약 5%만 소비한다. 폰테라의 매출액은 한화로 약 18조 원(2011년)으로 뉴질랜드 전체 수출액의 25%나 차지하는 세계 최대의 낙농 수출 회사이다. 폰테라가 수집한 154억 ℓ(2011년)의 원유를 전지분유, 치즈, 버터, 단백질 등 유제품으로 가공하여 한국을 포함해 미국, 일본, 유럽 등 전 세계 140여 개국으로 수출하고 있다. 1930년대까지만 해도 폰테라 같은 협동조합이 무려 400개가 넘었다고 한다. 이후 1950~1960년대에 합병 과정을 거치면서 60개로 줄어들었으며 1970년대에는 농업 개혁과 보조금 철폐로 합병이 더욱 진행되었고, 1980년대 들어 13개로 감소했으며 1990년대에는 뉴질랜드 데어리 그룹과 키위 낙농조합 등 2개의 대형 조합만이 남게 되었다. 두 조합을 다시 합병하여 2001년 지금의 폰테라가 출범하였다.

리고 이동할 때 경고판이나 경고등을 켜 놓는 경우가 있는데, 이때도 안전을 위해 정지하고 기다릴 수밖에 없다. 그리고 야간에 운전할 때는 밤길을 어슬렁거리는 소를 만날 수 있으므로 주의를 해야 한다. 뉴질랜드에서 살아가려면 인내를 가지고 기다리는 것도 연습해야 할 것 같다.

남알프스에서 자라는 사슴과 녹용 산업

사슴은 5000년 이상 인간과 함께 공존해 온 동물로 주로 사막, 툰드라, 늪, 높은 산기슭 등에서 살아간다. 유럽, 아시아, 라틴아메리카, 북아프리카 등에 야생으로 널리 분포되어 있던 것을 뉴질랜드에서 처음으로 상업적으로 목축을 시작하였다. 1850년대에 스코틀랜드로부터 처음 들여온 사슴은 산세가 험하고 날씨가 추운 남알프스 일대의 목장에서 키웠으나 우리를 탈출한 사슴들이 방목되었다. 천적이 없던 뉴질랜드의 자연환경은 사슴에게 천혜의 서식지였고, 그 마릿수는 통제할 수 없을 정도로 불어났다.

숫자가 많아진 야생 사슴은 한때 자연환경과 산림에 악영향을 끼치는 등 쓸모없는 야생동물로 전락하였다. 그때부터 사슴을 사냥하기 시작하였는데, 국제환경순화운동 단체인 애클리매티세이션Acclimatisation societies, 1854년 파리에서 창설 넬슨 지부에서 1918년부터 1파운드를 받고 사냥 면허증을 발행하였

사슴 사냥 면허증(1918)

278

뿔이 다 자란 붉은사슴의 당당한 모습

다. 4가닥 이상의 뿔이 돋아난 사슴을 6마리까지 사냥할 수 있는 면허증이었다. 그 후 1960년대에 야생 사슴고기가 수출되기 시작하면서부터 효자 상품으로 변모해 갔다. 사슴 산업의 가능성을 예측한 사람들은 1970년대 초부터 야생 사슴을 포획하여 사육하기 시작했다. 사슴 사육은 새로운 산업 분야로 발전하여, 지금은 고기뿐만 아니라 녹용까지 수출하고 있다. 특히 뉴질랜드 녹용 산업은 한국인들이 개척했다고 해도 과언이 아니다. 현재 뉴질랜드가 전 세계에서 가장 많은 사슴 목장을 가지고 있는데, 2006년 기준으로 약 4500여 개의 사슴 목장에 170여 만 마리의 사슴이 사육되고 있다. 이 숫자는 전 세계에서 사육되는 사슴의 절반에 가까운 수치이다. 그중 약 40%는 북섬에서 사육되고 있으며, 60%는 남섬에서 사육되고 있다. 그리고 사슴의 85% 정도는 붉은사슴Red Deer 종이고 그 외에 엘크Elk, 팰로Fallow 등이다.

봄에 수사슴 뿔에서 채취하는 녹용은 한국 사람들이 가장 좋아하는 보약제이다. 사슴뿔을 영어로 '디어벨벳deer velvet'이라고 하는데, 이는 아직 각질화가 진행되지 않아서 만져 보면 약간 물렁할 정도로 조직이 연하고 털이 부드러워서 옷감인 벨벳과 같다고 하여 붙여진 이름이다. 사슴뿔은 포유동물의 조직 중에서 유일하게 재생 능력을 가지고 있으며 하루에 1cm 정도로 빨리 자라는데, 2달만 자라면 채취가 가능하다고 한다. 품종에 따라 약간의 차이는 있지만 사슴뿔은 60~70 cm까지 자라며 엘크사슴은 1m까지도 자란다. 만약 뿔을 자르지 않고 그대로 놔 둘 경우 가을이 되면 단단해져서 약용으로 사용할 수가 없으며, 딱딱하고 강한 뿔을 가진 수놈들은 암컷을 차지하기 위한 무기로 사용한다.

뉴질랜드 녹용은 사슴 피가 뿔 끝까지 차올라서 각종 유효성분이 풍부하며, 생장 후 50~60일 만에 자르기 때문에 각질화되지 않은 좋은 품질을 얻을 수 있다. 또한 사육 환경과 절각 시기, 건조 방법 등을 체계적으로 관리하여 세계적으로 명성을 얻고 있다. 녹용 채취 과정은 정부 공인 수의사가 입회하여 철저히 검역을 실시하며 각종 전염병의 사전 예방 조치가 이루어지고 있다. 뉴질랜드 사슴은 울타리 형태의 철망이 설치된 몇 십만 평 되는 대초원에서 야생 풀을 먹고 자라기 때문에 야생 사슴이나 다를 바 없다.

햇볕이 키우는 와인 산업

마실 것 하면 보통 물 다음에 술을 떠올리는데, 뉴질랜드 사람들은 술 중에도 와인을 많이 즐기는 편이다. 와인은 대형 슈퍼마켓에서도 판매하지만 일반적으로 주류 전문 판매점인 리커숍Liquor Shop에 더 다양한 종류가 있다. 와인도 술이기 때문에 18세 이상에게만 판매를 한다. 뉴질랜드 와인의 역사는 초창기 정착민들이 포도 나무를 가지고 들어올 때부터 시작된다. 1814년 뉴사우스웨일스에서 베이오브아일랜즈에 도착한 새뮤얼 마스든 선교사는 뉴질랜드의 토양과 기후가 포

도나무를 재배하는 데 아주 적합하다고 생각하고, 1819년 케리케리 Kerikeri에 포도나무와 각종 식물들을 심었다고 한다. 호주와 뉴질랜드의 포도 재배의 아버지로 알려진 제임스 버즈비James Busby, 1801~1871는 프랑스에서 포도 재배와 와인 양조를 공부한 사람으로 1824년에 호주의 헌터밸리Hunter Valley에 도착하여 처음으로 포도 재배를 시작하였다. 그는 프랑스와 스페인에서 수집한 포도나무를 가지고 1832년 뉴질랜드 베이오브아일랜즈에 도착하여 포도나무를 심고 1838년에는 뉴질랜드에서 최초로 와인을 만들었다고 전한다.

뉴질랜드 와인이 세계적으로 주목을 받기 시작한 것은 불과 30~40년 전의 일로, 이 즈음부터 와인 산업과 와인 문화가 많이 발전하였다. 와인 만드는 곳을 와이너리Winery라고 하는데 우리말로 표현하면 포도주 양조장이다. 40~50년 전 우리나라에 막걸리 양조장이 각 동네마다 있었던 것과 같이 뉴질랜드에도 포도주 양조장이 각 지역마다 있다. 대부분의 와이너리에서는 식사와 함께 그곳에서 생산된 와인을 맛볼 수 있으며, 시음도 하고 마음에 드는 와인을 구입할 수도 있다. 현재 뉴질랜드에서 재배되고 있는 품종은 뮐러-투르가우Muller-Thurgau, 샤르도네Chardonnay, 소비뇽블랑Sauvignon Blanc, 슈넹블랑Chenin Blanc, 리슬링Riesling 등 화이트 와인용과 카베르네cabernet, 소비뇽Sauvignon, 메를로Merlot, 피노누아르Pinot noir 등 레드 와인용이 있는데, 대체로 서늘한 기후 때문에 화이트 와인의 생산량이 많고 품질도 우수한 편이다.

오클랜드 근교에 뉴질랜드 최대의 생산 규모를 자랑하는 몬타나Montana 와이너리가 자리 잡고 있으며, 북섬 동해안에 위치한 기즈번Gisborne은 포도 재배에 적정한 토양을 갖고 있어 유명한 와인 집산지이다. 웰링턴 북동쪽에 위치한 와이라라파Wairarapa 지방도 덥고 건조한 기후로 우수한 와인 산지로 평가받고 있으며, 그 외에 와이카토, 베이오브플렌티, 호크스베이 등에도 많은 와이너리가 있다. 남섬의 북쪽 끝에 있는 말버러와 넬슨 지방은 뉴질랜드 최대의 와인 산지로서 세계적으로도 높이 평가되는 곳이다. 캔터베리 지방인 크라이스트처치와 와이파라Waipara도 유명한 와인 산지이며, 맨 남쪽인 오타고 지방은 비교적 늦게 와인 산업을 시작한 곳이다. 퀸스타운의 깁슨밸리Gibbston Valley 와이너리는 뉴질랜드에서 관광객이 가장 많이 붐비는 곳 중 하나이다.

뉴질랜드에서는 와인뿐만 아니라 맛있는 맥주도 많이 생산된다. 한국처럼 대형 공장은 아니지만 작은 규모의 맥주까지 합하면 종류만

라이언레드 맥주병 뚜껑

250가지가 넘는다고 한다. 그중에는 세계적인 상을 받은 맥주도 있고, 전통적인 방식을 고수하는 곳, 현대적인 기술로 양조하는 곳, 유기농과 환경 친화적인 방법으로 만드는 곳 등 다양하다. 각 지역별로 이름이 많이 알려진 맥주로는 오클랜드의 라이언레드Lion Red, 크라이스트처치의 캔터베리드래프트Canterbury Draft 등이 있고, 젊은이들 사이에 인기가 있는 스타인라거Steinlarger, 키위라거Kiwi larger 등 독특한 맥주도 많다. 유명한 맥주 회사로는 1876년에 더니든에 세워진 스페이츠Speight's, 웨스트랜드의 그레이마우스 맥주, 1880년대부터 이어져 온 전통적인 양조법으로 제조하는 몬티스Monteith's 맥주 회사 등이 있다. 북섬에는 1889년에 세워진 헨리 왜그스태프Henry Wagstaff의 투이Tui 맥주도 인기가 있다.

작지만 큰 요트 산업

오클랜드는 앞바다에 떠다니는 많은 요트Yacht와 보트Boat 때문에 '항해의 도시City of Sales'라는 애칭이 있다. 국제해양산업협회ICOMIA 보고에 따르면, 현재 뉴질랜드에는 약 42만 대10명당 1대의 요트가 있으며, 요트 클럽은 모두 110여 개라고 한다. 요트는 뉴질랜드에서 가장 인기 있는 해양 스포츠로, 서너 집 건너 1대씩 정박되어 있을 정도이다. 날씨가 좋으면 사람들은 어김없이 보트나 요트를 타고 가까운 바다로 나가서 유람을 하거나 낚시를 즐긴다. 요트의 정박지마리나는 뉴질랜

'요트의 도시' 오클랜드의 웨스트헤이븐 마리나에 정박 중인 요트
(자료: 김인호)

드 전국에 41개오클랜드 14개이며, 특히 오클랜드의 웨스트헤이븐 마리나 West-haven Marina는 8~30m 길이의 요트와 보트를 1800대가량 정박시킬 수 있는 대규모 마리나이다.

요트는 갑판이 있으며 배 안에 침대, 주방 등 가족이 지낼 수 있는 공간이 있는 배이다. 반면에 보트는 갑판이 없는 작은 배를 통틀어 이르는 말이다. 요트나 보트는 둘 다 돛이나 엔진을 사용하며, 요트는 주로 해양 스포츠나 장거리 유람에 많이 쓰이고 작은 보트는 근해에서 낚시를 할 때 많이 사용된다. 요트는 주로 마리나에 정박하지만 크기가 작은 보트는 육지로 끌어올려 본인의 집 앞마당에 정박하는 편이다.

1841년 뉴질랜드 정착민의 1주년 기념식이 웰링턴 항포트 니콜슨에서

요트 클럽(Yachting New Zealand) 현황

지역	클럽 수	지역	클럽 수	지역	클럽 수
노스랜드	11	북섬 이스트코스트	3	캔터베리	10
오클랜드	39	웰링턴	4	오타고	12
와이카토/템스	5	넬슨/말버러	7	사우스랜드	4
베이오브플렌티	6	남섬 웨스트코스트	2	합계	113

마리나 현황

지역	마리나 수	지역	마리나 수	지역	마리나 수
노스랜드	8	코로만델	3	웰링턴	5
오클랜드	14	북섬 남부	6	사우스랜드	5

랑이토토 앞바다의 요트. 붉은색 기는 1700년대부터 영국 선박에
게양하는 깃발로 뉴질랜드도 남십자성을 그려 넣어 선박에 게양하고 있다.

열렸는데, 이때 요트 경기가 처음으로 열렸다. 주지사의 후원 아래 개
최된 이 대회를 모태로 1883년에는 웰링턴에 포트 니콜슨 요트 클럽
Port Nicholson Yacht Club이 창설되었다. 오클랜드에서는 1850년부터 1880
년까지 간간이 요트 경기가 개최되는 정도였지만, 오늘날에는 가장
유명한 요트 경기 대회가 오클랜드에서 매년 열리며 전국 요트 인구
의 80%를 차지하고 있다.

요트 영웅

1851년 처음 개최된 아메리카컵을 미국 이외의 나라에서 호주에 이어 두 번째로 가져온 요트맨 블레이크(Peter James Blake, 1948~2001)는 아마존에서 해적들에게 살해되기 전까지 오직 항해에 일생을 바친 사람이다. 그는 세계 일주 요트 대회인 휘트브레드라운드(Whitbread Round) 경기에 1973~1974년부터 참가한 후 5번째인 1989~1990년에 우승하였고, 1995년과 2000년에 뉴질랜드 요트 팀의 리더로서 아메리카컵을 거머쥐었다. 또한 엔자(ENZA New Zealand) 요트의 부선장으로서 세계 일주를 가장 빠른 시간에 도달한 기록을 세워서 1994~1997년까지 쥘베른 트로피(Jules Verne Trophy)를 보유하고 있었다. 1995년에 영국 왕실은 그에게 기사 작위를 내렸으며, 2000년에는 오클랜드 대학에서 명예박사 학위를 받았다. 안타깝게도 2001년 12월 5일(53세)에 브라질 아마존 강에서 환경 변화 관련 모니터링 일에 참여했다가 살해되었다. 사후인 2002년 10월 23일 국제올림픽위원회로부터 훈장을 받았다.

세계요트대회America's Cup는 올림픽이나 월드컵보다 더 오랜 역사를 자랑하는 국제 스포츠 대회이다. 1851년부터 시작된 이 대회는 1983년 호주가 우승하기 전까지 무려 132년간 미국이 독주하였다. 그 후 뉴질랜드가 2차례1995, 2000 우승하였고 뜻밖에도 산악 국가인 스위스가 2차례2003, 2007 우승하였는데, 스위스의 우승은 뉴질랜드의 우승이라고 해도 과언이 아니다. 왜냐하면 스위스 선수 대부분이 뉴질랜드 선수들이기 때문이다. 이처럼 뉴질랜드는 세계요트대회 우승 이후 요트 강국으로 부상하였다.

낙농 국가인 뉴질랜드가 해양 산업 강국으로 성장한 계기도 아메리카컵 우승 덕분이다. 이후 요트 제작 분야에도 기술력을 인정받아 24m 이상인 슈퍼요트의 3대 생산국으로 알려졌으며, 요트학과가 유니텍 공과대학UNITEC에 개설되어 있다.

2012년에도 오메가오클랜드국제요트대회, 루이비통트로피국제요트대회, 오클랜드국제보트쇼, BMW요트월드컵결승전 등이 뉴질랜드에서 개최되었다. 그 외에 허치윌코Hutchwilco NZ 보트쇼, 크라이스트처치 보트쇼, 와이카토 보트쇼 등 각 지역마다 보트쇼가 개최되고 있다. 이렇게 각종 대회와 요트 전시회 등이 요트 산업을 활성화하는 데 크게 일조하고 있다.

티트리에서 채취하는 마누카 꿀

청정 자연에서 질 좋은 꿀을 생산하는 뉴질랜드는 자국의 특산물인 꿀을 보호하기 위하여 외부 꿀 제품의 반입을 일체 허용하지 않는다. 특히 마누카manuka 꿀을 국가 대표 식품으로 여길 정도로 자랑스러워하며, 외부 생태계에 의해 방해를 받지 않도록 노력하고 있다. 마누카 꿀이 생산되는 곳 중에는 국립공원으로 지정된 곳이 많은데, 이런 곳에는 양봉업자 이외에는 출입이 자유롭지 못하다. 마누카 꿀은 일반적인 꿀과는 아예 차원이 다르다. 반투명한 갈색이고 질감이 잼과 비슷한 이 꿀은 맛으로 먹는 것이 아니고 건강을 위해 먹는 건강식품이다. 이 꿀은 목감기를 비롯한 감기에 효과적이며, 특히 아침에 일어나 목이 붓고 따끔거릴 때 도움이 된다. 또한 속 쓰림이나 위통 같은 위장 장애에도 탁월한 효과가 있으며, 무엇보다 항염 및 재생 효과가 있어 문제성 피부에도 좋다고 한다.

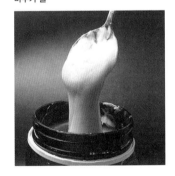
마누카 꿀

마누카 꿀은 티트리Tea Tree라는 나무에서

채취되는데, 티트리는 렙토스페르뭄
Leptospermum, 호주 매화, 멜라루카Melaleuca,
카누카Kunzea 등 세 종류로 나뉜다. 카누
카는 호주에서 건너온 품종으로 독일의
식물학 교수 구스타프 쿤제Gustav Kunze,
1793~1851의 이름에서 따왔다. 티트리의
꽃은 하얀색, 분홍색, 빨강색 등 3가지가

만발한 마누카 꽃

있는데 분홍과 빨강은 정원용으로 개발한 것이라고 한다.

마누카 꿀의 효능은 와이카토 대학과 독일의 드레스덴Dresden 공과
대학에서 과학적으로 밝혔다. 일반인들이 알아볼 수 있도록 기준을
정해 놓았는데, UMF와 MGO가 그것이다. 뉴질랜드에서는 와이카토
대학에서 정한 UMF5+, UMF10+, UMF15+, UMF20+로 구분하며,
독일에서는 MGO100을 비롯한 4단계로 구분한다. UMFUnique Manuka
Factor는 액티브 마누카 꿀 협회Active Manuka Honey Association의 트레이드
마크이다. 현재 협회에 가입된 회원은 약 30개 업체 이상이며, 뉴질
랜드 10대 양봉업체 대부분이 회원으로 등록되어 있다. UMF의 수치
가 높을수록, 항염·항산화·항바이러스·항알레르기 효과가 뛰어나
다고 한다. UMF5+가 가장 낮은 수치이지만 이것이 자연에서 숙성
된 상태이다. 인위적으로 열을 가열하여 UMF10+을 만들기도 하는
데, 이때는 마누카 꿀에 있는 효소, 미네랄, 비타민 등 일부가 파괴될
수도 있다고 한다. UMF5+ 제품이 자연 상태에서 UMF10+으로 되
기 위해서는 상온에서 약 1년이 걸린다. 그러므로 인위적인 숙성을 거
쳐 UMF10+가 되었다면 자연 숙성된 UMF5+보다는 성능 면에서 떨

어질 수도 있다. 자연적으로 벌통에서 채밀한 마누카 꿀의 UMF 활성 수치가 10+ 넘는 경우는 전체 생산량의 1.2% 미만이다. 직접 채취한 UMF10+의 꿀은 위궤양, 식도염을 비롯하여 입안에 염증이 자주 생기는 사람들에게 아주 효과적이라고 한다. 제품 라벨에 UMF 표시가 없이 단순히 Active10+, 또는 10+ 등으로 표시된 제품은 UMF를 모방한 유사 상표이거나 공인되지 않은 제품들이라고 한다.

친환경 자연을 파는 관광 산업

2012년 뉴질랜드를 방문한 외국인 관광객은 약 263만 5000명으로 같은 해 우리나라1114만 명, 142억 달러를 찾은 관광객의 4분의 1 수준이다. 하지만, 관광 수입은 뉴질랜드가 230억 달러로 한국의 2배 가까이 된다. 그만큼 관광 산업의 질적 또는 내용적 측면으로는 뉴질랜드가 훨씬 뛰어나다고 볼 수 있다. 뉴질랜드 통계청에 따르면 뉴질랜드를 방문한 관광객은 2009년에 245만 8000명, 2010년에 252만 5000명, 2011년에 260만 1000명, 2012년에 263만 5000명으로 조금씩 증가하고 있으며, 뉴질랜드 관광청은 2016년까지 외국인 방문객 300만 명을 목표로 하고 있다. 관광 대국 뉴질랜드는 깨끗한 자연을 무기로 자연 속에서 웰빙과 힐링을 느끼고자 하는 사람들이 점점 늘어날 것으로 기대하고 있다. 하지만 2012년 영국 우체국이 각국의 커피, 맥주, 담배, 콜라, 와인, 생수, 3코스 식사 등 휴가지 물가를 비교한 것을 보면 뉴질랜드가 세계에서 3번째1위는 한국로 비싼 것으로 나타났다.

뉴질랜드 관광 산업에 종사하는 인구는 약 18만 명으로 이는 전체

노동 인구의 약 10%에 해당한다. 유로존Eurozone 경제 위기, 세계적인 경기 침체, 2011년 2월 크라이스트처치 지진 등 여러 악재에도 불구하고 최근 1년간 뉴질랜드를 찾은 관광객 수는 오히려 5.4% 증가하였다고 한다. 이는 2011년 9월에 열린 럭비 월드컵도 한몫 했다고 생각하는데, 당시 럭비 월드컵을 보기 위해 뉴질랜드를 방문한 관광객은 총 13만 3200명으로 집계되었다.

나라별로는 전통적으로 방문객이 많았던 미국-2.8%과 영국-2.5%은 감소한 반면 중국33%, 말레이시아35%, 프랑스52%, 남아공46%에서 온 관광객은 오히려 증가하였다. 특히 관광객 수에서 4위를 차지한 중국이 2015년경에는 미국과 영국을 뛰어넘을 것으로 예상하고 있다. 한편 한국인의 뉴질랜드 방문은 전년 대비 10% 감소한 약 5만 3000명을 기록하였다.

관광업계는 외국인 관광객 숫자가 증가했음에도 불구하고 관광객 1인당 평균 소비는 2400달러에서 2300달러로 약간 감소했고 체류 기간도 평균 20.1일에서 19.4일로 약 4% 감소했다고 한다. 이는 세계적인 경기 침체와 뉴질랜드 달러의 강세 때문인 것으로 보고 있다. 그러나 인터넷 여행 사이트인 트립어드바이저Trip Advisor에서 관광지별 조회 건수 등을 통해 분석한 바에 따르면 여전히 세계 최고의 관광지 1위는 밀퍼드 사운드이고, 인근에 위치한 휴양 도시 퀸스타운이 2위를 지키고 있다. 그리고 뉴질랜드를 방문하는 주목적은 관광이 47%로 1위를 차지하였으며, 다음은 친지 방문, 비즈니스, 교육, 기타 목적 순으로 나타나고 있으므로 큰 걱정이 아니라는 전망도 있다. 그래도 뉴질랜드관광산업협회The Tourism Industry Association는 에어뉴질랜드

새끼 양에게 젖 주기를 하는 관광객들

와 함께 관광객 유치를 위해 많은 노력을 기울이고 있다.

　유럽이나 아시아 등지의 나라들은 역사적으로 오래되었기 때문에 주로 역사적인 유물 중심의 관광 혹은 경제 발전으로 인한 쇼핑 관광 등을 내세운다. 반면 뉴질랜드는 역사가 짧기도 하지만 물질적으로 내놓을 수 있는 관광 상품이 별로 없다. 그러나 깨끗하고 조용한 자연과 그 자연 속에 묻혀 지낼 수 있는 관광 상품이 있다. 더불어 자연과 함께 어울리는 활동적인 레포츠 상품이 많이 개발되어 있는데, 이러한 관광 상품은 단체 관광객 보다는 개별로 즐기는 자유여행에 더 잘 어울린다. 비록 유구한 역사를 지닌 볼거리는 없지만 친환경 관광 상품이 뉴질랜드를 버티고 있다.

　때 묻지 않은 자연을 상품으로 판다면 아마도 앞으로 수천 년이 지나도 닳아 없어지지 않을 것이다. 오히려 주변의 나무들은 더 무성하게 자랄 것이고, 자연은 더욱 고풍스러워질 것이다. 특히 뉴질랜드의 친환경 관광 상품은 환경 보전과 함께 유지되고 있다. 더불어 숙박, 음식, 교통 및 관광 관련 업체 등 약 2000여 개가 퀄마크Qualmark를 인정받았다. 지금은 환경 인증 등급제인 퀄마크 그린Qualmark Green도 도입되어 있다. 퀄마크 그린은 에너지 효율, 자연보호 추진, 수자원 관리, 지역사회 활동, 물 절약 등을 인정 받아야 하는 제도이다.

뉴질랜드는 자연에 가장 가까운 나라이지만 더욱 친환경 관광 산업을 부각시키기 위하여 노력하고 있다. 지난 1999년부터 '100% 퓨어 뉴질랜드' 캠페인을 전개하고 국가 브랜드 인지도 제고에 힘쓰고 있다. 현재는 '지구 상에서 가장 어린 나라'에 초점을 맞춰 뉴질랜드의 깨끗한 자연과 청정한 이미지를 홍보하고 있다. 자연을 판매하는 뉴질랜드의 친환경 관광 상품은 앞으로도 영원할 것이다.

비닐로 만들어진 뉴질랜드 화폐

1769년 제임스 쿡이 다녀간 후 당시 영국에서 사용하던 파운드화가 자연스럽게 초기 뉴질랜드에 유통되었다. 1840년 와이탕이 조약이 체결되고 사람들이 늘어나자 1847년에 최초의 은행ASB이 생기고 경제 활동이 점점 활발해지기 시작하였다. 이후 6개의 무역은행에서 공동으로 만든 지폐가 유통되다가 1932년에 임시 지폐가 만들어지면서 무역은행 지폐들은 점차 소멸되어 갔다. 이후 새로운 지폐에 들어갈 그림에 대해 많은 논쟁이 있었는데 그중에 키위 새, 밀퍼드 사운드, 제

현재 통용되는 뉴질랜드의 지폐

2대 마오리 왕의 초상 등이 제안되었다. 컬러로 만들어진 새 지폐는 액면 금액에 따라 오렌지색, 자주색, 녹색, 파란색, 빨간색으로 인쇄하였으며 크기는 모두 똑같았다. 이 지폐는 1934년 8월 1일부터 정식으로 통용되었다.

현재 뉴질랜드의 화폐단위Monetary unit는 뉴질랜드 달러NZD로, 5, 10, 20, 50센트NZ¢는 은색 동전이며 1, 2달러NZ$는 금색 동전이고 5, 10, 20, 50, 100달러 NZ$는 지폐이다. 5센트짜리 동전은 주로 물건을 싸게 보이게 할 때50$짜리를 49.95$나 거스름돈으로 쓰이며, 공중전화에는 사용하지 못한다. 10센트, 20센트 등은 자동차 주차 시에 사용되며, 50센트 동전은 거스름돈으로 가장 많이 쓰이며 주차장에도 사용된다. 실생활에서 가장 흔하게 쓰이는 동전은 1달러와 2달러이다. 1달러짜리 동전은 작고, 2달러짜리 동전은 커서 구분하기 쉽게 되어 있다. 참고로 가까운 호주는 작은 것이 2달러이고 큰 것이 1달러이다. 뉴질랜드의 모든 동전의 앞면은 영국 엘리자베스 여왕의 초상이 새겨져 있으며, 동전의 뒷면은 각각 다른데, 10센트는 마오리 얼굴과 문양, 20센트는 마오리 문양, 50센트는 제임스 쿡의 인데버 호, 1달러는 키위 새, 2달러는 백로의 한 종류인 코투쿠Kotuku 새가 디자인되어 있다.

지폐의 앞면에는 뉴질랜드를 빛낸 인물들이 그려져 있는데, 5달러 지폐는 세계 최초로 에베레스트 산을 정복한 에드먼드 힐러리Edmund

Hillary의 젊었을 때 모습이 그려져 있다. 지폐의 인물은 대부분 세상을 뜬 인물을 도안하지만 힐러리와 엘리자베스 2세 여왕은 살아 있는 동안에 지폐에 등장하였다. 10달러 지폐는 1939년 세계 최초로 여성 참정권을 획득한 여성운동가 케이트 셰퍼드Kate Sheppard가 그려져 있다. 뉴질랜드 지폐 속에 등장하는 인물은 모두 5명인데, 그중에 여성이 두 명이나 있다. 20달러 지폐는 앞서 말한 영국의 엘리자베스 2세 여왕인데, 영국의 여왕이 뉴질랜드의 지폐 속에 등장하는 이유는 뉴질랜드가 영연방의 일원으로 아직도 영국 여왕이 국가의 수반이기 때문이다. 이 지폐는 10달러 지폐와 함께 시중에서 가장 흔하게 유통되는 지폐이다. 50달러 지폐의 인물은 마오리인 아피라나 나타Aprirana Ngata이다. 그는 대학교를 졸업한 최초의 마오리로서 젊은 마오리당Young Maori Party을 이끌며 38년 동안 국회의원으로 활동하면서, 마오리 족의 부흥과 마오리 문화의 진흥에 앞장선 인물이다. 100달러 지폐는 뉴질랜

 뉴질랜드 은행

뉴질랜드의 은행은 대부분 호주 은행이 주인이다. 1847년에 설립된 오클랜드 저축은행(Auckland Savings Bank)을 줄여서 ASB라고 부르는데, 본사는 오클랜드이지만 모회사는 호주의 코먼웰스 은행(Commonwealth Bank)이다. 1850년에 설립된 TSB 은행은 순수 뉴질랜드 민간 은행으로 본사는 뉴플리머스이며, 현재 오클랜드의 퀸스트리트와 타카푸나에 지점이 있다. 1861년에 설립된 뉴질랜드 은행(Bank of New Zealand/BNZ)도 모회사는 국립 호주 은행(National Australia Bank)이지만 본사는 오클랜드에 있다. 1861년에 설립된 웨스트팩(Westpac) 은행은 오타고 지방의 골드러시 때 생겼으며 호주 시드니가 본사이다. 1872년에 영국에서 처음으로 설립된 뉴질랜드 국립 은행(The National Bank of New Zealand/NBNZ)도 호주의 ANZ의 자회사로 본사는 웰링턴에 있다. 2002년에 설립된 키위 은행(Kiwibank)은 뉴질랜드 우체국에서 관리하는 국영 기업으로 본사는 웰링턴이다.

드 최고의 고액권으로 그 주인공은 '원자의 아버지'로 불리는 어니스트 러더퍼드Ernest Lord Rutherford이다. 세계 최초로 원자 구조를 밝혀내어 1908년 뉴질랜드 인 최초로 노벨상을 수상한 과학자이다. 하지만 시중에서 100달러 지폐를 자주 보기는 어렵다.

지폐의 뒷면에는 새가 새겨져 있는데, 5달러는 노란눈펭귄, 10달러는 푸른오리, 20달러는 매의 일종인 카레아레아, 50달러는 까마귀의 일종인 코카코, 100달러는 2013년 1위의 새에 오른 모후아 새가 디자인되어 있다.

대부분의 뉴질랜드 사람들은 신용카드 겸용 직불카드를 갖고 다니기 때문에 50불짜리 이상의 현금은 별로 지니지 않는다. 사람이 많이 모이는 곳에는 현금자동지급기ATM가 있어서 언제든지 인출이 가능하므로 굳이 지폐를 가지고 다닐 필요가 없다. 하지만 ATM을 사용하여 인출할 수 있는 현금에는 제한이 있기 때문에 많은 액수의 현금을 찾으려면 은행을 방문해야 한다. 뉴질랜드는 우리나라보다 화폐가치가 높으므로 2달러짜리 동전 5개만 모이면, 한국 돈 8천 원 정도 된다.

뉴질랜드의 지폐는 종이가 아니고 비닐 종류여서 구겨지거나 찢어지지 않고, 세탁기에 넣고 돌려도 아무렇지도 않다. 환율은 한때 1000원을 넘은 적도 있지만 2015년 2월 현재 뉴질랜드 1달러가 한국 돈 800원 정도이며 참고로 20년 전인 1995년에는 525원이었다.

물 흐르듯 흐르는
회전교차로

라운드어바웃의 가장 큰 장점은 신호등이 없지만 차가 물 흐르듯이 흐른다는 점이다. 즉 나보다 먼저 로터리에 도착 또는 진입하는 차에게 통행 우선권을 주는 것이다. 하지만 반드시 지켜야 하는 규칙이 있다. 뉴질랜드의 경우는 네거리 쪽으로 진입할 때 나의 오른쪽 도로에서 차가 보이면 내 차는 무조건 정지하여 그 차가 먼저 지나갈 수 있도록 양보해야 한다.

새로운 경험, 뉴질랜드에서의 운전

한국 사람이 뉴질랜드에서 운전하기란 그리 만만치 않다. 우선 차량의 핸들 위치와 도로의 진행 방향이 한국과 반대이기도 하지만 그보다 더 중요한 것은 한국에서 보기 어려운 양보 정신이 필요하기 때문이다. 뉴질랜드 도로의 바닥에는 "give way"라는 글씨가 군데군데 쓰여 있다. 이것을 직역하면 "길을 내어 주라"는 뜻이지만 우리말로 옮기면 양보yield라고 할 수 있다. 큰 도로에서 폭이 좁은 도로로 진입할 때 과거에는 큰 도로에서 좁은 도로로 우회전하는 차가 우선이었지만 2012년 3월 25일부터는 반대편에서 좌회전하는 차가 먼저 진입해야 하는 규정으로 바뀌었다The car turning right has to give way. 즉 우회전 차량이 양보를 해야 한다.

오클랜드는 출퇴근 시간에 교통 체증Traffic Jam이 조금 있지만, 그 외의 시간대에는 그리 붐비지 않는다. 대부분의 오클랜드 시내 도로는 구릉으로 이루어져 오르막과 내리막이 많은 편이며 또한 좁고 굽은 도로들이 많아서 운전에 조심해야 한다. 특히 우리나라 운전자들은 좌우 회전할 때 방향 지시등깜빡이을 켜지 않는 사람들이 있는데 이곳에서는 좌우 회전할 때 방향 지시등을 켜지 않으면 경찰에 단속 당하기 쉽다. 또한 이면도로 네거리를 통과할 때는 정지한 후 좌우를 살피고 진행해야 하지

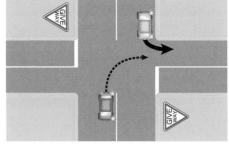

우회전 차량(점선)이 양보를 해야 한다

초보운전자 표시(L plate)

만, 진행하던 도로 바닥에 정지선이 없으면 정지하지 않고 바로 주행해야 한다. 만약 일시 정지를 하면 큰 사고로 이어지거나 뒤따라오는 차에게 방해를 줄 수 있다. 이것은 차가 많이 다니는 번잡한 도로에 우선적으로 차량을 통행하게 하기 위하여 정한 규칙이다. 그리고 주거 지역의 제한속도는 별도의 표지판이 없는 한 시속 50km이다.

시내를 조금만 벗어나면 시속 100km로 달릴 수 있다. 하지만 곡선 부분을 통과할 때 노란색으로 70km, 80km, 90km 등이 쓰인 안내판이 보인다. 이때 속도를 지키지 않고 달려도 벌금은 물지 않지만, 곡선부이기 때문에 과속을 하다가 차가 바깥으로 튕겨 나갈 위험이 있으므로 가급적이면 안전 속도를 지키라는 것이다. 그리고 만약의 사고나 정비 불량에 대비하여 뉴질랜드 자동차협회AA, Automobile Association에 가입해 두는 것이 좋다. 전국에 네트워크를 가지고 있는 이 협회는 차량의 검사와 고장 등에 아주 유용하게 활용할 수 있다.

시골로 내려가면 아주 가끔 1차선 나무 교량을 만난다. 요즈음은 이런 곳에 신호등이 설치되어 그나마 불편함이 줄어들었지만 어떤 곳에서는 안내판을 보고 진행해야 한다. 전방의 안내판에 적색 화살표가 크게 보인다면 일단 양보를 해야 하고 청색 화살표가 크게 보이면 그대로 직진해도 된다. 차량 탑승자는 앞좌석이든 뒷좌석이든 반드시 전원이 안전벨트를 착용해야 하며, 음주운전은 결코 허용되지 않는다. 뉴질랜드의 겨울철도 생각보다 춥기 때문에 그늘진 곳에는 빙판이 있을 수 있다. 특히 남섬의 산간 지방에서 고개를 넘을 때에는 눈이나 빙판길을 주의해야 한다. 시골길을 달리다 보면 가끔 가축을 만나는데, 이때는 지나갈 때까지 기다리는 것이 상책이다. 특히 야간에는 야생동물이 지나가기도 하므로 더욱 주의를 해야 한다.

우리나라와 반대인 우측 핸들과 좌측통행

뉴질랜드에서 처음으로 버스나 택시를 타면 이상한 점을 발견한다. 자동차의 핸들이 우측에 달렸고 자동차가 중앙선을 기준으로 좌측통행을 한다. 수십 년간 한국에서 좌측 핸들과 우측통행에 익숙해진 한국 사람으로서는 어쩐지 어색하다. 특히 우리는 태어날 때부터 자동차 핸들이 좌측에 붙어 있는 것만 보아 왔기 때문에 생전 처음 접해보는 사람도 있을 것이다. 하지만 가까운 일본에만 가 보더라도 우리나라와 반대로 우측 핸들과 좌측통행을 하고 있다.

우측 핸들

자동차가 생기기 전 영국에서는 마차를 타고 다녔는데, 이때 마부는 말고삐와 채찍을 흔들면서 운행하였다. 대부분의 사람들이 오른손잡이이기 때문에 마부 역시 오른손에 채찍을 들기 마련이다. 오른손에 채찍을 들고 흔들 때 마부는 말을 기준으로 우측으로 앉아야 채찍이 뒷좌석의 승객

버스의 진행 방향이 한국과 달리 좌측통행이다

의 몸에 맞지 않는다. 그래서 영국에서는 자동차의 핸들이 자연스럽게 오른쪽에 위치하게 된 것이라고 한다. 또한 좁은 도로에서 마차끼리 서로 교차하거나 추월할 때 좌측통행이 편리했다는 얘기도 있다. 허리에 칼을 찬 기사들도 대부분이 오른손잡이이기 때문에 칼을 왼쪽 허리에 비스듬히 차게 되는데, 그때 칼끝도 왼쪽으로 튀어나오게 된다. 이때 말을 탄 두 사람이 교차하여 지나갈 때 좌측통행을 하면 칼끝과 칼끝이 서로 부딪치지 않는데, 이것이 자동차가 좌측통행하게 된 계기라고 한다.

일본의 경우는 근대화를 거치면서 영국의 교통 체계를 참고하였다는 얘기도 있고, 일본 무사들이 칼끝을 서로 부딪치지 않게 하기 위하여 좌측으로 다녔다는 얘기도 있다. 우리나라와 같은 통행 방식인 미국은 마차의 폭이 넓고 두 마리의 말이 끄는 쌍두마차가 많았다고 한다. 이때 두 마리 말에 채찍질을 하기 위해서는 마부가 왼편에 위치하는 것이 훨씬 편리했다는 것을 왼쪽 핸들의 유래로 보는 견해가 많다. 또는 오른손으로 자동차의 기어 조작을 편리하게 할 수 있도록 운전석 위치가 왼쪽으로 바뀌었다는 설도 있다.

일본은 대한제국을 식민지화하여 차량의 좌측통행 문화를 심으려고 애를 썼지만 뜻을 이루지 못하였다. 일제 때 건설된 우리나라 기차는 지금도 좌측통행을 하고 있는 반면에 최근에 건설된 지하철은 차량과 동일하게 우측통행을 하고 있다. 그러므로 우리나라 땅에도 좌측통행과 우측통행의 두 가지 방식이 공존하고 있는 셈이다.

영국은 많은 식민지를 가진 나라였다. 예전 영국 식민지였던 영연방英聯邦, Commonwealth of Nations 53개국 중 대부분이 영국처럼 우측 핸들

나무다리와 추월 차선

뉴질랜드의 시골길을 가다 보면 가끔 오래된 외길(1차선) 나무다리를 볼 수 있다. 나라의 경제력이 약해서 이런 길을 그냥 둔 것 같지는 않다. 다리까지 도달하는 양쪽 도로는 2차선으로 넓혀 놓았지만 교량만 1차선이다. 현재 사용하는 데 아무런 불편이 없기 때문에 예부터 사용하던 나무 다리를 보수해서 사용하고 있는 것이다. 아마 우리나라 같으면 많은 돈을 들여서 튼튼한 콘크리트 교량으로 새로 설치했을 것이다. 하지만 이 나라는 실리적으로 따져서 통행이 잦지 않은 이런 곳의 다리는 돈을 들여서 굳이 확장하지 않는 것이 기본 방식인 것 같다. 1분만 기다리면 반대편에서 오는 차를 먼저 보내고 내가 지나갈 수 있기 때문이기도 하다.

뉴질랜드의 대부분 도로가 2차선 도로이지만 주변에 인가가 없기 때문에 변두리로 나가면 제한속도가 시속 100㎞이다. 이런 도로에 추월할 수 있도록 3~5㎞마다 추월 차선(1차선)을 만들어 놓아서 마치 4차선 효과를 내고 있다. 즉 도로 전체를 4차선으로 확장하지 않고 일정 구간에만 1차선을 확장하여 뒤따라오는 차가 추월할 수 있도록 만들어 놓은 부분적인 3차선 교통 시설이다. 우리나라의 오르막 차선과 비슷한 개념이다. 물론 차량이 많지 않기 때문에 이런 시설이 가능하지만 굳이 돈을 들여 4차선을 만들 필요가 없다는 뉴질랜드 인의 생각이 반영된 것 같다.

을 사용하지만, 영연방의 일원인 캐나다는 미국과 접해 있기 때문에 우측통행을 하고 있다.

운전 중 낭패를 보지 않으려면

뉴질랜드에 처음 도착하여 운전을 해야 할 상황이라면 한국과 주행 방향이 달라서 위험할 수도 있다. 한국에서 가져간 국제 운전면허증은 단순히 '국제 운전 허가증'일 뿐이지 만약 교통사고가 난다면 이 면허증은 큰 도움이 안 된다. 물론 의도적인 사고가 아니라면 경찰도 개인의 과실 여부를 크게 따지지 않는다. 피해자든 가해자든, 치료와 관

AA 로고

리는 뉴질랜드 정부에서 해 주기 때문이
다. 만약 사고가 나더라도 한국처럼 목
소리를 높였다간 오히려 큰 낭패를 볼 수
있다. 그리고 뉴질랜드에서 처음으로 운
전을 할 계획이라면 미리 인터넷으로 자
료를 찾아보고 자동차협회AA, Automobile Association의 도로법Road Rules을
잘 읽어 보기를 권한다. 그리고 도로에는 가끔 우리나라처럼 경찰이
카메라로 촬영하여 운전자들에게 벌금을 매기기도 하는데, 벌금이 우
리나라와는 비교가 되지 않을 만큼 많으므로 주의를 해야 한다.

안전벨트는 앞자리는 물론 뒷자리도 항상 착용해야 하고 어린이는
별도 보조 의자에 앉혀야 한다. 어린이를 전용 의자에 앉히지 않은 것
이 적발될 시에는 벌금을 물어야 한다. 그리고 정지선의 기준은 바퀴
가 아니라 앞 범퍼로, 앞 범퍼가 정지선을 넘어가면 단속 당한다. 도
로 공사를 하든가 특별한 일이 있을 때는 인부들이 빨간색 팔각형의
"STOP" 표지판을 들고 서 있다. 이때는 모든 차량들이 완전 정차를
해야 하며, 다시 "GO"라는 표지판을 들면 지나가야 한다. 습관처럼
슬금슬금 움직였다가는 욕을 먹는다. 평소 방어 운전도 중요하지만
법에 의한 원칙이 더 중요하다. 이러한 원칙과 룰을 지키지 않는다면
오히려 뉴질랜드의 막가파 운전자들에게 당할 수도 있다.

시골에서 주유소가 보이면 무조건 기름을 넣어야 하고, 화장실이
보이면 무조건 들어가서 볼일을 보아야 한다. 왜냐하면 지도에 표시
된 제법 큰 마을도 막상 가 보면 주유소가 없거나, 다행히 있다고 하
더라도 무인 주유소이거나 오후에 문을 닫는 곳도 있다. 만약 이런 상

황이 닥치면 당황하지 말고 마을 주민에게 도움을 청해야 한다. 친절한 사람들은 무인 주유소의 이용 방법을 알려 주거나, 주유소의 주인을 불러 주거나 아니면 가정에 비축된 연료라도 내준다. 주차는 당연히 유료 주차장을 찾는 것이 가장 안전하다. 그리하지 않고 아무 곳에 주차했다가는 수시로 다니는 단속원에게 걸리면 약이 없다.

렌터카로 주차 위반이나 속도위반을 했을 경우에는 렌터카 회사를 통하여 고지서가 운전자에게 통보된다. 특히 렌터카 여행객이 벌금 고지서를 무시하고 공항을 빠져나가다가는 큰 낭패를 볼 수 있다. 공항에는 이미 벌금 정보가 통지되어 있다. 요행히 벌금을 내지 않고 출국을 했다고 하더라도 다음 입국 시 이자가 가산된 벌금을 납부해야 하거나 아니면 입국이 아예 거절될 수도 있다.

만약 사고에 대비하여 교통사고보상조합ACC, Accident Compensation Corporation에 단기로 가입을 해 두면 많은 도움을 받을 수 있다. 비록 여행객이라고 하더라도 뉴질랜드에서 교통사고가 났다면 완전히 치료될 때까지 ACC에서 책임을 진다. 외국인 관광객도 내국인과 차별 없이 완전히 치료해 주는데, 그 모든 비용은 뉴질랜드 국민이 기꺼이 부담한다.

물 흐르듯 흐르는 회전교차로

차를 타고 뉴질랜드를 다니다 보면 도로에서 생소하기도 하지만 가장 많이 접하는 교통 시설이 라운드어바웃Round About이다. 이것을 우리말로 하면 '회전교차로' 또는 '원형교차로'라고 할 수 있는데, 우리나

라운드어바웃 구조도

라운드어바웃의 실제 모습

라도 교통량이 많지 않았던 1960년대에 이것과 비슷한 로터리Rotary가 대도시의 중심부에 1~2개 정도 있었다. 지금은 당시의 로터리 모습은 찾아볼 수 없지만 좀 더 개선된 형태의 라운드어바웃이 지방 중소도시의 이면도로에 하나둘씩 생기고 있다.

라운드어바웃의 가장 큰 장점은 신호등이 없지만 차가 물 흐르듯이 흐른다는 점이다. 즉 나보다 먼저 로터리에 도착 또는 진입하는 차에게 통행 우선권을 주는 것이다. 하지만 반드시 지켜야 하는 규칙이 있다. 뉴질랜드의 경우는 네거리 쪽으로 진입할 때 나의 오른쪽 도로에서 차가 보이면 내 차는 무조건 정지하여 그 차가 먼저 지나갈 수 있도록 양보해야 한다. 반면에 내가 라운드어바웃으로 가까이 다가가고 있을 때 나의 왼쪽에서 차가 진입하고 있다면 그 차는 나를 보고 반드시 정지선 앞에 멈춰 서서 내가 지나갈 때까지 기다려야 한다. 한국의 경우는 뉴질랜드와 반대로 나의 왼쪽에 차가 올 때 내 차는 정지해야 한다. 그리고 내 차의 오른쪽에 오는 차는 나를 보고 정지할 것이다.

만약 라운드어바웃 시스템이 없다면 네거리 주변에 신호등을 최소한 4~6개 설치해야 할 뿐만 아니라 차가 없는데도 신호등 때문에 멈취 서 있어야 하는 불편함이 따른다. 또는 사거리에 진입할 때 좌우를 살피면서 머뭇거리든가 이리저리 눈치를 보면서 진입해야 한다. 그러다가 교통사고라도 나면 정말 난처하다. 이런 상황들이 우리나라에서는 비일비재하게 일어나는 일이다. 우리나라의 이면도로 사거리에는 뚜렷한 정지선 기준이 없기 때문이다. 즉 4개 방향 모두가 우선 멈춤으로 그어져 있다. 차가 많이 다니는 주도로에는 선을 긋지 않아야 하는데도 그런 기준이 없다. 그러므로 우리나라 이면도로 중에도 차량 통행이 많지 않은 곳에 전국적으로 라운드어바웃을 설치하거나 아니면 비용이 많이 들지 않는 정지선을 이용하는 것이 바람직하다. 그러면 예산을 들여 많은 신호등을 세울 필요도 없고 신호등 때문에 우두커니 서 있는 불편함도 없앨 수 있다.

골고루 이용할 수 있는 주차 시스템

인구에 비해 땅이 넓은 이곳에도 가끔 주차 전쟁이 일어난다. 인구 141만 명인 오클랜드에는 공공 주차장, 쇼핑센터 주차장, 도로변 주차장, 개인 주차장 등 주차장이 골고루 갖추어져 있지만, 시내 중심부로 나가면 주차하기가 쉽지 않다. 물론 한국처럼 그렇게 심각하지는 않지만 내가 원하는 곳에 주차하려면 한참 헤매는 경우도 더러 있다. 그리고 한국에서는 화단의 꽃이나 벽면을 보호하기 위하여 일부 전방 주차를 유도하는 곳도 있지만, 뉴질랜드 운전자들은 주차를 할 때 습관적으로 전방 주차를 선호하는 편이다.

오클랜드 시내의 경우 길거리 주차장에 주차할 때에도 각 면Paking Lot

무인 주차 티켓 기계(좌)와 픽업존 안내판(우)

마다 돈을 지불해야 한다. 그런데 우리나라처럼 관리하는 주차요원이 있는 것이 아니고 자동으로 티켓을 뽑는 기계가 설치되어 있다. 이 기계에 내가 원하는 시간만큼 설정하여 돈을 넣고 티켓을 뽑아서 차의 전면에 놓아야 한다. 그것도 시간 제한이 있다. 만약 놓인 티켓이 없으면 가끔씩 지나가는 단속요원이 벌금을 부과한다. 대부분의 길거리 주차장은 토~일요일은 무료로 이용할 수 있지만, 특별한 이벤트가 있는 경우에는 유료일 때도 있다. 또한 기차역, 버스 터미널, 공항 등에는 5~10분 정도 짧게 주차할 수 있는 공간이 있거나 순간적으로 사람을 내리고 태우기 위한 픽업존Pick up zone이 마련되어 있다. 픽업존에서는 차가 오래 서 있을 수 없고 사람이나 짐을 내리거나 싣고 바로 출발해야 한다. 이런 시스템은 주차 면수가 20~30면 있는 것과 같은 효과를 낸다.

거의 대부분의 지역에 1P1시간 무료 주차, 2P2시간 무료 주차와 같이 시간 제한을 두어 무료 주차를 허용하고 있다. 우리나라의 주차 시스템에 도입하고 싶은 것이 바로 이것이다. 우리나라는 공공기관의 주차장 또는 길거리 주차장에 무료로 주차할 수 있는 곳이 있지만 시간 제한이 있는 곳은 별로 없다. 하지만 이곳에서는 주차를 무료로 하되 시간을 엄격히 제한한다. 10P, 30P, 1P, 2P 등이 각 주차장에 표시되어 있다. 이것은 각각 10분 무료 주차, 30분 무료 주차, 1시간 무료 주차, 2시간 무

주차 허용 안내.
이곳은 월~금 오전 9시부터 오후 5시까지
2시간 무료 주차할 수 있다(토요일 생략).

료 주차라는 의미이다. 또 도로의 복잡한 정도를 감안해서 '몇 시부터 몇 시까지 10분간 무료 주차'할 수 있다고 쓰여 있기도 하다. 복잡한 정도에 따라 동사무소, 우체국 같은 곳은 10P~30P 정도이고, 공연장, 쇼핑센터 등은 2P~3P 정도 무료 주차할 수 있다.

콜택시와 렌터카

뉴질랜드의 주거지에는 택시들이 손님을 태우기 위하여 빈 차로 돌아다니는 경우가 거의 없다. 대부분의 택시들은 지역신문이나 주간지의 광고를 통해 호출하는 콜택시 시스템으로 운행되고 있다. 간혹 시내 중심부나 호텔, 쇼핑 상가 주변에는 손님을 기다리는 택시가 있지만 그것도 고작 3~4대이다. 택시 요금은 한국처럼 운행 거리에 따라 매겨지지만 장거리는 흥정을 하기도 한다. 또한 오클랜드 항구에는 보트를 이용하여 손님이 원하는 곳까지 데려다주는 수상 택시도 활발하다. 이는 소요 시간이 짧고 정시성이 보장되는 장점이 있어서 출근

손님을 기다리는 택시

시간대에 많이 이용하는 편이다.

택시의 승차 거부는 이곳에서도 가끔 일어난다. 승차 거부를 할 수 있는 경우는 택시 기사가 위협을 느낄 때, 승객이 술에 만취한 상태이거나 마약 복용이 의심될 때, 식품이나 음료를 들고 있을 때, 난폭한 동물과 함께 탑승하려고 할 때, 택시 요금을 지불할 능력이 없어 보일 때, 타려는 승객이 너무 많을 때 등이다. 위의 경우 이외에 단거리 승객에게 탑승을 거부하면 뉴질랜드대중교통협회NZ Transport Agency 나 뉴질랜드택시연맹NZ Taxi Fedaration에 신고하면 그 택시는 제재를 받는다.

뉴질랜드에 도착하여 일정에 여유가 있다면 렌터카를 이용해 보는 것도 괜찮다. 우리나라와 반대 방향인 핸들과 도로 차선은 처음에는 어색하고 낯설지만 몇 시간만 지나면 익숙해진다. 뉴질랜드에도 세계적인 렌터카 회사인 허츠Hertz, 에이비스Avis, 스리프티Thrifty, 버젯Budget 등이 진출해 있는데, 시내와 공항을 비롯한 주요 관광지에 대리점을 두고

렌터카 취급 도시

있다. 그 외에 가격이 저렴한 지역 렌터카 회사들도 다수 있지만 장
거리를 갈 경우에 현지에서 반납이 되지 않을 수 있으므로 주의를
해야 한다. 특히 남북섬 사이에 다니는 페리에는 렌터카를 실어 주
지 않으므로 유의해야 한다. 렌터카를 빌리려면 운전면허증과 신용
카드가 있어야 하는데, 외국인의 경우 국제면허증과 여권이 필요하
다. 그리고 운전은 만 21세 이상이면 가능하므로 운전할 사람의 이
름을 여러 명 적어 두는 것이 편리하다. 렌터카를 인수 받을 때에는
기름을 가득 채워 주므로 돌려줄 때도 기름을 가득 채워서 반납해야

 자동차 구매

사람이 살아가는 데 자동차는 집 다음으로 비싸고 중요한 품목이다. 특히 뉴질랜드는 대중
교통이 원활하지 않기 때문에 자동차가 없으면 자유롭게 돌아다닐 수가 없다. 말 그대로
자동차가 발이다. 이곳에는 전 세계의 거의 모든 자동차 브랜드가 들어와 있는데, 그중에
일본 자동차가 가장 흔하며 중고 자동차의 대부분은 일본 자동차이다. 왜냐하면 뉴질랜드
와 일본은 자동차 핸들이 오른쪽에 붙어 있는 것이 같기 때문이다. 중고 자동차를 구입할
경우에는 자동차 중개상(LMVD, Licensed Motor Vehicle Dealer)으로 등록이 되어 있는지
반드시 확인을 해야 하며, 자동차협회(AA, Automobile Association)에 약간의 비용을 지불
하면 구입하고자 하는 자동차를 검사해 주는 제도도 있다.
새 자동차를 구입하고자 할 경우에는 해당 자동차 대리점에 가면 바로 구매할 수 있다. 그
런데 그곳에서도 다른 회사의 중고 자동차를 구입할 수 있다. 즉 A 브랜드의 새 차를 판매
하는 대리점에도 B, C, D 브랜드의 중고 자동차가 있다는 말이다. 뉴질랜드의 벼룩시장 같
은 신문이나 인터넷에 개인이 광고를 내어 자동차를 매매하는 경우도 있다. 또 다른 방법
은 자동차 매매 기획자가 큰 경기장 같은 곳을 빌려서 자동차를 팔고 싶은 사람들로부터
접수를 받아 중고 자동차 시장을 일시적으로 여는 경우도 있으며, 오클랜드와 같은 대도시
에서는 자동차 경매장이 매주 열리기도 한다. 도로를 달리다 보면 자동차 뒤에 자동차를
판매한다는 문구와 가격을 적은 차를 볼 수 있고, 길가에 이런 내용을 적은 차를 세워 둔
풍경도 볼 수 있다. 이런 방식은 자기가 소유하던 차를 팔기 위하여 원매자를 직접 찾아나
서는 직거래인 셈이다.

한다.

예전에는 기름 값이 한국보다 많이 싼 편이었지만 지금은 이곳도 평균 2000원에 육박한다. 단, 2015년 2월 현재는 세계적인 유가 하락으로 1000원 미만에 거래되고 있다. 주유는 직원이 넣어 주는 것이 아니라 차주가 직접 주유기를 들고 넣어야 하는 셀프 시스템이다. 그리고 계산도 차주가 직접 주유소 사무실에 가서 주유기 번호를 얘기하고 지불해야 한다. 수개월 정도 장기 체류할 계획이라면 가격이 싼 중고차를 구입하여 사용하다가 되파는 방법도 생각해 볼 수 있다. 뉴질랜드는 버스나 기차의 연결망이 좋지 않을 뿐만 아니라 대중교통 요금도 우리나라보다 많이 비싸기 때문에 한번쯤 고려해 볼 만하다.

하루에 한두 차례 다니는 시외버스

우리나라 사람들이 뉴질랜드에서 버스나 기차 또는 비행기를 이용하려면 여간 불편한 게 아니다. 여행객을 위한 기차 노선은 전국에 3개 노선뿐인데 그것도 하루에 1편이 고작이고, 비행기는 예약이 번거롭고 비쌀 뿐 아니라 대도시가 아니면 운행 횟수가 하루에 1~2편 정도이다. 그리고 가장 편할 것 같은 시외버스도 운행 횟수가 그리 많지 않다. 반드시 예약을 해야 하고, 버스를 놓쳤을 경우 다음 버스가 금방 올 것이라고 기대하면 곤란하다.

버스 노선이 전 국토에 걸쳐 형성되어 있지만 인구밀도가 낮고 자가용 이용률이 높기 때문에 횟수는 그리 많지 않다. 예를 들면 대도시인 오클랜드에서 웰링턴까지643㎞ 약 11시간 정도 걸리는데, 그것도 계절에 따라 하루에 한두 번뿐이다. 대도시는 그나마 나은 편이다. 시골이나 오지 관광지는 하루나 이틀에 1편이 있는 곳도 있다. 만약 어떤 곳에서 경치가 너무 좋아서 버스를 타기 전 잠시 머뭇거렸다면, 바로 낭패에 직면하고 만다. 그 버스는 이미 떠나가고 다음 버스는 내일이나 모레쯤 있다는 것을 알게 된다. 그러므로 절대 버스를 놓치지 않도록 주의해야 한다. 그리고 뉴질랜드에서는 손님이 아무리 많아도 입석을 태우지 않는다. 특히 여름 성수기인 12월부터 3월까지는 미리 예약하지 않으면 버스를 이용할 수가 없다. 대부분의 중소도시에는 버스 터미널이 없고, 상점이나 주유소 앞에서 승하차해야 한다. 그러므로 미리 정류장의 위치를 알아 두어야 하며, 최소한

뉴질랜드 시외버스(자료: 김익현)

인터시티 버스 노선도

10분 전에는 버스 타는 곳에 도착해 있어야 안전하다.

장거리 여행을 계획 중이라면 뉴질랜드 시외버스 회사인 인터시티

InterCity Coachlines와 뉴먼스Newmans Coachlines를 자유롭게 이용할 수 있는 트래블패스Travel Pass를 구입하는 것이 유리하다. 트래블패스는 이용 날짜에 따라 크게 4종류로 구분되어 있으며, YHA, BBH 등 숙박 할 인카드를 소지하고 있으면 티켓을 구입할 때 어느 정도 할인을 받을 수 있다. 인터시티와 뉴먼스는 남북섬을 잇는 페리와 항공기까지 제휴되어 있다. 한편 각 지역의 중소 버스 회사들은 미니 버스를 이용하여 큰 버스 회사보다 저렴한 요금으로 운행되는데, 대표적으로는 북섬의 노서너Northerer와 아토믹Atomic Shuttle 등이 있다. 그 외에 관광지를 순회하는 키위 익스피리언스Kiwi Experience와 매직버스Magic Bus가 각 지역의 관광지마다 운행되고 있다.

 시내버스와 통근 기차

오클랜드와 같은 대도시에는 시내버스가 자주 다니는 편이지만 출퇴근 시간을 제외하면 배차 간격은 1시간이 보통이다. 인구가 많은 지역이라고 하더라도 토요일과 공휴일에는 버스의 배차 시간도 길고 버스도 빨리 끊어진다. 더구나 인구가 적은 동네는 이른 아침 또는 늦은 저녁이나 공휴일에는 버스가 잘 다니지 않는다. 오클랜드의 시내버스 회사로는 옐로버스(Yellow-Bus)와 시티라인(City-Line) 등의 광역 시내버스와 지역 버스 회사가 있다. 요금은 구역별로 조금씩 다르지만 학생들은 할인이 된다. 또한 오클랜드에는 우리나라처럼 전철이 없는 대신 출퇴근용 일반 기차가 3개 노선(Eastern Line, Southern Line, Western Line)이 있으며, 수도인 웰링턴에도 4개의 통근 기차 노선(Tranz Metro: Johnsonville Line, Melling Line, Upper Hutt Line, Paraparaumu Line)이 있는데, 어퍼허트(Upper Hutt) 종점에서 출발하는 와이라라파 노선(Wairarapa Line)은 매스터턴(Masterton)까지 가는 시외 통근 기차이다.

지구 상에 마지막 남은 협궤철도

뉴질랜드 철도는 1863년 12월 1일 최초로 설립되어 약 150년의 역사를 가지고 있다. 오랫동안 국영으로 운영되다가 1982년에 철도공사 NZRC, New Zealand Railways Corporation로 변경되어 1993년까지 운영되었다. 그러다가 경영이 악화되어 소포 업무parcel service가 우체국으로 넘어 가고, 여객 열차도 자구책으로 1993년에 단돈 1달러에 민간에 매각되었다가 다시 호주의 톨홀딩스Toll Holdings 사로 넘어갔다. 2004년 9월에 뉴질랜드 정부에서 온트랙ONTRACK이라는 철도 회사를 설립하고, 호주의 톨홀딩스 사로부터 다시 철도 경영권을 인수 받았다. 지금은 철도 시설을 담당하는 온트랙과 화물과 여객을 담당하는 톨뉴질랜드Toll NZ에 의해 운영되고 있다.

뉴질랜드의 간선 철로Main trunk lines는 5개이며, 준간선 철로Secondary main lines는 6개 노선이다. 개척 시대부터 석탄 등 각종 화물을 운반했던 지선은 약 97개오클랜드와 웰링턴의 통근 열차 포함에 이른다. 하지만 여객용 열차는 거의 대부분 운행을 중지하였고, 주로 관광객을 실

북섬의 철도망

웰링턴 역에 정차 중인 기차

어 나르는 3개의 장거리 노선과 오클랜드의 통근 열차 3개, 웰링턴의 통근 열차 5개 노선만 남았다. 간선 철로인 북섬의 오클랜드-로토루아-타우랑아-네이피어로 가는 열차와 파머스턴노스-기즈번 노선도 이용객이 줄어 화물 열차만 운행하며, 남섬의 크라이스트처치에서 최남단 도시인 인버카길까지 가는 노선도 지금은 화물 열차만 운행한다. 따라서 현재는 우리나라의 철도공사 같은 기관인 키위레일KiwiRail Scenic Journeys에서 오클랜드-웰링턴, 픽턴-크라이스트처치, 크라이스트처치-그레이마우스를 연결하는 장거리 3개 노선만 운영하고 있다.

여객 철도 노선과 시간표

열차 이름	운행 구간	출발 시간	도착 시간
북섬 종단선 (Overlander)	웰링턴~오클랜드 (681km)	오클 7시50분am 웰링 7시55분am	웰링 6시25분pm 오클 6시50분pm
남섬 북부선 (TranzCoastal)	크라이스트처치~픽턴 (348km)	크라 7시00분am 픽턴 1시00분pm	픽턴12시13분pm 크라 6시21분pm
남섬 중부선 (TranzAlpine)	크라이스트처치~그레이마우스 (212km)	크라 8시15분am 그레 1시45분pm	그레12시45분pm 크라 6시05분pm

자료: KiwiRail Scenic Journeys & New Zealand by Rail(2013)

하지만 일정은 항상 변화가 예상되므로 반드시 확인을 해야 한다.

얼마 전까지만 하더라도 오클랜드에서 웰링턴까지 오가는 기차는 주간Overlander과 야간Northerner에 하루 두 차례 운행되었으나, 2005년부터 야간 기차는 운행을 중지하였다. 웰링턴에서 픽턴까지는 페리로 건너가야 하며 그곳부터 크라이스트처치까지는 하루에 한 차례 트랜즈코스탈TranzCoastal이 운행된다. 관광객용 열차인 트랜즈알파인TranzAlpine은 크라이스트처치에서 남알프스를 넘어 그레이마우스까지 하루에 한 번 왕복 운행한다. 이 기차는 철도 주변의 아름다운 경치를 덤으로 제공해 주는데, 자가용으로 이 구간을 운전할 때와는 사뭇 다른 풍경이 다가온다. 이 코스는 뉴질랜드 열차 가운데 가장 인기 있으며 세계적으로도 인기 있는 관광 열차이다.

약 150년 전에 건설된 철로는 아직도 당시에 건설한 협궤철도 그대로이다. 지금은 없어진 우리나라의 수인선 기차를 생각하면 된다. 전 세계적으로 철로의 표준 궤간이 1.435m이지만 이 협궤철도의 폭은 0.762m로, 아마도 승객을 실어 나르는 철도 중 전 세계에서 유일하게 남아 있지 않나 생각된다. 뉴질랜드는 우리나라 기차처럼 운행 횟수가 많은 것도 아니고 승객들로 붐비는 것도 아니다. 열차의 횟수가 적다 보니 여름철12월~3월에는 반드시 예약하는 것이 좋다. 철도 티켓은 관광 안내소, 여행사, 철도역 등에서 6개월 전부터 예약 구매할 수 있으며 미리 예약을 하면 할인 혜택도 받을 수 있다. 역내에는 특별히 개찰구도 없지만 큰 짐은 항공기처럼 카운터에서 체크인을 해야 한다.

전 국토를 이어 주는 항공 교통

뉴질랜드 남북섬 전역에는 35개의 공항이 골고루 흩어져 있다. 비행기를 이용하면 시간 절약도 되고 하늘에서 바라보는 아름다운 경치를 감상할 수 있지만 비용이 조금 비싼 것이 단점이다. 뉴질랜드의 항공 교통은 국적기인 에어뉴질랜드Air New Zealand를 비롯하여 규모가 작은 에어넬슨Air Nelson, 이글에어웨이스Eagle Airways, 마운트쿡 항공Mt Cook Airlines등 각 지역의 항공사들이 있다. 이웃하는 호주 국적기인 콴타스 항공Qantas Airways Limited도 호주의 대도시를 경유하여 뉴질랜드의 각 도시까지 연결편이 잘 갖추어져 있어서 해외 여행객들을 비롯하여 뉴질랜드 사람들도 많이 이용하는 편이다. 1992년에 설립된 뉴질랜드의 민간 항공 기관CAA, Civil Aviation Authority에서 인가를 받은 항공사는 현재 에어뉴질랜드를 포함하여 약 40개이다.

국내선 티켓은 항공사 영업소나 여행사를 통해 구입할 수 있지만, 최근에는 우리나라처럼 인터넷을 통한 예약이 보편화되어 있다. 만약 해외에서 에어뉴질랜드를 탑승하고 다시 국내선 비행기로 연결이 필요하다면, 우리나라처럼 국내선 티켓은 할인 요금을 적용받을 수 있다. 그리고 YHA 카드나 백패커스 회원증이 있어도 할인을 받을 수 있다. 하지만 간혹 할인 시

지방의 중소도시로 여객을 수송하는 에어뉴질랜드 소형 비행기

주요 항공사와 허브 공항

항공사	허브 공항
에어뉴질랜드, 에어포스트(우체국), 에어프레이트뉴질랜드(화물기), 프리덤 항공	오클랜드 공항
이글에어웨이스	해밀턴 공항
마운트쿡 항공	크라이스트처치 공항
버진오스트레일리아 항공	브리즈번, 크라이스트처치, 오클랜드 공항
빈센트 항공	웰링턴 공항
오리진퍼시픽 항공	넬슨 공항
채텀 항공	채텀 제도 공항

주: 40개의 항공사와 35개의 공항이 있지만 본란에서는 일부만 표시하였다.

스템을 이용하려고 할 경우 공항에서 기다렸다가 빈자리가 나야 탑승할 수 있는 경우도 있으므로 사전에 확인해 보아야 한다.

　오클랜드 공항, 웰링턴 공항, 크라이스트처치 공항을 제외한 공항들은 규모가 작고 한적하기 때문에 이리저리 헤맬 일이 없다. 해당 항

오클랜드 국제공항

공사 부스에 가서 항공권을 제시하고 짐을 부치고 탑승권을 받는다. 후속 조치도 한국에서 비행기를 몇 번 탑승해 본 사람이라면 쉽게 할 수 있으며, 비행기가 도착하면 짐을 찾아 나오면 된다. 다만 외국에서 뉴질랜드로 입국하려고 할 때 음식물을 비롯한 규제 대상이 많으므로 사전에 통관 유무를 확인하는 것이 중요하다. 만일 고의로 신고를 하지 않고 반입하려다가 적발되면 큰 불이익을 당할 수 있으므로 주의해야 한다.

청정 바다를 가르는 페리와 크루즈

뉴질랜드의 각 항구에는 인근의 섬을 연결해 주는 연안 여객선 체계가 잘 갖추어져 있다. 뉴질랜드 최대 도시인 오클랜드에서는 인근의 랑이토토Rangitoto 섬무인도, 와이헤케Waiheke 섬8730명 거주, 그레이트배리어Great Barrier 섬850명 거주 등으로 여객선과 관광 유람선이 다닌다. 여객선이든 관광선이든 우리나라처럼 음악이 흘러나오고 술 먹고 춤추는 모습은 볼 수 없다. 남섬과 북섬 사이의 바다인 쿡 해협30㎞은 아주 거친 바다이다. 이곳에는 뉴질랜드 최대의 시외버스 회사인 인터시티가 경영하는 인터아일랜더Interislander를 비롯하여 블루브리지Bluebridge, 링스The Lynx 등의 해운 회사가 배를 운영한다. 이 배들은 웰링턴과 픽턴을 오가며 사람들과 승용차, 버스, 화물차까지 수송한다. 건너는 시간은 회사나 선박에 따라 약간 다르지만 보통 3시간에서 3시간 30분 정도 걸리며, 날렵한 모양의 링스 호는 2시간 15분 정도 걸린다.

계절에 따라 그리고 성수기, 비수기에 따라 다르지만 인터아일랜더 선박 회사는 아라후라Arahura 호, 아라테레Aratere 호, 카이타키Kaitaki 호, 스테나알레그라Stena Alegra 호가 번갈아가며 운항하는데, 페리의 운항 시간은 사정에 의해 수시로 변하기 때문에 항상 확인을 해야 한다. 성수기에는 비수기 때보다 1회 정도 증편 운항하고, 토요일과 월요일 아침, 그리고 일요일 마지막 페리는 운항하지 않을 때도 있으므로 유의해야 한다. 또한 긴급히 배

링스 호(상)와 페리 노선(하)

수리를 할 경우에도 예고 없이 운항하지 않을 수도 있다. 그러므로 페리를 승선하고자 할 때는 먼저 페리의 운항 여부를 반드시 확인해야만 실수가 없다. 그리고 대부분의 렌터카는 페리를 타고 남북섬을 건널 수 없으므로 주의해야 한다.

국내선 크루즈Cruises로는 베이오브아일랜즈의 144개 섬과 함께하는 오버나이트 크루즈Overnight Cruise, 홀인더록Hole in the Rock, 밀퍼드 사운드 크루즈 등이 많이 알려졌으며 대부분 하룻밤 혹은 당일 크루즈이다. 국제적으로는 호주의 브리즈번, 시드니, 멜버른에서 출발하여 남섬의 피오르랜드 국립공원을 거쳐 더니든, 크라이스트처치, 웰링턴, 네이피어, 타우랑아, 오클랜드를 돌아 다시 호주로 돌아가는 크루즈가 가장 보편적이다. 미국을 출발한 크루즈도 하와이를 거쳐 뉴질랜드를 방문한 뒤 호주의 항구로 간다. 1년 동안 호주와 미국에서 뉴질

랜드의 항구로 들어오는 크루즈는 약 30회 정도 된다고 한다.

전국을 돌아다닐 수 있는 여행 티켓

땅이 넓은 유럽을 여행할 때 보통 '유레일패스'라는 교통 티켓을 이용한다. 마찬가지로 일본은 'JR패스', 호주는 'OZ패스' 등 나라마다 대중교통 통합 티켓을 볼 수 있는데, 이곳 뉴질랜드도 '트래블패스Travel pass'라는 것이 있다. 시외버스 회사인 인터시티InterCity Coachlines와 뉴먼스Newmans Coachlines의 버스와 열차 회사인 키위레일KiwiRail Scenic Journeys의 트랜즈알파인, 트랜즈코스탈, 오버랜더 등의 열차를 선택해서 승차할 수 있고, 선박 회사인 인터아일랜더Interislander와 링스The Lynx, 항공 회사인 에어뉴질랜드Air New Zealand까지 이용할 수 있다.

기차와 버스의 교통망

버스와 페리를 묶은 패스인 2-in-One 트래블패스는 시외버스를 기본으로 쿡 해협을 건널 때 인터아일랜더를 이용하는 티켓이다. 유효기간 동안 버스는 무제한 탈 수 있지만 페리는 1회만 이용이 가능하다. 이 패스의 유효기간은 6개월이며 5일 패스, 8일 패스, 15일 패스, 22일 패스 등으로 나누어진다. 단 가격은 각 조건마다 다르고 수시로 변하기 때문에 직접 확인해야 하며, 날짜도 여행 일정에 따라 자유롭게 조정하

여 끊을 수 있다. 3-in-One 트래블패스는 버스와 선박, 기차를 이용할 수 있는 티켓이다. 2-in-One 트래블패스와 마찬가지로 유효기간 동안 버스는 무제한으로 탈 수 있으며 인터아일랜더 또는 링스를 1회 이용해 쿡 해협을 횡단할 수 있다. 이 패스는 키위레일의 기차를 두 번 탑승 가능하다. 이 패스의 유효기간도 6개월이며, 패스의 종류도 2-in-One과 동일하다.

4-in-One 트래블패스는 항공까지 포함된다. 여기에도 두 가지 종류가 있는데, 하나는 앞서 언급된 패스들과 마찬가지로 무제한 버스 탑승 기회가 있고 인터아일랜더나 링스를 타고 쿡 해협을 건널 수 있다. 두 번의 장거리 기차 여행도 포함되며 에어뉴질랜드를 이용해 단거리 국내 비행오클랜드~웰링턴, 웰링턴~크라이스트처치, 크라이스트처치~퀸스타운까지 가능하다. 유효기간도 6개월이고 종류는 동일하다. 또 다른 4-in-One 패스는 장거리 비행이 포함되어 있다. 장거리 비행이라 함은 오클랜드~크라이스트처치, 오클랜드~퀸스타운, 로토루아~퀸스타운, 로토루아~크라이스트처치 등의 노선이다. 이 패스도 무제한 버스 탑승, 인터아일랜더나 링스 한 번 이용, 두 번의 장거리 기차 여행 등을 포함하며 패스의 종류는 동일하다. 하지만 패스의 규정은 예고 없이 바뀔 수 있으므로 사전에 확인하고 이용하는 것이 좋다.

우리나라에서는 지정된 여행사를 통해 구입하거나 뉴질랜드 웹사이트에서 구입해야 한다. 뉴질랜드 현지에서는 오클랜드 스카이시티의 버스 터미널, 오클랜드 공항 비지니스센터, 에어뉴질랜드 항공사 등에서 구입할 수 있으며, 웰링턴과 크라이스트처치, 퀸스타운에서도 구입이 가능하다. 트래블패스가 있어도 버스, 기차, 페리, 비행기 등을 이용하기 전에는 각 회사에 전화로 예약을 해야 하며 전화를 할 때에는 반드시 뉴질랜드 트래블패스 예약 기록인 PNR^{Passenger Name Record} 번호를 알려 줘야 한다. 여행일^{Travel day}은 24시간을 하루로 계산하고 버스의 경우는 24시간 동안 몇 번을 탑승해도 괜찮다. 그 외에 예약 방법, 예약 변경 및 취소, 기타 사용 조건 등 여러 가지 사항을 미리 알아 보아야 실수가 없다.

카메라에 가장 많이 찍히는 피사체

뉴질랜드의 모든 자연 풍경이 카메라에 많이 찍히지만 그중에서도 특히 오클랜드의 하버브리지^{Harbour Bridge}는 가장 많이 찍히는 대상물이다. 하버브리지는 시내 중심지에서 와이테마타^{Waitemata} 항을 가로질러 노스쇼어^{North shore} 지역을 연결하는 유일한 다리이다. 6년여의 건설 기간을 거쳐 1959년에 개통되었으며, 다리 아래는 배가 지나다닐 수 있도록 중앙 부분이 약간 오목한 형태이다. 높이는 해수면으로부터 약 63m이고 다리의 총길이는 1020m이다. 이 다리는 오클랜드 북부 지역^{노스쇼어}의 경제 발전에 큰 영향을 끼쳤다. 개통 당시에는 통행료가 있었으나 건설 비용을 충당한 이후부터는 무료 통행이며, 당초에는 4차선이었지만 지금은 왕복 8차선으로 확장되었다. 보행로가 있지만 한강 다리처럼 걸어서 건너 다닐 수는 없으며, 다만 번지점프를 하기 위하여 다리 중간까지 걸어갈 수 있다.

8개의 차선 중 중앙의 두 차선은 가변 차로로 운영된다. 우리나라의 가변 차로는 신호에 의해 차선을 바꾸지만 이곳은 아주 고전적인 방

법으로 콘크리트 중앙분리대를 직접 옮기고 있다. 중앙선을 따라 육
중한 경계석들이 서 있는데, 아침에는 노스쇼어에서 시내로 들어가는
차가 많으므로 경계석들을 하나씩 옮겨서 그 방향을 5차선으로 넓혀
준다. 그리고 낮에는 도로 중앙선에 갖다 놓고, 저녁이면 또다시 반대
방향으로 차선을 넓혀 준다. 퇴근 시간이 지나면 다시 중앙선에 옮겨
놓는다. 출근 시간에는 시내로 들어가는 방향을, 퇴근 시간에는 그 반
대 방향의 도로 차선을 인위적으로 넓히는 것이다. 그래서 하루에 총
4번 이런 작업을 한다. 신호등도 있지만 오랫동안 해 온 대로 묵묵히
콘크리트 경계석을 옮기고 있다. 애초에는 야간에 정면 충돌 사고를
피하려고 이런 시스템을 도입했다고 한다.

뉴질랜드교통국NZ Transport Agency은 하버브리지의 통행량이 증가함
에 따라 새로운 교량이나 터널 건설을 검토하고 있는데, 교량을 건설

건설 중인 하버브리지(1958)

하버브리지 가변 차로 모습. 중앙분리대를 옮기는 차 뒤로 넓어진 차선이 보인다.

하는 방안이 터널 공사보다 비용이 저렴할 뿐 아니라 연간 보수 유지비도 덜 들고 공사 기간도 더 짧게 걸릴 것이라고 예상하고 있다. 하지만 뉴질랜드의 경제 규모로 볼 때 교량이든 터널이든 쉽게 결정할 수는 없는 대형 프로젝트이다. 그리고 어떤 방법으로 결정되든지 반드시 철도, 인도, 자전거 전용 도로를 모두 수용할 계획이라고 한다.

하버브리지의 시내 쪽에는 여름철이면 포후투카와Pohutukawa 꽃이 만발하여 하버브리지를 더욱 돋보이게 한다. 번지점프를 할 수 있는 곳이기도 한 다리의 최정상에서 바라보는 노을 진 바다와 항구의 모습은 더욱 아름답다. 저녁에는 교량을 밝히는 불빛이 해수면에 반사되어 바다를 채색한다. 이때 하버브리지의 조명과 오클랜드 시내의 불빛 그리고 스카이타워Auckland Skytower, 328m의 조명이 한데 어울려 오클랜드의 아름다운 야경을 자랑한다. 특히 하버브리지의 전체 야경을 만끽하기 위해서는 건너편 버컨헤드Birkenhead 선착장으로 이동하면 밤 절경을 더욱 완벽하게 볼 수 있다.

레포츠의 나라
뉴질랜드

짜릿함과 스릴 넘치는 레포츠의 대표인 번지점프는 곳곳에 있다. 만약 번지점프가 익숙하다면 비행기에서 낙하산을 메고 여러 사람이 함께 뛰어내리는 스카이다이빙을 경험해 보는 것도 좋을 듯하다. 아니면 높은 산이나 절벽 위에서 뛰어내려 활공을 즐기는 패러글라이딩 또는 행글라이딩도 뉴질랜드 젊은이들이 즐기는 레포츠이다.

물 반 고기 반, 바다낚시

전 국토가 바다로 둘러싸인 섬나라답게 뉴질랜드 해안에는 조개류, 해조류, 갑각류, 물고기 등 각종 해산물이 풍부하다. 하지만 수산업을 직업으로 하는 사람들은 어획량이 예전보다 못하다고 하면서 재미로 낚시하는 사람들이 잡을 수 있는 물고기의 규격을 현재보다 더 크게 올리고 잡을 수 있는 마릿수도 줄여 달라고 호소한다. 뉴질랜드에서 바다낚시는 면허가 필요 없지만 잡을 수 있는 물고기의 규격과 마릿수에는 제한이 있다. 정부에서 어족 보호 차원에서 규정해 놓은 것이다. 만약 이 규정을 어기다가 적발되면 많은 벌금을 내야 하고, 정도의 차이는 있겠지만 비영주권자인 경우에는 추방당할 수도 있다. 해안 주변에는 동네 주민이나 어업 감시관이 항상 지켜보고 있으므로 주의를 해야 한다.

사람들이 자주 찾는 바닷가에 가면 몇 센티미터의 물고기를 잡을 수 있다는 안내판과 함께 친절하게도 자까지 그려져 있다. 하지만 이런 표지판이 있든 없든 반드시 규정을 지키는 것이 마음 편하다. 다만 마오리들은 관습법에 따라 규정에 제한을 받지 않는다. 애초에 이 바다에서 잡히는 모든 해산물은 자기들의 것이고, 그들의 생존에 아주 중요한 부분을 차지하기 때문이다. 그래서 마오리들은 지금까

1m짜리 킹피시(Kingfish)

지도 이런 규제에서 통제를 받지 않는다.

뉴질랜드의 해안선은 약 1만 5810㎞ 정도 되는데, 모두 6개 지역으로 나누어서 어족 자원을 관리한다. 오클랜드 및 노스랜드 해안, 북섬 중남부 해안, 남섬 동해안, 남섬 북서해안, 남섬 피오르 해안, 남섬 남부 및 남극 연안 등으로 나누어 물고기의 규격과 마릿수를 제한하고 있다. 각 지역마다 제한 규정이 조금씩 차이가 나지만, 낚시 인구가 가장 많은 오클랜드와 노스랜드 해안에서 하루에 한 사람이 낚시로 잡을 수 있는 규격과 마릿수는 표와 같다.

뉴질랜드 바다에서 가장 흔하게 잡히는 카와이Kahawai는 우리나라의 고등어와 비슷하게 생겼는데, 호주에서는 '오스트레일리아 살몬^{호주 연어}'이라고 부른다. 잡을 수 있는 규격이나 마릿수에 제한이 없지만, 보통 30㎝ 내외가 잡히고 큰 것은 50㎝ 이상도 잡힌다. 어떤 사람들은

생선류 채취 규격

생선 종류	길이(㎝)	채취 수량	기타
Blue Cod(대구류)	30		
Red Cod(대구류)	25		
Butterfish(대구류)	35		• 길이와 마릿수의 제한이 없는 물고기는 Kahawai(호주 연어), Elephant fish(상어류), Porae, Parore(벵에돔류) John Dory(달고기), Red snapper(참돔류), School shark(호주 상어) 등이지만, 그물로 잡을 때는 그물코의 규격이 있음
Blue Moki(농어류)	40		
Red Moki(농어류)	40		
Sand Flounder(가자미류)	23	없음	
Flatfish(넙치류)	25		
Red Gurnard(쏨뱅이)	25		• 마릿수를 제한한 물고기 이외에는 하루에 1인당 20마리까지 잡을 수 있음
Tarakihi(농어류)	25		
Trevally(전갱이)	25		• 참돔은 종류에 따라 9~10마리임
Trumpeter(취청이)	35		
Eels(뱀장어)	없음	6	• 물고기의 이름은 한국과 완전히 일치하지 않으므로 참고하기 바람
Grey Mullet(숭어)		30	
Snapper(참돔)	27	9~10	
Kingfish(부시리)	75	5	

자료: New Zealand Ministry for Primary Industries(2013). 6개 지역 해안 가운데 오클랜드 및 노스랜드 해안의 규정임.

조개류 채취 규격

조개류		크기(㎜)	채취 수량
	Cockle(새조개)		150(50)
	Kina(sea eggs, 성게)		50
	Mussel(홍합)	없음	50(25)
	Pipi(바지락류)		150(50)
	Tuatua(바지락류)		150(50)
	Scallop(가리비)	100	20
	Toheroa(대합류)	채취금지	채취금지
굴	Dredge(해저 굴)	58	50
	Rock & Pacific(바위 굴)	없음	250(100)
전복	Ordinary(보통전복)	125	10
	Yellow foot(황전복)	80	10
기타		없음	50

자료: New Zealand Ministry for Primary Industries(2013), 6개 지역 해안 가운데 오클랜드 및 노스랜드 해안의 규정임.
단 조개류의 이름은 한국과 완전히 일치하지 않으므로 참고하기 바람.

맛이 없다고 하기도 하지만 카와이는 한국인들에게 맛있는 반찬거리로 자리 잡았다. 한편 바다에서 참돔을 낚아 올리면 옆에 있는 선장이 드라이버 같은 것으로 숨통을 눌러서 바로 죽이는 모습을 볼 수 있다. 비록 생선이지만 참돔에게 고통을 줄여 주기 위한 방법이라고 한다.

조개류도 하루에 한 사람이 잡을 수 있는 양과 치수가 정해져 있다. 한국인들이 좋아하는 전복은 125㎜가 넘어야 되며 1인당 하루 10마리만 채취할 수 있다. 피피Pipi 조개와 투아투아Tuatua 조개도 1인당 150개 이내만 채취할 수 있다. 생선의 규격과 마릿수, 각종 어패류의 규격과 수량 등은 정부의 정책에 따라 이따금씩 변경되므로 반드시 재확인을 해야 하며, 또한 물고기나 어패류의 종류에 따라 세부적으로 지켜야 할 사항들이 있으므로 반드시 뉴질랜드 1차 산업부 홈페이지에서 확인해야 한다.

1999년 어느 날, 필자는 지인들과 오전 7시에 출발하여 11시경에 돌아오기로 하고 타카푸나Takapuna 건너편의 랑이토토Rangitoto 섬 인근으로 바다낚시를 갔다. 1인당 45달러의 요금을 내고 총 8명이 승선하였는데 우리 일행은 4명이었다. 거의가 초보자였지만 첫 장소에 돛을 내리고 낚시를 시작하자마자 묵직한 입질이 이어졌다. 그러더니 순식간에 참돔snapper을 규제 수량인 9마리씩 모두 낚았다. 처음에는 사이즈가 기준27㎝보다 1㎝라도 넘으면 버리지 않고 잡았다. 시간이 흐를수록 점점 더 큰 사이즈가 올라와서 처음 잡은 것은 선장 몰래 바다에 다시 놓아주고 큰 것만 골라 담았다. 약 1시간 만에 27㎝가 넘는 참돔을 각자 9마리씩 모두 잡게 되었다. 배를 타고 나가는 시간 30분, 낚시 시간 3시간, 배를 타고 돌아오는 시간 30분해서 합계 4시간이 계획되어 있었으나, 수량을 다 채우는 바람에 두시간 만에 항구로 돌아왔다. 문제는 다음이다. 참돔 40~50㎝짜리 총 36마리를 포함하여 다른 물고기까지 약 50마리를 손질해야 하는 일이 남은 것이다. 엄지손톱보다 큰 비늘을 벗겨 내고, 해체하고, 토막 내고, 씻는 과정이 얼마나 큰일인지 경험하지 않은 사람은 모를 것이다.

수상 스포츠의 천국

뉴질랜드 국토는 남북으로 길고 동서 폭이 좁아서 대부분의 지역에서 1~2시간 이내로 바다에 접근할 수 있다. 1만 5000㎞ 이상의 긴 해안선을 가진 섬나라이므로 자연스럽게 해양 스포츠를 즐길 수 있는 기회도 많은 편이다. 특히 유럽에서 온 사람들은 대체적으로 물에서 노는 것을 즐기는 성격인 데다, 뉴질랜드의 아름다운 바다는 그들

을 바다로 불러들인다. 바다뿐만 아니
라 내륙에서도 수상 스포츠를 즐길 수
있는 호수와 강, 폭포, 급류 등이 많이
분포되어 있다. 특히 퀸스타운 중심부
에 들어가면 다른 관광 상품보다 수상
스포츠를 비롯하여 각종 레포츠에 관한
안내가 많이 눈에 띄는데 관광 안내소
가 마치 레포츠 안내소 같은 느낌이다.

1955년 퀸스타운 인근에 살던 엔지니
어인 빌 해밀턴Charles William Feilden Ham-
ilton, Bill Hamilton, 1899~1978이 수심이 얕고

제트보트 디자이너 빌 해밀턴
(자료: 뉴질랜드 정부 백과사전)

물살이 빠른 인근 하천을 보고, 자신의 농장에서 현대적인 제트보트
를 고안하였다. 미국의 핸리 하이로드 제트Hanley Hydro-Jet의 노즐nozzle
일부를 참고하여 만든 그의 보트는 당시로서는 새로운 개념의 보트였
다. 이것을 자신의 이름을 따서 해밀턴 제트Hamilton Jet라고 이름 붙였
다. 그가 미국의 콜로라도 강에서 제트보트를 시운전하려고 할 때 미
국의 미디어들은 그 보트에 대해서 저평가하였다. 하지만 1960년, 그
랜드캐니언Grand Canyon을 통과하면서 전 미국에 제트보트의 성능을
알렸다. 1970년경부터 퀸스타운 인근의 숏오버Shotover 강에서 상업적
으로 운행을 시작하여 지금까지 약 300만 명 이상의 사람들이 이용하
였다고 한다.

래프팅Rafting은 마오리들이 산에서 벌목한 나무를 바다로 옮기는 과
정에서 유래한 것이라고 하는데, 지금은 레저 스포츠로 발전하여

많은 인기를 얻고 있다. 특히 퀸스타운의 숏오버 강과 로토루아 카이투나Kaituna 강 등이 래프팅으로 많이 알려졌다. 워터슬라이딩Water Sliding은 수영장에서 사용하는 킥보드의 두 배 정도 크기의 판을 잡고 몸을 맡긴 채 급류를 따라 내려가는 레포츠이다. 급류를 타고 내려가다 보면 바위나 작은 폭포, 파도 등을 마주치기도 하여 순간적으로 아찔하기도 하지만 빠른 물살이 제공하는 그 흥미진진함을 즐기는 스포츠이다.

다이빙Diving은 수중 공사 또는 과학적 조사 등에 주로 이용되었으나, 오늘날은 해산물 채집이나 스포츠로서 더 인기를 끌고 있다. 전 국토가 바다에 접해 있는 뉴질랜드의 다이빙 역사는 꽤 오래되었다. 마오리들은 수 세기 동안 해산물을 채집할 때 호흡 장비 없이 잠수하였지만 1800년대에 들어와서는 스노클snorkel을 비롯한 간단한 잠

뉴질랜드 다이빙의 아버지 레오 더커(1947)
(자료: 뉴질랜드 정부 백과사전)

수 장비를 동원하기 시작하였다. 그 후 뉴질랜드 다이빙의 아버지라고 불리는 레오 더커Leo Ducker, 1906~?가 점차적으로 긴 호스와 무거운 헬멧을 착용하고 잠수하기 시작하였다. 1942년경에 프랑스 인 자크 쿠스토Jacques Yves Cousteau가 호스 없는 수중 호흡기를 발명한 이후 뉴질랜드에서도 산소 탱크를 등에 메고 자유롭게 잠수하기 시작하였다. 다이빙의 종류로는 크게 스쿠버다이빙scuba diving, 스킨다이빙skin diving, 스노클링snorkelling이 있다. 1953년에 뉴질랜드 수중협

회가 창립되어 현재 30여 개의 다이빙 클럽이 가입해 활동하고 있다.

서핑Surfing은 바다에서 타원형의 보드를 타고 파도 속을 빠져나가며 즐기는 스포츠이다. 1940년부터는 바람을 이용한 윈드서핑Windsurfing이 시작되었고, 점차적으로 젊은이와 여성들 위주로 짧고 가벼운 보드서핑이 인기를 끌었다. 1960년대부터 보드서핑 인구가 점점 늘어났으며, 1980년에는 뉴질랜드 보드협회New Zealand Board Sailing Association가 조직되었다.

올림픽의 정식 종목인 카누Canoeing, 조정Rowing, 요트Yachting, 카약Kayaking 등도 뉴질랜드 인이 좋아하는 수상 스포츠이다. 원시적 배인 카누는 마오리들에게는 생소한 것이 아니다. 왜냐하면 1000년 전 선조들이 뉴질랜드에 처음 도착할 때 마타호우루아Mata-hourua라는 긴 카누를 타고 이 땅에 도착하였기 때문이다. 더구나 마오리들의 본거지인 와이탕이에 가면 전쟁용 카누길이 35m, 80명 승선인 나토키마 타화오루아Ngatokima tawhaorua가 전시되어 있다. 마오리들이 많이 사는 지역의 축제에서는 카누 레이스, 카약 이벤트 등이 함께 열리기도 한다. 2008년 베이징 올림픽 기준 뉴질랜드의 역대 올림픽 금메달 총 35개 중에 카누, 조정, 요트에서 17개의 금메달을 획득한 것만 보아도 물 위에서 배를 타는 운동을 얼마나 좋아하는지 알 수 있다.

레포츠의 나라 뉴질랜드

뉴질랜드는 수상 레포츠뿐만 아니라 육상 레포츠, 항공 레포츠 등 다양한 종류의 레포츠leisure sports가 발달한 레포츠의 천국이다. 진짜

비닐 공 속에 사람이 들어가서 굴러 내려오는 조빙의 모습

뉴질랜드를 만나고 체험하기 위해서는 뉴질랜드의 대자연 속에 푹 파묻혀 이런 레포츠를 경험해 보는 것도 좋은 방법이다. 짜릿함과 스릴 넘치는 레포츠의 대표인 번지점프는 곳곳에 있다. 만약 번지점프가 익숙하다면 비행기에서 낙하산을 메고 여러 사람이 함께 뛰어내리는 스카이다이빙Skydiving을 경험해 보는 것도 좋을 듯하다. 아니면 높은 산이나 절벽 위에서 뛰어내려 활공을 즐기는 패러글라이딩Paragliding 또는 행글라이딩Hang gliding도 뉴질랜드 젊은이들이 즐기는 레포츠이다. 그 외에 산악 자전거로 산 타기, 조빙Zorbing 등 이루 헤아릴 수 없이 많은 레포츠가 있다. 특히 조빙은 PVC 재질의 거대한 투명 공 속에 사람이 들어가서 굴러 내려오는 놀이로 우리에게는 낯설지만 영국, 호주 등에서 인기를 얻고 있다.

우리나라의 놀이공원 같은 로토루아의 어그로벤처스Agroventures에는 아주 흥미로운 놀이기구가 많다. 공중에 매달려 자전거 페달을 밟아 달리는 슈위브Shweeb, 아래쪽에서 강력한 바람을 불어 사람이 붕 떠올랐다가 떨어지게 하는 자유낙하 익스트림Freefall Xtreme, 높은 산에서 뛰어내려 새처럼 날아가는 바디 플라이Body Fly, 초고속으로 달리는 보트 어그로제트Agrojet 등이 대표적이다. 원시 자연림에서 트레킹을 하는 캐노피투어Canopy Tour도 아주 흥미롭다. 수백 년 된 원시 나무들이 즐비해 있는 숲속에서 나무와 나무 사이를 집라인zip-line으로 연결하여 이동한다. 이때 사용되는 나무는 인공으로 만든 기둥이 아닌 수백 년 된 고목이다. 레드우드 숲을 산책하며 즐기는 승마 역시 인공 트랙이 아니라 자연환경 그대로 승마 코스를 만들었다. 그 외에 아이들이 좋아하는 리프트와 스카이라인 루지Skyline Luge 등 즐길 거리가 매우 다양하다.

바이크 투어인 노마드 쿼드 사파리Nomad Quads Safari에는 두 가지 코스가 있다. 하나는 사륜 바이크를 직접 운전하여 산을 올라가는 것이고, 다른 하나는 수륙양용 지프차를 타고 계곡 물을 건너는 오프로드off-road 코스이다. 사륜 바이크를 운전하는 코스는 길이 좁고 험해서 출발 전에 운전 연습과 테스트를 거쳐 합격한 사람만 체험이 가능하다. 수륙양용 지프차를 타고 계곡을 이동하는 오프로드 코스는 면허를 가지고 있는 안내원이 직접 운전을 해 준다. 멋진 자연환경은 물론 자동차를 타고 계곡을 건너는 재미를 느낄 수 있다. 또한 중간에 안내원이 준비한 차를 마시며 사금을 채취하는 체험도 할 수 있다.

뉴질랜드에서 레포츠를 체험한 전 세계의 젊은이들이 다시 이곳을 찾는 이유는 크게 두 가지로 생각할 수 있다. 하나는 체험 장소까지 접근성이 좋다는 것이다. 도심의 안내소에서 예약 신청을 하면 해당 회사에서 차로 현지까지 데려다준다. 또 체험이 끝나면 다시 도심의 안내소까지 데려다주므로 차가 없는 관광객들이 편리하게 이용할 수 있다. 다른 하나는 레포츠를 단순히 놀이가 아니고 상업적 상품으로 개발한 것이다. 그 덕분에 개인이나 기업뿐만 아니라 지역사회에도 경제적 이익을 가져다주며, 이에 따라 종사자들 모두가 서비스 정신이 투철하다. 그래서 전 세계인이 레포츠를 즐기고, 배우기 위해 이곳을 다시 찾는다.

동네 사람들의 놀이터, 골프장

뉴질랜드에는 골프장이 약 400개 정도 있다. 인구가 약 424만 명이므로 평균 1만 명당 골프장이 1개인 셈이다. 각 동네마다 골프장이 있는데, 우리나라의 마을 회관과 같은 역할을 동네 골프장이 하고 있다. 동네 사람들이 친목 도모를 위해 골프도 치고, 모여서 이야기하는 사교의 장소로 활용되고 있다. 이곳에서는 연세가 80이 넘은 노인들도 골프를 즐기고, 택시 기사들의 월례회도 골프장에서 하는 일이 흔하다. 우리나라 골프장의 이미지와는 사뭇 대조적이다. 1995년 오클랜드 주변의 골프장 입장료가 보통 20달러^{만 원} 정도 하였고, 1시간 정도 시골로 내려가면 10달러 정도였다. 지금도 시내에서는 30~40달러, 시골에서는 20달러^{만 8000원} 정도하므로 우리나라의 요금과는 비교되지 않는다. 물론 아주 비싼 골프장이 없는 것도 아니다. 미국의 전 대통령 클린턴이 골프를 쳐서 유명해진 밀브룩Millbrook 골프장을 비롯하여 캐링턴Carrington Resort, 카우리Kauri Cliffs, 포모사Formosa Golf Resort, 로토루아Rotorua Golf Club, 잭스포인트Jacks Point 등 세계적으로 이름이 알려진 골프장이 많이 있다. 재벌이나 상류층 사람들이 사교의 장으로 활

쿼스타운 인근의 밀브룩(Millbrook) 골프장

용하기 위하여 보유한 개인용 골프장도 더러 있다.

뉴질랜드 골프장에서는 사람들이 개인용 골프 카트에 골프 가방을 얹어서 스스로 끌고 다니면서 골프를 즐긴다. 한국 골프장의 캐디와 그늘집이 이곳에는 없다. 점심은 각자 도시락을 준비하고 마실 물도 자기가 직접 준비해야 한다. 점심 먹는 장소도 따로 있는 것이 아니고 적당한 나무 그늘을 만나면 거기서 먹으면 된다. 뭔가 복잡한 것이 없고 통제 받는 것도 없다. 아주 자유스럽게 편안한 마음으로 골프를 즐기면 된다. 단 일주일에 1~2회 정도 경기가 있는 날이나 단체에서 월례회를 하는 날은 오전에 일반 방문객은 사용할 수 없다.

골프를 즐기는 사람들에게 뉴질랜드 골프장은 한국에 비하면 천국이나 다름없다. 우선 가격이 매우 저렴할뿐더러 내가 원하는 날짜와 원하는 시간에 언제든지 라운드가 가능하다. 칠 사람이 없으면 혼자

연습을 해도 아무도 제재하지 않는다. 조금만 도시를 벗어나면 매우 한적하고 여유롭게 골프를 즐길 수 있다. 시골로 내려가면 아침 일찍이나 오후에는 골프장에 관리인이 보이지 않는 곳도 있다. 물론 클럽 하우스도 이른 시간에는 돈을 받는 사람도 없다. 이때는 봉투에 돈을 넣어 이름을 적어 두고 그냥 치고 나가면 된다. 그 후에도 확인이란 것이 별도로 없다. 오후에는 관리인이 빨리 퇴근하기 위하여 사용하던 전동 카트를 반납하라고 다그치기도 한다. 이때도 카트만 반납하고 어두울 때까지 라운드를 해도 아무도 제재하는 사람이 없으며 추가 요금을 받지도 않는다. 또한 골프를 칠 줄 모르는 사람이 산책 삼아 같이 따라다녀도 돈을 내지 않는다. 반면 한국에서는 골프를 치지 않아도 비싼 골프장 입장료를 전부 다 지불해야 한다.

골프를 하루에 54홀을 칠 수 있을까? 시간이 없거나 지쳐서 못할 뿐이지 가능하다는 것을 경험한 일이 있다. 오클랜드에서 북쪽으로 한 시간 거리에 있는 한적한 골프장에서 18홀을 세 번 도는 54홀을 친 적이 있다. 단, 해가 긴 여름철이고 전동 카트를 빌리는 경우에 가능하다. 여름철에는 아침 6시부터 저녁 9시까지 날이 밝기 때문에 약 15시간 정도 해가 떠 있다. 골프를 치는 데 한국에서는 보통 4~5시간 정도가 소요되지만 여기서는 앞뒤에 사람이 없기 때문에 전동 카트를 타고 돌면 3시간이면 충분하다. 이날은 두 바퀴36홀를 돌고 세 번째 라운드를 막 시작하려고 하는데 관리인이 자기가 퇴근해야 한다며 전동 카트를 반납하라고 요구하였다. 그래서 우리는 전동 카트를 반납하고 걸어서 마지막 18홀을 돌았다. 마치고 나니 7시쯤 되었다. 마지막 18홀은 힘이 빠져서 겨우 끝냈지만 시간상으로는 충분하였다. 골프를 하루에 54홀 칠 수 있다는 것이 입증된 셈이다. 물론 한국에서도 조용하고 한적한 날을 택하면 불가능한 일이 아닐 것 같다.

자연에 취해 걷는 트레킹

아름다운 자연을 만끽하면서 걸을 수 있다는 것은 정말 멋진 일이다. 특히 자연 초목이 빼곡한 산야를 며칠씩 걷다 보면 행복이 무엇인지 알게 된다. 스포츠와 레크리에이션을 아주 좋아하는 뉴질랜드 국민들은 트레킹Trekking도 즐기는 편이다. 트레킹은 심신을 수련하기 위하여 산이나 계곡 따위를 걸어 다니는 여행으로, 하루에 15~20km 정도 걸으면서 야영 또는 오두막 생활을 하는 것으로 해석하면 된다. 요즈음 우리나라에서 유행처럼 번지고 있는 올레길을 걷는 것과 유사하다고 볼 수 있다. 뉴질랜드는 생각보다 많은 숲으로 둘러싸여 있어서 만약 길을 잃으면 찾아 나오기가 매우 어려우므로 비록 가까운 트레킹 코스를 나간다고 하더라도 반드시 주위에 행선지를 말해 두는 것

그레이트워크(Great Walks)로 선정된 트레킹 코스

9 Great Walks	구분	위치
와이카레모아나 호 트랙(Lake Waikaremoana Great Walk)	북섬	테우레웨라 국립공원
통가리로 북부 순환 트랙(Tongariro Northern Circuit)		통가리로 국립공원
왕아누이 트랙(Wanganui Journey)		왕아누이 국립공원
아벌타스만 해안 트랙(Abel Tasman Coast Track)	남섬	아벌타스만 국립공원
히피 트랙(Heaphy Track)		카후랑이 국립공원
케플러 트랙(Kepler Track)		피오르랜드 국립공원
루트번 트랙(Routeburn Track)		어스파이어링 산 & 피오르랜드 국립공원
밀퍼드 트랙(Milford Track)		피오르랜드 국립공원
라키우라 트랙(Rakiura Track)		라키우라 국립공원

밀퍼드 트랙에서 트레킹하는 모습

이 중요하다.

　뉴질랜드의 트레킹은 대부분 하룻밤 숙박을 해야 하는 것으로 알려져 있지만 1~2시간부터 한나절, 하루 종일, 1박 2일, 2박 3일 등의 다양한 코스가 마련되어 있으며, 대부분의 코스는 초보자도 무리 없이 걸을 수 있도록 잘 다듬어져 있다. 또한 각 도시마다 이름이 알려지지 않은 트레킹 코스들이 많이 있지만, 그중에 이름이 꽤 알려진 코스는 북섬에 8개 지역, 남섬에 23개 지역 등이다. 뉴질랜드 관광청은 이들 중에서도 특히 경치가 빼어난 9곳인 'Great Walks'를 선정하였다. 트레킹에 대한 보다 자세한 정보는 1987년에 설립된 뉴질랜드 국립공원 관리소DOC, Department of Conservation에서 정보를 얻어야 한다. DOC는 트레킹을 즐기려는 사람에게 산장 이용권 및 지도와 소책자 판매, 기상 정보, 트레킹 정보 등을 제공할 뿐만 아니라 마오리의 역사 유적을

포함하여 환경 관리를 위해 일하는 곳
이다.

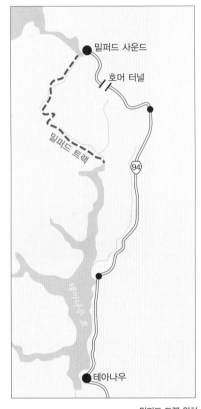

밀퍼드 트랙 위치

트레킹 코스 중에 가장 유명한 밀퍼
드 트랙Milford Track은 등반 가이드이자
탐험가인 퀸틴 매키넌Quintin Mackinnon,
1851~1892에 의해 완성되었으며, '세상에
서 가장 아름다운 산길'이라고 불리고
있다. 이 코스는 테아나우Te Anau와 밀
퍼드 사운드를 연결하기 위해 1888년
에 개척한 도로의 일부 선형을 고쳐서
오늘날 밀퍼드 트랙으로 개발한 것이
라고 한다. 트랙의 총 길이는 약 54km
로, 가이드와 함께하는 트레킹은 4박 5
일이 소요되며 개인 트레킹은 3박 4일
일정이다. 트레킹 가능 기간은 매년 10
월 중순부터 이듬해 4월 중순까지만이
다. 이 코스를 여행할 수 있는 인원은 하루에 개인 트레킹 40명, 가이
드 트레킹 50명으로 한정되어 있기 때문에 반드시 예약을 해야 한다.
구체적인 일정과 인원 등은 계절에 따라 변경될 수 있다.

영국의 자존심을 세워 준 키다리 산악인

세계 최고봉을 가장 먼저 오른 인물인 에드먼드 힐러리Edmund Percival

Hillary, 1919~2008는 오클랜드에서 태어난 산악인이자 탐험가이다. 그는 1953년 5월 29일 33세의 나이에 셰르파Sherpa 텐징 노르게이Tenzing Norgay, 1914~1986와 함께 에베레스트 산을 세계 최초로 등정하였다. 힐러리의 조부가 19세기 중반 영국의 요크셔 지방에서 이곳으로 이민 왔다고 하므로 그의 뿌리는 영국이다. 처음에는 오클랜드 북쪽의 와이로아Wairoa에 정착하였으나, 그의 아버지가 제1차 세계대전의 갈리폴리Gallipoli 전투에 참전한 공을 인정받아 정부로부터 새로운 땅을 할양받았는데 그곳이 오클랜드 남쪽 투아카우Tuakau였다. 힐러리는 투아카우 초등학교Tuakau Primary School를 졸업하고, 오클랜드 그래머 고등학교Auckland Grammar School를 다녔으며 오클랜드 대학교에 진학하여 수학과 과학을 공부하였다.

힐러리는 16세 때에 루아페후 산2797m을 등반하였는데, 이때도 키가 큰 편이었다. 1936년 여름부터는 그의 형인 렉스 힐러리Rex Hillary와 함께 벌꿀을 치고 겨울에는 등반을 하면서 스키와 등산 지도자의 길을 걷고 있었다. 20세1939년 때에 남섬의 쿡 산 근처의 올리비에Olivier 산 1933m을 등정하게 된다. 제2차 세계대전이 발발한 직후 공군에 지원했지만 낙방하고, 1943년에 재도전하여 입대하였다. 이때 뉴질랜드 공군Royal New Zealand Air Force에서 비행정flying boat을 조종하는 임무를 부여받고 1945년에 피지와 솔로몬

1946년 영국으로 떠나기 전 와이헤케 섬에서 힐러리 남매. 맨 오른쪽이 힐러리이고 왼쪽부터 그의 형과 여동생이다. (자료: 뉴질랜드 정부 백과사전)

제도에 파견되어 임무를 수행하는 중에 보트 사고를 당해 뉴질랜드로 되돌아오게 되었다.

1948년 산악인 해리 에이어스Harry Ayres, 1920~2003, 믹 설리번Mick Sullivan, 루스 애덤스Ruth Adams와 함께 뉴질랜드 최고봉인 쿡 산을 등반했고, 1951년에는 에릭 시프턴Eric Shipton, 1907~1977이 이끄는 히말라야 영국 탐사대의 일원으로 참가하였다. 1952년에는 조지 로George Lowe, 1924~2013와 함께 영국 탐험 팀의 일원으로 초오유Cho Oyu 산8201m에 도전했지만 실패하였다. 한편 셰르파인 텐징은 1952년에 에베레스트 스위스 탐사대와 함께 등정에 도전했으나 정상을 240m 남기고 악천후로 돌아왔다고 한다. 그러므로 이때는 두 사람이 서로 다른 길을 가고 있었다.

1953년 힐러리는 조지 로와 함께 영국의 히말라야 등반 위원회로부터 에베레스트 탐사 팀에 참여해 달라는 초청을 받고 네팔로 가게 되었다. 이 탐사대는 362명의 짐꾼과 20명의 셰르파를 포함하여 약 400명으로 이루어졌는데, 이 탐사팀에 텐징 노르게이도 동참하였다. 한편 힐러리와 로는 정상 정복을 위한 등반 루트에 있어 서로 의견이 달랐는데, 로는 가파른 빙벽인 로체 면Lhotse Face으로 오르기를 원했고, 힐러리는 쿰부 아이스폴Khumbu Ice Fall 루트를 계획하고 있었다.

1953년 3월 에베레스트 탐사대는 7890m 지점에 마지막 캠프를 설치했다. 1차 정상 정복 팀은 버딜런Thomas Duncan Bourdillon, 1924~1956과 에번스Robert Charles Evans, 1918~1995로 결정되어 출발하였지만 에번스의 산소통 불량으로 되돌아오고 말았다. 2차 팀으로 힐러리와 텐징이 출발하였다. 그들은 중간에 강한 눈보라를 만나 이틀 동안 한곳에 묶여 있기도 했지만 5월 28일 해발 8500m에 마지막 텐트를 설치하였다.

정상 도전하는 날 마지막 12m의 바위이후 힐러리 계단를 기어오르기는 거의 불가능한 상태였다. 하지만 힐러리는 바위와 얼음 사이로 갈라진 틈에 쐐기를 박고 텐징을 따르게 했다고 한다. 아마도 힐러리의 큰 키 195cm가 도움이 되지 않았나 생각한다.

뉴질랜드에서 태어난 산악인 힐러리는 1953년 5월 29일 오전 11시 30분경에 텐징 노르게이와 함께 지구 상에서 가장 높은 에베레스트 산8848m 정상에 올라 약 15분가량 머물렀다고 한다. 힐러리는 텐징이 도끼를 들고 있는 포즈의 사진을 정상에서 찍었다고 하지만, 텐징은 생전에 이 사진을 본 적이 없다고 했다. 그래서 한때 힐러리의 정상 정복이 논란에 휩싸이기도 하였다. 하지만 증거를 남기기 위해 아래가 보이는 사진을 몇 장 더 찍고 십자가와 초콜릿을 묻었다고 증언하였다. 그 후 논쟁이 점차 수그러들고 힐러리와 텐징이 세계 최고봉을 등정한 사람으로 기록되고 있다.

힐러리는 생존해 있을 때 뉴질랜드 5달러 지폐에 얼굴이 실렸다. 에베레스트 산 등정 이후 네팔을 위해서 많은 봉사도 하였는데, 그의 사후 네팔 정부는 에베레스트 산과 가장 가까운 공항의 명칭을 에드먼드 힐러리와 텐징 노르게이를 기념해 텐징 힐러리 공항Tenzing Hillary Airport으로 이름 붙였다. 힐러리는 1955년에 남극 탐험 대원으로 활동

5달러 지폐의 힐러리

하였으며, 1958년에는 남극점에 도달하였다. 1985년부터 1989년까지는 주인도 대사를 역임하기도 하였으며, 2008년 89세의 나이로 오클랜드에서 심근경색으로 사망하였다.

위험스런 성인식에서 유래한 번지점프

번지점프Bungee jump는 원래 스포츠나 레저가 아니었다. 남태평양 바누아투Vanuatu의 펜테코스트Pentecost 섬에 사는 원시 부족민들이 매년 봄에 치르는 성인식에서 유래한 것이라고 한다. 성인식을 치르는 7~10세의 소년들이 번지라는 칡뿌리와 넝쿨을 엮어 발목에 묶고 약 20~30m의 나무 위에서 뛰어내리는 것이 이 부족의 의식이다. 맨땅에 헤딩이라는 우스갯소리가 있는데 바로 그 지경이다. 땅을 보고 뛰어내린 어린아이는 땅을 겨우 1m 정도 남겨 두고 멈춘다. 실제로 이런 행사를 치르다가 줄이 끊어져서 죽거나 다치는 아이들도 많았다고 한다. 그래서 바누아투 정부는 이를 금지시키기도 했다. 이들이 번지를 감고 높은 곳에서 뛰어내리는 것은 '이제 나도 세상 속에 뛰어든다.'라는 의미가 있다고 하지만 삶 속에 뛰어들기 위한 용기치고는 다소 잔인한 것 같다.

이렇게 시작한 번지점프는 스릴과 공포를 만끽하는 레포츠로 발전하였다. 오늘날 번지점프가 레포츠 형태로 자리 잡게 된 것은 1989년 뉴질랜드에서부터였는데, 지금은 뉴질랜드라고 하면 번지점프를 떠올릴 정도로 세상에 많이 알려졌다. 관광객 중 일부는 번지점프를 하기 위하여 뉴질랜드로 오는 사람도 있다고 한다. 뉴질랜드에서도 번지점프로 가장 대표적인 곳이 세계 최초로 상업적인 번지점프를 시작한 남섬의 카와라우Kawarau 다리이다. 이곳의 번지점프는 계곡 밑으로 하강하여 카와라우 강물이 손에 닿을 듯한 짜릿함을 준다. 북섬의 타우포 호수에 위치한 타우포 번지점프도 유명하며, 최근에는 오클랜드

타우포 번지점프

의 상징이라고 할 수 있는 스카이시티328m 타워의 번지점프192m도 많이 알려졌다. 번지점프를 신청할 때에는 서약서를 작성한 후 키와 몸무게를 측정한다. 마치 병원 수술실에 들어갈 때 서약하는 기분일 것이다.

번지Bungee는 'Bungy'라고 쓰기도 하고 'Land Diving'이라고 표현하기도 한다. 현대식 번지점프가 처음 시도된 것은 1979년 영국 옥스퍼드 대학의 모험적인 스포츠 클럽 멤버가 영국 브리스톨Bristol의 클리프턴Clifton 현수교76m에서 뛰어내린 것이 시작이라고 한다. 그 후 그들이 미국 샌프란시스코의 금문교에서 뛰어내리면서 점점 유행하였으며, 1982년에는 크레인이나 열기구 위에서도 뛰어내렸다고 한다. 이후 뉴질랜드의 모험가 해킷Alan John Hackett, 1958~이 1986년 오클랜드 노스쇼어의 그린하이트Greenhithe 다리 위에서 뛰어내렸으며, 1987년에는 프랑스 파리의 에펠탑Eiffel Tower 110m 지점에서 뛰어내려 전 세계적으로 큰 화제를 일으켰다. 1989년 해킷은 고국인 뉴질랜드로 돌아와 고향인 퀸스타운에서 해킷 번지 클럽을 결성하였으며, 앞서 말한 47m 높이의 카와라우 강 다리에서 최초로 번지점프를 시도하였다.

겨울 스포츠의 백미, 파우더 스키

뉴질랜드는 우리나라와 계절이 정반대이다. 그러므로 뉴질랜드에서는 5월 중순부터 9월 중순까지 약 4개월간 스키를 즐기는데, 한국이 더운 여름철일 때 뉴질랜드에서는 스키를 즐기는 셈이다. 우리나라의 스키 마니아들은 이 시기에 뉴질랜드로 날아가서 스키와 스노보드를 즐기기도 하며, 이웃하는 일본도 한때는 뉴질랜드행 스키 전세기를 띄우기도 했다.

뉴질랜드에는 29개의 스키장이 있는데, 그중 북섬에는 통가리로 국립공원 내 루아페후 산에 있는 와카파파Whakapapa 스키장, 투로아Turoa 스키장, 투키노Tukino 스키장 그리고 타라나키에 있는 망아누이Manganui 스키장 등 4곳이 있다. 남섬에는 25개의 스키장이 있는데, 그중 퀸스타운 인근의 코로넷피크Coronet Peak, 1649m 스키장과 리마커블스Remark-

뉴질랜드의 스키장 현황

북섬	오클랜드	스노플래닛(실내 스키장)
	루아페후 산	투로아, 와카파파, 투키노*
	타라나키	망아누이*
남섬	넬슨 호	레인보*, 마운트로버트*
	캔터베리(15개)	라이퍼드 산, 포츠 산, 허트 산, 돕슨 산, 오하우, 포터스, 라운드힐, 타스만 빙하, 브로큰 강*, 크레이기번 계곡*, 폭스피크*, 핸머스프링스*, 치즈먼 산*, 올림퍼스 산*, 템플베이슨*
	오타고(8개)	카드로나, 코로넷피크, 인빈서블, 리마커블스, 스노팜, 스노파크, 트레블콘, 아와키노*

주: *는 클럽 스키장이며 그 외에는 일반 상업적 스키장이다.

ables, 1943m 스키장이 유명하다. 코로넷피크 스키장은 휴양지인 퀸스타운에서 약 25분18㎞ 거리의 가까운 곳에 위치하며, 가장 특이하고 다양한 지형을 지니고 있는 스키장이다. 리마커블스 스키장은 퀸스타운의 고산 지대에 위치하고 있어서 경치가 매우 환상적이고 하루 종일 해가 비친다.

대부분의 뉴질랜드 스키장은 산악 지형을 그대로 이용한 슬로프로 구성되어 있으며 알파인Alpine 스키, 크로스컨트리Cross country 스키, 노르딕Nordic 스키, 스노보드Snowboard 등 종류와 코스도 다양하다. 와나카Wanaka 주변의 스노팜Snow Farm 스키장은 크로스컨트리 스키장으로 잘 알려져 있다. 특히 캔터베리 지역의 포츠Potts 산 스키장, 타스만Tasman 빙하 스키장 그리고 오타고의 인빈서블 스노필즈Invincible Snowfields 스키장은 헬리스키Heliski와 헬리보드Heliboard로 유명하다. 헬리콥터를 타고 정상까지 올라가서 그곳부터 스키나 스노보드를 타고 내려오는 헬리스키는 중급 이상의 스키 실력이면 누구나 시도해 볼 수 있다. 뉴질랜드의 스키장들은 자연 그대로 눈이 쌓인 상태에서 스키를 타는 '파우더 스키Powder Ski'로 유명하다.

국교와 같은 럭비와 럭비 월드컵

뉴질랜드 사람들은 올림픽 같은 종합 대회에서 뛰어난 성적을 내지는 못하지만 스포츠를 아주 좋아하는 국민이다. 많은 스포츠 중 특히 럭비는 초등학생부터 나이든 어르신까지 전 국민이 좋아하는 운동경기이다. 중요한 럭비 경기가 있은 다음날 직장의 동료나 친구들 사이에서 대화의 주제는 단연 전날 경기 내용이다. 뉴질랜드 사람들에게 가장 인기 있는 스포츠로 자리 잡은 럭비를 두고 일각에서는 국교國敎의 수준이라고 말할 정도이다. 우리나라의 국민 스포츠가 축구라면 뉴질랜드는 럭비이다. 특히 뉴질랜드 국가대표 팀인 올블랙스All Blacks와 호주 국가대표 팀인 왈라비스The Wallabies의 대항전이 있는 날이면 우리나라의 축구 한일전 때보다 더 열기가 후끈거린다. 올블랙스 선수들은 연예인보다 더 인기가 높으며 전국의 기념품점에는 올블랙스 유니폼 및 관련 제품들이 인기 품목이다. 올블랙스 팀의 이름은 그들이 입고 있는 검은색 유니폼 때문에 붙여졌으며, 그들이 시합하기 전에 추는 마오리 춤은 올블랙스 하카Haka로 자리 잡았다.

올블랙스 로고

1996년 시작된 슈퍼럭비Super 15는 SANZAR-South Africa, New Zealand and Australia Rugby의 럭비 유니

격렬한 럭비 경기 모습

언Union 즉 남아프리카공화국 럭비 연합SARU, 뉴질랜드 럭비 연합NZRU, 호주 럭비 연합ARU의 유니언 방식 경기 연맹이다. 각국마다 5팀씩 총 15개 팀이 출전하여 경기를 치르는데, 역대 최다 우승 팀은 남섬 캔터베리 지역을 연고로 하는 크루세이더스Crusaders로 7회 우승하였다. 뉴질랜드 국내의 슈퍼 럭비 팀은 블루스Blues, 오클랜드·노스랜드·노스하버 연합 팀, 치프스Chiefs, 베이오브플렌티·마누카우·와이카토·템스 연합 팀, 크루세이더스Crusaders, 캔터베리·타스만·웨스트코스트·남섬 중부 지방 연합 팀, 하이랜더스Highlanders, 오타고 지역 연합 팀, 허리케인스Hurricanes, 호크스베이·마나와투·타라나키·웰링턴·왕아누이 북섬 남부 지방 연합 팀로 구성되어 있다.

　1995년 뉴질랜드에 워리어스Warriors라는 럭비 팀이 새로이 등장한 이후 한동안 올블랙스와 워리어스에 대한 혼동이 있었다. 이는 한마디로 럭비 게임 방식이 두 종류로 나뉘어 있다고 생각하면 된다. 즉, 앞서 말한 '유니언 방식'과 호주에서 인기 있는 '리그 방식'이 그것인데, 새로 생긴 워리어스는 호주를 주 무대로 치러지는 프로 리그인 NRLNational Rugby League의 뉴질랜드 지역 팀이다. 그러므로 이 두 팀이 하는 럭비는 경기 방식이 조금 다르다. 올블랙스로 상징되는 유니언의 경우 선수가 15명이지만 리그 방식은 13명이며, 트라이Try에 주어지는 점수도 유니언은 6점, 리그는 4점이다. 가장 큰 차이점은 유니언의 경우 볼이 상대편으로 합법적으로 넘어가기 전까지는 계속 볼을 점유할 수 있지만, 리그의 경우 6번에 걸친 공격 기회만을 인정하고 그 다음부터는 강제적으로 상대편에게 볼을 넘겨주어야 한다. 2007년의 NRL의 경우 호주의 15팀과 뉴질랜드의 워리어스 1팀을 합해서 16개 팀이 장장 7개월에 걸쳐 리그 게임을 벌였다. 한편 뉴질랜드 국가대표 팀은 올블랙스를 비롯하여 키위스New Zealand Kiwis, 키위펀스New Zealand Kiwiferns, 마오리New Zealand Maori 등이다. 그 외에 각 지역별로 프로 클럽들이 매우 많이 있다.

럭비도 축구와 같이 월드컵 대회가 있다. 국제럭비위원회International Rugby Board에서 주관하며, 우승 팀에게는 럭비를 처음 고안한 것으로 알려진 윌리엄 웨브 엘리스William Webb Ellis, 1806~1872 컵이 주어진다. 4년마다 열리는 럭비 월드컵은 2011년까지 총 7회가 치러졌고, 2015년에는 잉글랜드에서 개최될 예정이다. 본선 진출 팀은 총 20개국으로 티켓은 유럽 3장, 아메리카 3장, 오세아니아 2장, 아시아와 아프리카

 올블랙스 하카

뉴질랜드 럭비 대표팀인 올블랙스의 경기가 있는 날은 반드시 하카 춤이 공연된다. 올블랙스 멤버들은 경기 시작 전에 마오리 전통 춤인 하카를 추는데, 이것을 올블랙스 하카(All Blacks Haka)라고 한다. 올블랙스 하카는 아주 특별하고 상징적인 행사로 자리잡았으며, 오늘날 뉴질랜드의 국  가 브랜드로 발전하였다. 건장한 마오리들이 마치 상대팀 선수들을 죽이려는 듯 "카마테, 카마테"라고 큰 소리를 지르며 하카를 추면 경기장에 모인 수만 명의 관중들도 즐거워하며 박수를 보낸다. 럭비의 절대 강자인 올블랙스 팀은 1987년부터 럭비 월드컵을 통해 하카를 선보였다. 이제는 하카와 올블랙스는 떼려야 뗄 수 없는 관계가 되었다.

각 1장씩 주어진다. 지난 대회 8강 진출 팀은 자동적으로 본선에 진출하고 나머지 2장은 플레이오프 티켓을 따야 진입할 수 있다. 2011년 제7회 대회 때 참가한 나라는 뉴질랜드, 프랑스, 통가, 캐나다, 일본이상 1조, 아르헨티나, 잉글랜드, 스코틀랜드, 조지아, 루마니아이상 2조, 호주, 아일랜드, 이탈리아, 미국, 러시아이상 3조, 남아프리카, 웨일스, 사모아, 피지, 나미비아이상 4조 등 총 20개국이었다.

지금까지 럭비 월드컵의 우승은 뉴질랜드가 2번1회, 7회, 호주가 2번2회, 4회, 남아프리카공화국이 2번3회, 6회 잉글랜드가 1번5회 차지했다. 따라서 럭비는 사실 남반구의 게임이라고 해도 과언이 아니다. 여자 럭비 월드컵Women's Rugby World Cup도 국제럭비위원회의 주관하에 4년마다 한 번씩 열린다. 1991년부터 2010년까지 총 6회 개최되었는데, 뉴질랜드가 4차례 우승을 차지하였다.

4년마다 불어오는 크리켓 열풍

크리켓Cricket은 13세기경부터 시작되었는데, 한때는 비신사적인 동작이 많다는 이유로 귀족들에게 호평을 얻지 못하였다고 한다. 그래서 오랫동안 성장하지 못하다가 1748년경부터 영국에서 공식적으로 인정받기 시작하였다. 초기에는 주로 잉글랜드 남부 지역에서 성행하였는데, 점차적으로 영국 각 지역과 영연방 나라로 보급되어 뉴질랜드, 호주, 남아프리카, 인도, 파키스탄, 서인도 제도 등으로 퍼져나갔다. 세계 최초의 국가 간 크리켓 경기는 1840년 캐나다의 토론토크리켓클럽과 뉴욕의 세인트조지클럽 간의 경기였는데, 이때 세인트조지

클럽이 10위킷Wicket 차이로 승리했다고 한다. 양 클럽은 오늘날까지도 그 명맥을 유지하는 명문 크리켓 클럽으로 남아 있다.

배트와 공을 사용한다는 점에서 야구와 유사한 크리켓은 팀당 11명으로 구성되어 있으며, 두 팀이 공격과 수비를 번갈아 하면서 진행한다. 방망이로 공을 쳐서 위킷을 쓰러뜨려 승부를 겨루는 경기이다. 승자를 가리는 방법은 두 가지인데, 하나는 정해진 시간 내에 상대팀보다 많은 득점을 하는 것이고, 또 다른 하나는 득점은 물론 상대팀을 아웃까지시켜야 하는 방식이다. 경기장은 중앙에 피치pitch, 20.12×3m라 불리는 긴 직사각형 형태의 공간에서 투수에 해당하는 볼러bowler와 타자에 해당하는 배트맨bat man이 각각 공을 던지고 치면서 경기한다. 피치의 양쪽 끝에는 위킷이라는 표식이 있는데, 수비하는 팀의 입장에서는 아웃시키기 위한 목표물이다. 공격하는 팀은 이를 막으면서 볼러가 던지는 공을 쳐내 위킷 사이를 왕복 달리기하듯이 뛰면서 득점한다. 아직 우리나라에는 낯선 스포츠이므로 경기 규칙을 이해하기가 쉽지 않다.

뉴질랜드에서 대중적인 스포츠인 크리켓은 럭비에 이어 두 번째로 인기 있는 스포츠이다. 선교사 헨리 윌리엄스Henry Williams, 1792~1867는 1832년 12월에 자신이 쓴 일기에 베이오브아일랜즈 파이히아의 호로투투Horotutu 해변에서 크리켓 게임을 했다고 기록하였다. 찰스 다윈Charles Darwin, 1809~1882이 쓴 항해 일지The Voyage of the Beagle에 의하면 1835년 선교사들과 젊은 남자들이 농장에서 크리켓 하는 것을 보았다고 기록하고 있다. 뉴질랜드에서 공식적으로 진행된 첫 번째 크리켓 경기는 1842년 12월 28일에 열린 웰링턴의 '레드' 팀과 '블루' 팀의 경기이며, 최초의 기록 경기는 1844년 3월 넬슨의 측량사들과 입국 심

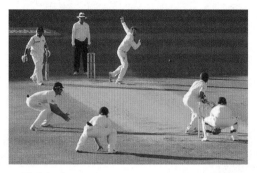
크리켓 경기 모습

사관들 사이에 열렸다고 한다. 1894년 2월 15~17일 사이에 뉴질랜드 대표팀과 호주 뉴사우스웨일스NSW 팀이 크라이스트처치의 랭커스터 파크Lancaster Park에서 경기를 가졌는데, NSW 팀이 160득점으로 이겼다고 한다. 그리고 다음해에 가진 재경기에서는 뉴질랜드가 142득점으로 승리를 거두었다. 한편 1894년에 뉴질랜드크리켓위원회New Zealand Cricket Council가 설립되었다.

크리켓도 월드컵 대회가 있다. 1975년 제1회 크리켓 월드컵이 잉글랜드에서 개최된 이후 매 4년마다 열리며, 2015년에는 호주와 뉴질랜드에서 공동 개최될 예정이다. 지금까지 10회의 대회가 개최되었는데, 뉴질랜드 국가대표 팀의 역대 전적은 4강에서 패한 경기가 6번으로 아직 한 번도 우승 또는 준우승을 하지 못하였다. 세계적으로 크리켓 인구가 늘어남에 따라 크리켓 경기를 총괄하는 국제크리켓위원회International Cricket Council가 결성되어 있다. 럭비 열풍과 더불어 크리켓 또한 뉴질랜드를 달군다. 한국에서 축구가 뉴질랜드의 럭비라면 한국의 야구 열기가 뉴질랜드의 크리켓 열풍과 비슷하다고 볼 수 있다.

뉴질랜드와
한국

전쟁 후 우리나라는 폐허 속에서 너무나 가난하였다. 아마도 미국을 비롯한 전 세계 각국
으로부터 원조가 없었다면 오늘날 대한민국의 모습은 불가능했을 수도 있다. 약 60년이
지난 2011년 4월에 영연방 4개국의 참전 용사를 한국에 초청하여 230여 명이 우리나라
를 찾았다. 6·25 당시 아군의 10배가 넘는 중공군을 저지하여 서울 방어를 가능하게 했
던 영연방 참전 용사들이 60여 년 만에 우리나라를 다시 찾아온 것이다.

한국전쟁에 참전한 뉴질랜드 청년들

한국전쟁이 일어나고 만 4일 만인 6월 29일에 북한군 13만 5000여 명이 삼팔선을 넘어왔다. 유엔안전보장이사회는 각국에 군사 원조를 요청했는데, 이때 국교도 맺지 않은 뉴질랜드가 16개국 중 가장 먼저 프리깃frigate함 두 척을 파견하기로 결정하였다. 뉴질랜드는 제1,2차 세계대전에서 2만 8600여 명의 젊은이들을 잃었다. 전쟁의 아픔을 알고 있는 뉴질랜드가 두 척의 해군함정을 즉각 파병하기로 결정한 것이다. 데번포트Devonport 해군 기지를 출발한 두 척의 군함은 태평양의 파도를 뚫고 1950년 8월 2일 일본 나가사키 현의 사세보佐世保, Sasebo 항에 도착하여 극동함대에 배속되었다. 이 군함은 매일 저녁 일본 사세보 항을 출발하여 부산까지 가는 수송선단을 호위 엄호하는 역할을 담당하였고, 그 후 제7기동함대에 편성되어 인천상륙작전에 투입된 대형 함정을 수호하는 역할도 하였다.

전쟁 발발 20일이 지난 7월 14일에 유엔 사무총장으로부터 파병 요청을 받은 뉴질랜드는 그해 12월 10일 파병을 결정한다. 그리고 1950년 마지막 날인 12월 31일 정규군 3500명, 민간요원 1100명의 제16포병연대가 부산 시민들의 열렬한 환영을 받으며 부산항에 도착하였다. 곧장 경기도 장호원으로 이동하여 영연방 제27여단에 배속된다. 이후 1951년에 중공군의 제1차 춘계공세를 저지한 '가평 전투'에 참가하였다. 자국에서 평화롭게 살아가던 뉴질랜드의 젊은 이들이 낯선 이국 땅에서 전투에 뛰어든 것이다.

2011년 기준 뉴질랜드 군인이 9836명인데, 당시에도 뉴질랜드의 군인은 얼마 되지 않았을 것이다. 그런데 뉴질랜드 정부의 공식 발표에 따르면 1950년 7월 30일부터 1953년 7월 27일까지 3년간 포병 1개 대대, 군함 2척 등 약 6000명이 참전하여 45명유엔 묘지에 34기 안치이 전사하였다고 한다. 다른 자료에 따르면 5100명 정도가 참전한 것으로 나타나 있기는 하지만 어찌 되었든 아무런 인연도 없는 대한민국에 많은 젊은이들을 투입한 것은 대단한 결정이다. 1953년 7월 27일 휴전이 되고 해군은 1954년 3월에, 지상군은 1955년 11월에 모두 철수하였다. 한국전쟁에 참전한 전우들의 모임인 참전 용사회New Zealand-Korea Veteran's Association는 1973년 10월 1일 창립되어 현재 회원이 약 1000명 정도 되며 매 2년마다 전국대회가 개최된다.

참전 기념 시설로는 경기도 가평에 영연방 4개국영국, 뉴질랜드, 호주, 캐나다 합동 참전 기념비를 비롯하여 가평 전투 기념비, 부산 유엔기념공원에 뉴질랜드 참전 기념비가 건립되어 있다. 뉴질랜드에는 오클랜드에 한국전 참전비Korean War Memorial, 크라이스트처치 송파공원에 한국전 참전 기념교Memorial Bridge, 타이하페에 참전 용사 추모비Taihape War Memorial, 웰링턴의 아오테아 한국전 참전비A Heritage Memorial, Aotea Quay, 프랭크키츠 공원에 참전 기념패Korean War Memorial, Frank Kitts Park 등이 있다. 그리고 뉴질랜드 국회의사당 회의장 목재 벽면에 있는 나뭇잎 형상의 엠블럼에 한국전 참전을 추모하기 위한 국회 참전 기념패 Korean War Memorial, Parliament House가 새겨져 있다.

전쟁 후 우리나라는 폐허 속에서 너무나 가난하였다. 아마도 미국을 비롯한 전 세계 각국으로부터 원조가 없었다면 오늘날 대한민국의 모습은 불가능했을 수도 있다. 약 60년이 지난 2011년 4월에 영연방 4

개국의 참전 용사를 한국에 초청하여 230여
명이 우리나라를 찾았다. 6·25 당시 아군
의 10배가 넘는 중공군을 저지하여 서울 방
어를 가능하게 했던 영연방 참전 용사들이
60여 년 만에 우리나라를 다시 찾아온 것
이다. 노병들은 당시의 전장을 둘러보고 전
우들이 잠들어 있는 부산의 유엔 기념 공원
도 참배하였다. 방문단에는 영국 합참의장

한국전쟁 60주년 기념 주화

도나휴Kevin O'Donaghue, 호주 참모총장 길레
스피Gillespie, 뉴질랜드 참모총장 팀 키팅Tim
Keating 등도 참석하였다. 그들은 임진강 전
투와 가평 전투 60주년 기념식에도 참석하
고 각 국가별 전적지와 참전 기념비도 방문
하였다.

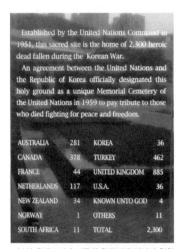

부산 유엔묘지에 기록된 한국전쟁 전사자 현황

한 달 후 국가보훈처는 가평 전투 60주
년을 맞아 뉴질랜드 참전 용사에게 감사의
마음을 전하기 위하여 뉴질랜드 제16포병
연대현재 Linton Camp를 찾아가 부대 표창 및 기장 수여 행사를 가졌다.
2011년 5월 26일 치러진 이 행사는 참전 용사의 유가족뿐만 아니라 주
디스 콜린스Judith Collins 보훈부 장관, 뉴질랜드 육군 참모총장 및 현
역 군인, 그리고 일반 시민들도 다수 참석한 가운데 성대하게 치러졌
다. 1951년 4월 가평 전투에서 혁혁한 공로로 이승만 대통령으로부터
부대 표창1951.11.1을 받은 당시 부대원들에게 기장旗章을 수여하여 그들

의 숭고한 용기와 희생을 기렸다. 뉴질랜드 정부의 훈장 패용 허가에 따라 제16포병연대 출신 참전 용사들은 다른 표창에 우선하여 대한민국의 부대 표창을 가슴에 달게 되었다. 이는 참전 용사들의 오랜 숙원 해소는 물론 그들의 명예와 자긍심을 한층 고취시키는 계기가 되었다.

혈맹으로 맺어진 우방국

영연방의 일원으로 한국전쟁에 참전한 뉴질랜드는 대한민국과 혈맹의 관계를 유지해 오다가, 1962년 3월 양국 간 외교관계를 수립하였다. 1967년에는 한·뉴 무역 및 경제 기술 협력을 체결하였고 1968년 9월에는 박정희 대통령이 뉴질랜드를 방문하였으며, 10월에는 홀리오크Keith Holyoake, 1904~1983 총리가 한국을 답방하였다. 이후 양국의 외교관계는 급진적으로 발전되어 1969년도부터 매년 통상장관 회담을 개최하기로 합의했다. 양국은 1971년 수도 웰링턴과 서울에 각각 대사관을 설치하였는데, 6월에 주한 뉴질랜드대사관이 설치되었으며 7월에는 주뉴 한국대사관이 개설되었다. 외교관계가 점점 활발해지면서 1973년 10월 뉴질랜드 최대 도시인 오클랜드에 한국무역관이 설치되었다. 1993년부터 한국인의 이민 열풍이 불어 교민들이 점점 불어나자 1996년에는 주뉴 한국대사관 오클랜드 분관이 개설되었다. 박정희 대통령 방문 이후 1999년 김대중 대통령 방문, 2006년 노무현 대통령 방문, 2009년 이명박 대통령 방문 등 우리나라 대통령이 4차례 방문하였고, 뉴질랜드 총리는 14차례나 방한하였다. 한편 뉴질랜드는 북한과 2001년 외교관계를 수립하였지만 북한에 상주공관을 개설하지 않고, 서울 주재 대사가 겸임하고 있다. 뉴질랜드는 북한의 한반도에너지개발기구KEDO에 1995년 이래 총 450만 뉴질랜드 달러의 중유를 제공하였으며, 1996년부터 2008년까지 340만 뉴질랜드 달러의 식량도 원조하였다.

뉴질랜드와 대한민국은 정부 간에도 서로 호혜의 원칙에 입각하여 많은 협정이 이루어지고 있는데, 1967년 무역 및 경제·기술 협력을 필두로 어업 협정1978, 국제운수소득면제 협정1978, 이중과세방지 협정1981, 항공 협정1993, 사증면제 협정1994, 임업협력 협정1997, 취업관광사증 협정1999, 형사사법공조 협정2000, 방산물자 품질보증 약정2000, 범죄인인도 협정2001, 영화공동제작 약정2005, 정보통신협력 약정2006, 농림부간협력 약정2007, 한뉴공동영화제작 협정2008 등이 체결되었다. 한편 뉴질랜드는 우리나라가 전후 사정이 어려울 때 콜롬보플랜 Colombo Plan: for Cooperative Economic and Social Development in Asia and Pacific, 1951 의 일환으로 1962년부터 263명의 한국인 젊은이들을 교육시켰으며, 1969~1979년에는 평택에 시범 낙농 목장Model Dairy and Beef Farms을 설립하여 우리나라 낙농업 발전에 크게 기여하였다.

양국 교역량은 2012년 기준 28억 달러로 뉴질랜드는 우리나라의 46번째 교역국이지만 뉴질랜드에게 한국은 5번째 주요 교역국으로 성장하였다. 최근 뉴질랜드는 1차산업의 수출에 대한 높은 의존도에서 벗어나기 위해 영화, 미디어, IT 등 문화산업과 고부가가치 지식 기반 산업을 발전시키려 하고 있다. 앞으로도 통신장관회의를 통한 과학기술 및 정보통신 협력의 강화와 뉴질랜드의 대중교통, 전력 송배전 시설 등 인프라 확충 사업에도 교류가 증진될 것으로 전망한다. 특히 군사비밀정보보호 협정 발효를 통한 국방 협력의 증진과 뉴질랜드 방위산업 분야에도 호의적인 검토가 기대되고 있다. 현재 뉴질랜드에서 한국으로 수출하는 품목은 목재류, 축산가공품, 육류, 알루미늄, 석유화학제품, 과일 및 해산물 등이다. 반면 한국은 석유제품, 자동차, 철강판, 합성수지, 전자기기, 기계류 등을 뉴질랜드에 수출하고 있다. 현재 오클랜드와 부산, 크라이스트처치와 서울 송파구가 자매결연을 하고 있다.

 뉴질랜드 총리의 한국 방문

뉴질랜드 존 필립 키(John Phillip Key) 총리가 2013년 7월 26일 한국을 방문하여 박근혜 대통령과 정상회담을 가지고 양국 간에 교류 협력 강화 방안을 논의했다. 한국전쟁 정전 60주년 기념행사 참석을 위해 100여 명의 정부 대표단을 이끌고 한국을 찾은 존 키 총리에게 "뜻깊은 해에 한국을 방문해 줘 대단히 감사하다."라고 전하며 "뉴질랜드 참전 용사의 숭고한 희생 덕분에 한국의 자유민주주의를 지킬 수가 있었고, 오늘의 한국도 가능했다."라고 사의를 표했다. 그뿐만 아니라 당시 격전지였던 가평 지역의 청소년들에게 1976년부터 지금까지 장학금을 보내 주는 뉴질랜드 참전 용사들에게도 경의를 표했다. 존 키 총리는 "2012년에 한국을 방문했을 때 나눴던 대화들이 기억난다."라며 박 대통령과의 인연을 상기했다. 뉴질랜드와 우리나라는 협력 동반자로서 자원 개발, 과학기술 및 영화 등 문화산업 분야에서 서로 협력할 것과 한-뉴 자유무역협정(FTA)의 협상 진전을 위해 노력하기로 하였다. 2011년 재선에 성공한 존 키는 현재 39대 총리이다.

존 키 뉴질랜드 총리와 박근혜 대통령(자료: 청와대 공공누리)

박정희 전 대통령의 뉴질랜드 방문

  1968년 9월 15일 호주와 뉴질랜드 방문길에 오른 박정희 전 대통령을 환송하기 위하여 김포공항에는 약 700여 명의 환송객이 나왔다고 한다. 당시 우리나라는 대통령 전용기가 없었기 때문에 미국의 노스웨스트 전세기를 이용하여 오전 11시에 호주로 출발하였다. 호주 방문을 마치고 9월 19일 뉴질랜드의 공군기지에 도착한 박 전 대통령은 당시 뉴질랜드 총리였던 홀리오크 내외와 정치 지도자들의 영접을 받았다. 박 전 대통령 일행은 수도인 웰링턴으로 가기 위하여 다시 2대의 군용기로 이동하였는데, 제1호기에는 박 전 대통령 내외와 홀리오크 총리 내외, 제2호기에는 공식 수행원과 함께 딸인 현 대통령 박근혜를 포함한 비공식 수행원이 탑승하였다. 박근혜 현 대통령은 당시 16세의 나이로 고등학교 2학년에 재학 중이었다.

  웰링턴 공항에는 당시 뉴질랜드에 거주하는 12명의 교포 전원이 나와서 태극기를 흔들며 환영해 주었다고 한다. 박 전 대통령은 9월 20일 오전에 홀리오크 총리와 정상회담을 가지며 1968년 1월 21일에 침투한 북한 무장공비의 청와대 습격 사건을 설명하고, 월남 파병 문제 등 국제정세 전반에 걸쳐 의견 교환을 하였다. 또한 경제 협력 및 문화 협력 등 양국 간 공동 관심사에 대해서도 협의하고 국회의사

박정희 대통령이 뉴질랜드 출발 전 기념 연설하는 모습
(자료: 국가기록원)

박정희 대통령 가족 일행이 치즈 공장을 시찰하는 모습
(자료: 국가기록원)

당에서 홀리오크 총리 주최 오찬회에도 참석하였다. 한편 육영수 여사는 딸 박근혜와 함께 웰링턴 근교의 카리테인Karitane, 1957년 설립 산부인과 병원을 방문하여 시설을 둘러보았다.

　박정희 전 대통령 내외는 홀리오크 총리 내외와 함께 가축을 사육하는 존스톤스 농장Johnstone's Farm을 시찰하였으며, 오후에는 코마코라우Komakorau 치즈 공장도 시찰하였다고 한다. 22일 저녁에는 총리 주최 송별 만찬회를 가졌으며 9월 23일 오전에는 「한·뉴질랜드 공동성명」이 발표되었다. 21개 항에 달하는 공동성명은 박 대통령과 홀리오크 총리의 정상회담과 한·뉴질랜드 각료회의를 통해 발표된 한국과 뉴질랜드의 과학, 문화, 사회, 정치, 경제, 기술 등 각 분야의 협력에 관한 내용이 담겨 있다. 9월 23일 귀국길에 박 대통령 일행은 미국령 사모아 섬에 들러 한국 원양 어선단을 시찰하고 우리 선원들을 격려했다. 1961년 취임한 박정희 전 대통령의 미국 방문 이후 두 번째 해외 순방이었다.

뉴질랜드에 도착한 한국인들

1911년 뉴질랜드에 처음으로 한국인 한 사람이
들어왔다고 하지만 상세한 내용은 알려지지 않고
있다. 당시 형편으로는 유색인종이 편하게 입국하
지 못했을 시기였다. 아마도 19세기 후반에 한국
으로 파견된 선교사의 자손이거나 한국에서 천주
교의 박해를 피해 이주한 사람일 가능성도 생각해
볼 수 있다. 1951년 창설된 국가 간 유학생 유치 협

THE COLOMBO PLAN
콜롬보플랜

정인 콜롬보플랜Colombo Plan으로 1962년부터 우리나라 유학생들이 몇
명씩 뉴질랜드로 들어오기 시작하였다. 또한 이민이라는 명목으로는
한국전쟁 고아의 입양, 참전 용사와의 국제 결혼, 그리고 이들의 가족
초청 등으로 입국이 가능하였다. 뉴질랜드 통계 자료에 따르면 1945
년 4명의 한국인이 뉴질랜드에 거주한 것으로 알려졌으며, 1961년에
는 52명으로 나타나는데 이들 중 42명은 원양어선의 선원으로 추측되
므로 나머지 10명남자 6명, 여자 4명이 상주했던 것으로 파악된다. 1953년
도에는 한국인이 뉴질랜드 중앙은행에 연수차 6개월가량 체류하였으
며, 1950년대 후반에는 간호사들이 연수차 다녀간 것으로 알려졌다.
1962년에는 김 모 씨당시 6세가 웰링턴 공항의 트랩을 내려온 것으로 확
인된다. 1962년 한국과 외교관계가 수립된 이후부터는 원양어선 선원
이나 상사 주재원 등이 뉴질랜드로 들어오기 시작하였다.

1966년 인구조사에서는 30여 명의 한국인이 거주하는 것으로 알려
졌다. 1968년에 참전 용사Mr. Morton와 결혼해 오클랜드에 정착한 여성

과 1969년에 크라이스트처치 링컨 대학 연구원으로 취업해 온 정 모 박사 가족 4명, 1969년에 오클랜드에 정착한 김 모 씨 가족 3명 등이 파악되고 있다. 1971년 인구조사에서 한국 태생은 총 129명으로 늘어나게 된다. 이 중 103명은 어업 전진기지에 체류한 선원, 10명은 콜롬보 훈련생, 나머지 16명은 일반인으로 분석되었다.

1970년대 후반 녹용업자, 태권도 사범 등 소수의 한국인들이 각기 다른 방법으로 뉴질랜드에 정착하였으며, 1974년에는 웰링턴의 한국 대사관저에서 재뉴질랜드 한인회가 결성되었다. 이때부터 정부나 단체의 교류도 점점 활발해지면서 공무원, 체육인 등이 다녀가고, 1984년부터 정식 수속을 밟은 이민자도 간간이 들어오기 시작하였다. 1985년에 오클랜드에 20명 정도의 교민이 거주했고, 여행 또는 일시 방문자들도 조금씩 늘어나기 시작하였다. 1986년부터 정식 이민이 시작되었으며, 1987년에는 오클랜드 대학에 한국어과가 생겼다. 두산연강재단Doosan Yonkang Foundation에서 1989년에 오클랜드 대학에 한국학 연구 지원을 시작하면서 현지인들도 한국에 대해 많은 관심을 갖기 시작하였다. 이 시기에 한국 교민과 유학생 수가 점점 늘어났고 한국 교회가 생기기 시작했다.

1990년 교민 야유회 때에는 약 200여 명이 모일 정도로 대성황을 이루었으며, 1991년에는 오클랜드에서 한인회가 구성되었다. 1991년 11월부터는 일반점수제에 의한 이민 제도가 시작되어 고학력 중산층 한국인들이 본격적으로 들어오기 시작하였다. 더불어 1993년 11월에 대한항공 직항이 개통되고 1994년에 한-뉴 간 사증면제 협정이 체결되었다. 1994~1995년에는 연간 2000~3000명씩 이민자가 들어왔으며,

1995년 한 해 뉴질랜드 방문객이 10만 명을 돌파하였다. 1996년에는 영어시험과 예치금 제도 등 이민 조건이 강화되어 한국을 포함한 비영어권 국가의 이민자 수가 다소 감소하였다. 1997년 말에는 한국의 금융위기로 한국, 호주 등으로의 역이민 또는 제3국 이민이 증가하기도 하였다. 1998년 뉴질랜드는 자국 경기 부양책의 일환으로 이민자가 국내에 투자할 수 있도록 사업이민의 범주Business Category를 새로이 확대하고, 영어 구사 능력이 부족한 신청자에 대해서는 영어 교육기관에 사전 등록을 의무화하는 제도를 1999년에 신설하는 등 기존의 이민 제도를 다소 완화하였다.

이후 뉴질랜드에 입국하는 한국인의 수가 약간씩 늘어났지만, 2000년부터 다시 이민법이 강화되어 한국인의 이민이 줄어드는 추세이다. 게다가 뉴질랜드 교민 중 호주로 재이주 하는 교민이 늘어났다. 앞으로도 이민의 범주나 정부의 경제상황, 집권당의 성향 등에 따라 이민 제도가 수시로 변할 수 있다. 2013년 5월 기준 한국인 3만 527명남자 1만 4561명, 여자 1만 5966명이 뉴질랜드에 체류하고 있는데, 아시아 국가 중에서는 중국, 인도 다음으로 큰 교민 사회를 이루고 있다. 미국이나 호주에 비해 이민 역사는 짧지만 1.5~2세 자녀들이 영어로 자연스럽게 의사소통을 하고 변호사, 의사, 회계사 등 전문 직종에 자리 잡아서 키위 사회 속으로 진입하고 있다. 또한 자영업의 경우 이민·유학 알선, 화물, 수퍼마켓, 숙박, 식당, 여행사, 부동산, 자동차 정비 등 다양한 업종에 종사하고 있다.

한국인들의 구심점

한국인들이 점점 많아지자 자연스럽게 구심점이 필요하게 되었다. 그 중추적인 역할을 하는 곳이 한인회인데, 1974년 10월 웰링턴의 한국대사관저대사 강춘희에서 역사적인 재뉴질랜드 한인회가 창립되었다. 이때 전국의 교민 대표들이 대사관에 모여 창립총회를 가졌는데, 초대 회장에는 박흥섭 씨, 총무에는 박태양박영 초대 대사의 아들 씨가 선출되었다. 박 회장은 나중에 한국으로 귀국하여 전남대학교 교수로 재직하였으며2004년 작고, 뉴질랜드 키위를 최초로 한국에 소개하였다. 또한 박 총무는 2대, 3대, 4대, 7대, 9대, 10대에 걸쳐 한인회장을 지내며 초기 뉴질랜드 한인회의 기초를 다졌다.

전국을 대표하는 한인회는 웰링턴에 본거지를 두었지만, 각 지역별로 교민들이 점점 많아지면서 각 지역의 한인회가 태동하기 시작하였다. 그런데 1989년에 문제가 발생했다. 당시 웰링턴에 있던 한인회의 회장이 오클랜드로 이사를 가면서 재뉴 한인회도 오클랜드로 이사 가는 꼴이 된 것이다. 회장이 없는 웰링턴의 한인회와 오클랜드로 이사 간 한인회 사이에 갈등이 시작되어, 법정 공방에 휘말리는 등 불미스러운 일이 벌어졌다. 우여곡절 끝에 오클랜드 한인회가 1991년에 다시 결성되고 웰링턴 한

한인의 날 행사에서 음식을 판매하는 모습(1996)

인회는 1991년 4월 제15대 회장을 마지막으로 소멸되었다. 그 임무는 오클랜드에서 새로 발족된 한인회로 자연스럽게 넘어가게 되었다. 웰링턴 지역에도 뉴질랜드 한국교민회라는 새로운 이름으로 1991년 8월 제1대 회장이 선출되었다.

오클랜드 한인회는 1992년에 재뉴질랜드 한인회Korean Society of NZ로 법인 등록을 하고 2009년에 '오클랜드 한인회'로 명칭을 변경하였다. 오클랜드 한인회는 한국대사관과 유기적인 관계를 가지며 많은 활동을 하였다. 1993년 대한항공 직항 노선이 취항하는 데 힘을 보탰고, 오클랜드 한국 학교의 개교, 한인의 날 제정 및 행사, 오클랜드 지역 통상 및 관광진흥협의회 개최, 한인사회 발전기금 기증, 한국대사관 오클랜드 분관총영사관 유치, 국민은행 오클랜드 지점 유치, 부산광역시-오클랜드 시 자매결연 협조 등을 도왔다.

현재는 오클랜드 한인회, 뉴질랜드 한국교민회웰링턴 지역를 비롯하여 각 지역에 한인회가 구성되어 있다. 1991년에 크라이스트처치 한인회가 구성된 데 이어 더니든 한인회1993, 와이카토 한국교민회1995, 파머스턴노스 한인회1995, 로토루아 한인회1995, 퀸스타운 한인회2001, 황아레이 한인회2002, 왕아누이 한인회2009, 넬슨 한인회2010가 구성되었다. 하지만 인구가 적은 지역의 한인회는 교민들의 참여율이 저조하여 유명무실한 곳도 있다.

뉴질랜드 한국 교민과 재외 동포

뉴질랜드에 살고 있는 한국인들을 거주 자격별로 살펴보면 뉴질랜

(단위: 명)

연도	1986	1991	1996	2001	2006	2013
교민 수	426	930	12,657	19,023	30,792	30,527
총인구	3,263,283	3,373,926	3,618,303	3,737,280	4,027,947	4,242,048

자료: 뉴질랜드 통계청

드 국적 동포시민권자, 뉴질랜드 영주권자, 일반 체류자, 학생 체류자로 크게 나눌 수 있다. 뉴질랜드 통계청 센서스 자료에 따르면 뉴질랜드의 한국 교민 수는 최근 조금 줄어들었는데, 이것은 환율 상승으로 인한 방문객 및 유학생의 감소, 경제 불황, 역이민, 제3국 이민 등의 이유 때문인 것으로 판단된다. 2013년 기준 뉴질랜드에 거주하는 한국인은 3만 527명남자 1만 4561명, 여자 1만 5966명으로, 그중에 한국 국적의 교민재외국민이 1만 7887명59%이고 뉴질랜드 국적의 교민재외동포은 1만 2640명41%이다. 거주 한국인 10명 중 4명이 뉴질랜드 국적을 취득한 셈이지만 영주권자는 시민권자와 거의 동등한 조건으로 거주하고 있어 미래의 시민권자라고 판단되므로 영주권자7680명까지 합하면 총 2만 320명67%이 된다.

거주지별 분류는 뉴질랜드 수도인 웰링턴이 속한 뉴질랜드 대사관

오클랜드 브라운스베이의 한국인 가게

6개 지역에 6929명23%이며, 오클랜드 분관 5개 지역에 2만 3598명77%이 거주하는 것으로 밝혀졌다. 전체 체류자 중 약 3분의 2가 오클랜드 분관 관할 지역에 거주하는 것으로 나타났는데, 북섬의 웰

뉴질랜드의 한국 교민 현황

(단위: 명)

지역별		성별	합계	뉴질랜드 국적	재외국민(한국 국적)				관할 지역
					계	영주권자	일반 체류자	학생 체류자	
총계		남	14,561	5,808	8,753	3,762	2,818	2,173	
		여	15,966	6,832	9,134	3,918	2,943	2,273	
		계	30,527	12,640	17,887	7,680	5,761	4,446	
북섬지역	오클랜드	남	9,991	3,912	6,079	2,611	1,968	1,510	오클랜드 분관 관할 지역
		여	11,177	4,852	6,325	2,715	2,037	1,573	
		계	21,168	8,764	12,404	5,326	3,995	3,083	
	와이카토	남	668	277	391	168	126	97	
		여	700	290	410	176	132	102	
		계	1,368	567	801	344	258	199	
	베이오브플렌티	남	392	162	230	99	74	57	
		여	410	170	240	103	77	60	
		계	802	332	470	202	151	117	
	노스랜드	남	115	48	67	29	22	16	
		여	121	50	71	30	23	18	
		계	236	98	138	59	45	34	
	기즈번	남	11	4	7	3	2	2	
		여	13	6	7	3	2	2	
		계	24	10	14	6	4	4	
	웰링턴	남	391	163	228	99	72	57	대사관 관할 지역
		여	413	170	243	103	80	60	
		계	804	333	471	202	152	117	
	마나와투－왕아누이	남	149	63	86	36	28	22	
		여	162	66	96	42	31	23	
		계	311	129	182	78	59	45	
남섬지역	말버러	남	23	10	13	6	4	3	
		여	25	10	15	6	5	4	
		계	48	20	28	12	9	7	
	캔터베리	남	2,305	955	1,350	580	435	335	
		여	2,400	993	1,407	604	453	350	
		계	4,705	1,948	2,757	1,184	888	685	
	오타고	남	331	137	194	84	62	48	
		여	349	144	205	87	66	52	
		계	680	281	399	171	128	100	
	사우스랜드 &기타	남	185	77	108	47	35	26	
		여	196	81	115	49	37	29	
		계	381	158	223	96	72	55	

자료: 2013년 5월에 뉴질랜드 이민성, 내무부, 통계청에서 집계하여 우리나라 외교부에서 발표한 내용을 필자가 발췌, 정리함.

링턴 지역과 마나와투-왕아누이 지역은 통계상으로 남섬에 포함되어 있다. 그래서 웰링턴 지역과 마나와투-왕아누이 지역을 포함하여 남북섬으로 다시 구분해 보면 북섬에 2만 4713명81%이며, 남섬에 5814명19%이 거주한다. 따라서 10명 중 8명이 북섬에 거주하고 있는 셈이다. 총 11개 지역 중에 한국인이 가장 많이 거주하는 곳은 뉴질랜드의 최대 도시인 오클랜드 지역으로 2만 1168명69%이고, 다음은 두 번의 큰 지진으로 많은 교민이 빠져나간 크라이스트처치가 속한 남섬의 캔터베리 지역 4705명15%이 여전히 2위를 차지하고 있다. 3위는 오클랜드 경제권에 속해 있는 해밀턴 시의 와이카토 지역이 1368명4%이고, 가장 적은 한국인들이 거주하는 곳은 북섬 동해안의 기즈번 지역으로 24명에 불과하다.

 한국사회에 뻗어 있는 뉴질랜드 네트워크

1950년 한국전쟁 이래로 다양한 방식의 교류를 통해 뉴질랜드에는 우리나라의 유학생과 교민들이 상당수 거주하고 있으며, 우리나라에도 뉴질랜드 사람 혹은 뉴질랜드를 거쳐 간 한국 교민이나 유학생들이 상당수 활동하고 있다. 이들은 주한 뉴질랜드대사관을 중심으로 한국-뉴질랜드 협회(Korea-New Zealand Association, KONZA), 뉴질랜드 동문회(New Zealand Alumni Association in Korea), 호주-뉴질랜드 협회(Australia-New Zealand Association, ANZA) 등을 결성하여 서로 정보도 교환하며 친목을 도모하고 있다. 1968년에 설립된 한국-뉴질랜드협회는 사업, 학술 등의 분야에서 뉴질랜드와 밀접한 관련이 있는 한국인들의 모임으로 양국 간에 교두보 역할을 하고 있다. 또한 뉴질랜드에서 대학을 나온 한국인들의 모임인 뉴질랜드 동문회는 2000년 4월에 설립되었으며 오클랜드 대학교, 매시 대학교, 와이카토 대학교, 오타고 대학교, 캔터베리 대학교 등 각 대학별로 동문회가 구성되어 있다. 호주-뉴질랜드 협회는 한국에 거주하고 있는 뉴질랜드와 호주 교민들의 모임이다. 한편 주한 뉴질랜드대사관에서는 양국의 소식을 알려 주는 뉴스레터를 발행하고 있으며, 발간된 모든 소식지는 뉴질랜드 외교통상부 웹사이트에서도 볼 수 있다.

교민들이 자주 모이는 곳 중에 하나가 종교단체이다. 종교단체는 교회, 성당, 사찰 등 다양한 형태로 분류되지만 가장 많은 종교단체는 단연 교회이다. 그러므로 교회는 모임의 장소이고, 사교의 장소이며, 외로움을 달래고 서로를 알아가는 가교 역할을 하는 곳이다. 더불어 영어 공부, 주택 및 차량 구입 안내, 영주권 취득 문제, 직장 알선 등 다양한 분야에 이르기까지 정착에 필요한 정보를 공유하기도 한다. 현재 한인 교회는 뉴질랜드 전국에 약 100개소가 있으며, 성당과 사찰도 전국에 2~3개소 있다.

교류의 통로, 뉴질랜드 직항

인천공항에서 뉴질랜드의 관문인 오클랜드까지는 약 11시간 정도 걸린다. 비행기로 11시간이라고 하면 우선 굉장히 먼 곳 같지만 사실 하룻밤 자고 나면 도착한다. 과거를 생각해 보자. 불과 30~40여 년 전까지만 하더라도 서울에서 부산이나 목포까지 여행하려면 10~12시간 걸리는 완행 열차를 타고 다녔다. 이것과 비교하면 오늘날 11시간 걸리는 뉴질랜드는 그렇게 먼 거리만도 아닌 것 같다. 하지만 1980년대 말까지만 하더라도 뉴질랜드는 한국인에게 굉장히 먼 나라였다. 기술 이민과 투자 이민 제도가 시행되어 관심의 대상이 되기는 했

뉴질랜드의 위치와 비행 시간

한국

11 시간

뉴질랜드

연도별 양국 간 방문자 수

(단위: 명)

연도	뉴질랜드 방문 한국인	한국 방문 뉴질랜드 인
1995	104,389	
1996	127,356	
1997	108,266	
1998	17,686	
1999	43,234	8,390
2000	66,581	9,890
2001	87,167	12,086
2002	109,936	13,355
2003	112,658	13,875
2004	113,908	15,800
2005	112,005	16,035
2006	111,361	16,744
2007	99,453	16,863
2008	79,061	14,904
2009	53,086	13,609
2010	65,289	13,817

자료: 외교부

지만 뉴질랜드로 가는 길은 험난했다. 한국에서 뉴질랜드로 가기 위해서는 일본, 홍콩, 방콕, 싱가포르 등을 거쳐서 뉴질랜드로 들어가거나 아니면 이들 도시에서 호주 시드니를 경유하여 뉴질랜드에 도착한다. 아마도 만 하루 이상은 걸렸을 것이다. 그 후 한-뉴 직항 노선이 취항하면서 11시간 만에 도착할 수 있게 되었고 더불어 이민, 관광, 유학, 통상 등의 교류가 더욱 활발해지기 시작하였다.

이처럼 한국과 뉴질랜드가 가까운 이웃이 된 날은 대한항공이 첫 취항한 1993년 11월 4일이다. 이 과정에서 호주 정부와 호주 콴타스 항공의 강력한 반대에 부딪히기도 하였다. 그러나 온 교민의 바람대로 결국 태극 날개를 단 대한항공 KE677편이 오클랜드 공항에 착륙함으로써 소통의 막을 열었다. 1993년 11월 3일 오후 8시에 서울 김포공항을 출발한 비행기가 10시간 50분을 날아 다음날 오전 10시 50분4시간 시차에 뉴질랜드 땅에 도착한 것이다.

에어뉴질랜드와 공동으로 주 1회 운항으로 출발한 직항편은 한 달 후 주 2회로 늘어났다. 다시 7개월 후에는 주 3회로 편수를 늘려나갔으며, 3회 중 1회는 남섬의 크라이스트처치까지 연결 운항하였다. 1993년부터 일어난 이민 열기와 한국의 세계화 바람, 1994년 8월 사증면제 협정 체결 등 여러 가지 효과로 승객은 날로 증가했다. 뉴질랜드에 입국하는 한국인의 수가 이주자, 관광객, 유학생 등을 포함하여

1995~1997년 동안에 매년 10만~13만 명 가까이 되었다.

계속 증가하는 승객 수요에 따라 주 7회까지 증편 운항하던 대한항공 직항편도 1997년 말 닥친 금융위기IMF로 어려움을 맞았다. 1998년에는 승객의 수요가 6분의 1로 떨어졌으며, 에어뉴질랜드는 운항을 중단하고 말았다. 2001년부터는 승객의 수요가 어느 정도 회복이 되었지만 크라이스트처치행은 승객이 예상보다 밑돌자 운항이 중단되었다. 하지만 2002년부터 승객이 다시 10만 명대로 늘어났고, 이에 따라 2003년에는 아시아나항공이 오클랜드를 취항하였으며, 대한항공의 크라이스트처치 운항도 재개되었다. 두 항공사가 운항하여 승객들로서는 한결 편리해진 여행길이지만, 유가의 고공 행진으로 아시아나항공은 운항 개시 1년여 만에 운항을 중단하였다. 2012년에는 한 해 동안 약 11만 명의 한국인이 뉴질랜드를 찾았다고 한다.

한-뉴 간의 무역과 경제협력

현대 사회에서 외부와의 소통이 원활하지 못하면 경쟁에서 뒤처질 뿐만 아니라 자칫 잘못하다가는 생존 자체도 위협 받을 수 있다. 2000년대 들어 세계 각국이 자유무역협정FTA을 적극적으로 추진하는 것도 이 때문이다. 뉴질랜드는 무역 순위가 전 세계에서 60위권에 머물고 있지만 2000년대 들어 14개국과 FTA를 체결하고, 인구가 많은 중국, 인도 등 아시아와 교역을 확대하는 데에 국가의 미래를 걸다시피 하고 있다.

뉴질랜드에게 한국은 6번째5~7위 사이에서 변동로 많은 수입국이다. 뉴

쇠고기 개방하고 밭작물은 보호한 한·뉴질랜드 FTA

쇠고기: 발효 후 15년에 걸쳐 관세율 40~0%	돼지고기: 삼겹살 관세율 22.5~25% 유지, 가공품은 18년에 걸쳐 관세율 30~0%
닭고기: 냉장 고기 관세율 18% 유지	고추·마늘·양파: 현행 관세율 유지, 냉동 마늘·양파는 18년에 걸쳐 관세율 27~0%

자료: 농림축산식품부

양국 주요 개방 품목

한국 개방 품목(총 1만1655개)	관세 철폐 기간	뉴질랜드 개방 품목 (총 7256개)
소가죽·포도주·치약·천일염	즉시	타이어·세탁기·축전지·라면·빵
메탄올·충합·의류	3년	화물차·냉장고·건설중장비
소시지·초콜릿·완두·바닷가재·조개·오징어	5년	철강
키위	6년	
맥주·딸기·주스·꿀·골뱅이·도미	7년	자동차방열기·변압기·합판
홍어·보드카·사슴고기·위스키	10년	
합판·명태·참치·꽃게	12년	
쇠고기·요구르트·호박·감자·오이	15년	
홍차·멜론·포도·버섯·오리고기·상추	18년	

자료: 산업통상자원부

FTA 결과 자료

질랜드에서 한국으로의 수출액은 2011년 기준 14억 7400만 달러원목, 알루미늄, 낙농품, 가축육류, 과일, 석유화학 제품이며, 한국에서 뉴질랜드로의 수출액은 11억 400만 달러승용차, 경유, 휘발유, 휴대전화, 철도차량이다. 지난 5년간 특히 영화 및 디지털 콘텐츠 관련 서비스 교역이 크게 증가했다. 앞으로 한국산 자동차, 전자제품, 컴퓨터 등 경쟁력 있는 제품으로 시장 점유율이 점점 높아질 것으로 기대한다. 그뿐만 아니라 이 나라 최대의 경제 도시인 오클랜드에는 주뉴질랜드 총영사관과 KOTRA대한무역투자진흥공사가 주재하여 적극 지원하고 있다.

뉴질랜드도 한국과 더욱 긴밀한 경제 관계를 추구하고 있는데, 그 일환으로 한-뉴질랜드 FTA가 최근에 추진되었다. 한-뉴질랜드 FTA는 양국 간 새로운 차원의 정치, 경제 관계를 구축하게 될 뿐만 아니라 연구, 과학, 기술 분야의 협력을 강화시키고 교육, 문화 및 주요 산업 분야의 협력 기회를 제공할 것이다. 2009년 6월부터 2014년 8월까지 8차례 공식 협상을 진행하였으나 상품 양허 요구 품목에서 양측이 이견을 보인 채 진전을 보지 못하다가 최근, 2014년 11월 15일에 전격 타결되었다.

무역 업무를 담당하는 주요 정부기관은 우리나라의 외교통상부와 뉴질랜드 무역산업진흥청NZTE이다. 두 기관은 서로 성격이 약간 다르지만 두 나라를 대표하는 무역 관련 기관이다. 뉴질랜드 무역산업진흥청은 뉴질랜드 정부의 국가경제 개발 기관으로 해외시장을 지속적으로 개발하고 있다. 뉴질랜드 무역산업진흥청 내의 뉴질랜드 투자국 Investment New Zealand은 뉴질랜드로 투자 유치를 하는 기관이다.

한편 키위상공회의소The Kiwi Chamber라고도 불리는 주한 뉴질랜드 상공회의소The New Zealand Chamber of Commerce in Korea가 2008년 11월에 설립되었다. 그 외에 한국에 주재하고 있는 뉴질랜드 기관 및 기업은 뉴질랜드 교육문화원, 뉴질랜드 관광청, 에어뉴질랜드, 제스프리, 폰테라 등이다. 또한 한국-뉴질랜드 경제협력위원회Korea New Zealand Business Council가 구성되어 있는데, 이 위원회는 한국과 뉴질랜드 기업 및 기구, 정부기관들로 구성된 단체이다. 양측에 위원장을 각각 두고 있는 이 위원회는 양국의 상업적 이해와 관련된 정보를 제공해 준다.

뉴질랜드에 처음 도착했다면

뉴질랜드 사람들이 한국에 방문하는 것보다는 인구가 뉴질랜드의 12배인 우리나라 사람들이 뉴질랜드를 훨씬 많이 방문하고 있다. 단순 관광이나 친지 방문의 목적으로 뉴질랜드에 입국할 때는 무비자로

뉴질랜드 영구 비자.
1995년 첫 발행 후 여권 만료로 2000년 재발행된 것이다.

3개월간 체류할 수 있으며 3개월 연장도 가능하다. 3개월 무비자로 입국이 가능한 사람도 출국 날짜를 기준으로 여권의 유효기간이 3개월 이상 남아 있어야 하고, 한국으로 돌아갈 수 있는 항공권도 반드시 있어야 한다.

우리나라에서 약 11시간 걸려 뉴질랜드에 도착하면 가장 먼저 비행기에서 나와 입국 심사와 검역을 거쳐야 한다. 입국을 심사하는 뉴질랜드 세관New Zealand Customs Service을 통과하기 위해서 입국신고서Completing the passenger arrival card를 작성해야 한다. 다음은 반입 금지 물품이 있는지 체크하는 검역국Biosecurity New Zealand을 거쳐야 하는데, 이때 필요한 검역신고서에는 '예/아니오'로 체크하면 된다. 그런데 이때 가장 신경 쓰이는 질문이 음식물특히 소고기, 생선, 꿀 등과 흙, 목재, 씨앗 등인데 하나라도 있으면 신고를 해야 한다.

입국 심사와 검역을 통과했다면 교통편을 이용해야 공항을 벗어날 수 있다. 무엇보다 우리나라처럼 지하철이 없기 때문에 어디서부터 어떻게 해야 할지 고민이 된다. 숙박할 호텔이 있다면 호텔 버스가 공항에 나오기도 하지만 그렇지 않으면 길을 잘 모르기 때문에 택시를 이용할 수밖에 없다. 하지만 택시 요금이 조금 비싼 편임을 강조해 두고 싶다. 며칠 머문다면 렌터카를 이용하는 것도 한 방법이다. 하지만 뉴질랜드는 한국과 핸들 및 주행 방향이 반대이기 때문에 유의해야 한다. 숙소는 호텔이 좋겠지만, 경비를 절약하려면 모텔을 찾아보는 것도 흥미롭다. 뉴질랜드는 어디를 가나 모텔이 아주 깔끔하고 시설도 좋다. 모텔은 숙박비도 호텔보다 저렴하고 작은 부엌이 갖추어져 있으므로 내가 원하는 식사를 마음대로 해 먹을 수 있다는 이점이 있다. 다만 대부분 시내에서 조금 떨어진 지역에 있다는 것이 단점이다. 그러나 인터넷 등으로 미리 모텔 정보를 알고 오면 큰 어려움은 없으리라 생각된다.

영주를 목적으로 뉴질랜드에 입국하였다면 이민성에 가서 거주 비자Residence Visa를 신청해야 한다. 거주 비자의 종류는 일반기술General Skills 비자, 사업Business 및 장기사업Long Term Business 비자, 가족Family 및 가족초청Family Quota 비자 중에 하나를 선택해야 한다. 먼저 나이, 학력, 자격, 경력, 사업경험, 투자자금, 영어능력 등과 같은 조건에 따라 점수를 많이 주는 비자가 있기 때문에 충분히 검토한 후에 자신에게 맞는 비자를 신청해야 한다. 아무튼 뉴질랜드에서 영주 비자를 받으려면 영어 공부를 미리 해 오는 것이 중요하다.

 뉴질랜드 유학

비영어권인 우리나라 학생들은 영어 공부에 열정적이다. 한국 내의 영어 학교는 물론 영어권 나라로 영어 공부를 하기 위해 많이 떠나는 편이다. 만약 영어 공부를 하기 위하여 어디론가 떠난다면 뉴질랜드가 제격이라고 생각된다. 주요 영어권 나라 중 우선 체재비만 따져 보면 영국이 제일 비싸고 미국, 캐나다, 호주, 뉴질랜드 순으로 뉴질랜드가 가장 저렴하다. 이것은 현지의 생활 물가와 환율 차이 때문이다. 유학에 필요한 자료는 뉴질랜드 교육부나 뉴질랜드에듀케이션(New Zealand Education: newzealandeducated.com) 웹사이트에서 확인하는 것이 가장 바람직하다. 만약 유학하고자 하는 학교가 결정이 되었다면 정규 교육 기관인지 여부를 알려 주는 아포스티유 확인서(Apostille Certification)를 받아 보는 것이 중요하다.

뉴질랜드 약사(略史)

1000년 폴리네시아(하와이키)로부터 마오리 도착

1250~1300년경 본격적으로 마오리 도착 징후

1642년 네덜란드의 항해가 아벌 타스만 뉴질랜드 방문

1768~1779년까지 제임스 쿡 제1, 2, 3차 항해(하와이에서 사망)

1769년 제임스 쿡 뉴질랜드 도착

1773년 제임스 쿡 남극권 도달

1814년 새뮤얼마스든 선교사 시드니에서 베이오브아일랜즈에 도착

1826년 초기 뉴질랜드협회에서 니콜슨 항에 배 파견

1835년 스톤스토어(Stone store) 석조건물 건축

1836년 러셀에 교회(Christ Church) 신축

1839년 뉴질랜드 이민회사 소속의 배 1척(Tory) 니콜슨 항에 도착

1840년 와이탕이 조약 체결(12월에 수도를 오클랜드로 옮김)

1840년 영국인들이 본격적으로 뉴질랜드 도착

1841년 오클랜드에 마오리 족 2만 명 거주

1842년 러셀에 목조건물인 퐁팔리에(Pompallier) 선교관 건축

1843년 마오리 족과 유럽 인들 간의 간헐적인 전투 시작

1846년 뉴질랜드회사의 측량사 찰스 케틀에 의하여 더니든 도시계획

1847년 최초의 은행 오클랜드 저축은행(ASB) 설립

1848년 스코틀랜드 이주자들 더니든에 정착

1850년 TSB Bank 설립(Lloyds Banking Group)

1850년 캔터베리 협회가 크라이스트처치 건설

1850년 넬슨 대성당 완공

1850년 영국인 급증(마오리 인구 추월)

1854년 수도 오클랜드에 의사당 건축

1854년 첫 번째 국회의원 선거 실시(37명 선출)

1860년 제1차 타라나키 전쟁 발발(약 10년간)

1861년 오타고 일대에서 금광 발견

1861년 뉴질랜드 은행(BNZ)설립

1861년 웨스트팩(Westpac) 은행 설립

1862년 뉴질랜드 이민회사 사장 웨이크필드 웰링턴에서 사망

1864년 크라이스트처치 대성당 주춧돌 놓음

1865년 수도를 웰링턴으로 옮김

1865년 오스트리아 지리학자 율리우스 본 하스트 프란츠요제프 빙하 탐사

1869년 더니든의 오타고 대학교 설립

1871년 오클랜드 시(市)로 승격

1872년 인종 분쟁과 토지 쟁탈전으로 인한 전쟁이 끝남(마오리의 영국화)

1872년 뉴질랜드 국립은행(NBNZ) 설립

1873년 크라이스트처치의 캔터베리 대학교 설립

1877년 교육법 제정(무상 의무교육 실시)

1878년 크라이스트처치의 링컨 대학교 설립

1883년 오클랜드 대학교 설립

1887년 북섬 통가리로 국립공원 지정

1887년 영국인 측량사 프레드 메이스 와이토모 동굴 발견

1890년 총선거 실시(인구 50만 명)

1891년 사회보장제도 도입

1892년 노동조합 결성 및 토지 정책 실시(1996년까지)

1893년 세계 최초로 여성 참정권 허용

1895년 오클랜드 공과대학교(구 AUT) 설립

1895년 넬슨 수터미술관 건립

1896년 마오리 인구 4만 2000명까지 감소(발견 당시 10만 명)

1897년 웰링턴에 빅토리아 대학교 설립

1900년 북섬 에그몬트 국립공원 지정

1901년 밀퍼드 트랙 개발

1904년 중국인들이 키위 가져옴

1905년 캐서린 맨스필드 출생(1971년 사망)

1906년 어린이 건조분말우유 생산(Glaxo사 설립)

1907년 영국으로부터 자치국(Dominion) 지위 부여 받음

1908년 어니스트 러더포드 뉴질랜드 최초의 노벨상 수상

1910년 왕아누이에서 키위 열매 수확

1911년 첫 한국인 1사람 뉴질랜드 입국(미확인)

1912년 인구 100만 명 돌파

1915년 제1차 세계대전에 영국군의 일원으로 참전

1916년 제1회 안작데이 행사

1919년 여성에게 피선거권 부여

1919년 넬슨 코손연구소 건립

1927년 파머스턴노스의 매시 대학교 설립

1929년 남섬 아서스패스 국립공원 지정

1931년 웨스트민스터 법에 따라 자치정부 수립(인정은 1947년) 및 영연방 가입

1931년 라타나교 출신 후보가 국회의원에 당선

1932년 무역은행에서 임시지폐 제작

1933년 채텀 제도에서 모리오리 족의 마지막 후손 사망(멸종)

1933년 첫 여성 국회의원 당선

1934년 정식으로 지폐 제작 통용

1936년 마오리 인구 8만 2000명

1936년 노동당 집권 및 노동절(Labour day) 제정

1938년 사회보장법 제정

1939년 제2차 세계대전에 영국군의 일원으로 참전

1941년 태평양전쟁에 참전

1941년 케이프 레잉아 등대 준공

1945년 UN 가입

1947년 영국으로부터 독립

1949년 국민당 집권(Holland 총리)

1949년 대한민국 승인

1950년 한국전쟁에 육해군 참전

1951년 미국과 안전보장조약 체결(ANZUS)

1951년 양원제를 단원제로 변경

1951년 이승만 대통령 가평 전투에 참전한 뉴질랜드 부대 표창

1951년 콜롬보플랜으로 한국 유학생 뉴질랜드로 입국

1952년 과일 키워 영국으로 수출

1952년 뉴질랜드 인구 200만 명 돌파

1953년 힐러리 에베레스트 정복

1953년 한국은행 국고부장 한상원 씨 뉴질랜드 중앙은행 연수

1954년 밀퍼드의 호머 터널 개통(1935년 공사 시작)

1954년 동남아시아 집단안전보장기구(SEATO) 가입

1954년 한국 참전군 모두 철수

1955년 세계 최초로 빌 해밀턴 제트보트 개발

1958년 와이라케이 협곡에 지열발전소 건설

1958년 힐러리 남극점에 도달(1959년 남극조약 체결)

1959년 하버브리지 개통

1959년 동남아시아 조약기구(SEATO)에 가맹

1961년 재뉴 한인 52명(선원 42명 포함)

1962년 대한민국과 외교관계 수립

1962년 모리스 윌킨스 노벨생리학상, 의학상 수상

1962년 태국에 공병대(도로건설) 파병

1964년 와이카토 대학교 설립

1964년 베트남 전쟁에 군대 파견

1966년 인구조사에서 한국인 30여 명 확인

1966년 오클랜드 국제공항 개장

1967년 한·뉴 무역 및 경제기술 협력 체결

1968년 박정희 대통령 뉴질랜드 방문 및 홀리오크 총리 답방

1971년 주한 뉴질랜드대사관 개설

1971년 주뉴 한국대사관 개설

1971년 인구조사에서 한국 태생 총 129명

1972년 월남에서 철군

1973년 KOTRA 오클랜드 무역과 개설

1973년 뉴질랜드 인구 300만 명 돌파

1973년 컬러 TV 방영 시작

1974년 웰링턴에서 재뉴 한인회 결성(1991년까지 유지)

1974년 강춘희 초대 상주대사 신임장 제정

1976년 커닝햄(J. K. Cunningham) 초대 주한 뉴질랜드 상주대사 신임장 제정

1976년 마오리 인구 27만 6000명

1976년 한국전쟁 참전 용사 가평 지역 청소년들에게 장학금 지급

1976년 미터법 시행 및 부부재산법 통과

1977년 200마일 전관수역 선포

1977년 마오리 어 공식 언어로 지정

1979년 에어뉴질랜드 남극대륙 추락(257명 사망)

1980년 웰링턴의 랜드마크 비하이브(Beehive) 건축

1981년 국기보호법 통과

1982년 양 7000만 마리(국민 1인당 20마리)

1984년 웰링턴에 한인연합교회 창립

1985년 비핵화지대(Nuclear freezone) 선언

1986년 헌법 제정

1986년 테와히포우나무 유네스코 세계자연유산 지정

1986년 GST(부가가치세) 도입

1986년 교황 요한 바오로 2세 뉴질랜드 방문

1987년 오클랜드 대학에 한국어과 설치

1987년 남자 럭비 월드컵에서 우승

1987년 투자이민법 발효

1988년 오클랜드 한인교회 설립

1988년 서울올림픽에서 금 3개, 은 2개, 동 8개 획득

1989년 퀸스타운에서 번지점프 처음 시작

1990년 통가리로 유네스코 자연문화복합유산 지정

1990년 최초의 여성총독(Dame Catherine Tizard) 취임

1991년 오클랜드 한인회 출범

1991년 일반점수제로 한국인 이민 시작

1991년 걸프전 참전

1991년 KVA(Korea Voice of Auckland) 개국

1993년 대한항공 취항

1993년 한솔제지(한솔포렘) 1만 ha 조림지 조성

1994년 한-뉴 간 사증면제 협정 체결

1995년 세계요트대회(아메리카컵) 우승

1995년 워리어스(Warriors) 럭비 팀 등장

1995년 송파구-크라이스트처치 자매결연 협정

1995년 올블랙 럭비팀 세계 제패

1995년 루아페후 화산 폭발

1996년 뉴질랜드 인구 360만 명 돌파

1996년 주뉴 한국대사관 오클랜드 분관개설 및 국민은행 오클랜드 사무소 개설

1996년 부산시-오클랜드시 자매결연 협정체결

1996년 마오리 언어 라디오 방송인 루이아마이(ruia mai) 방송 시작

1997년 오클랜드 스카이타워 개관

1998년 여자 럭비 월드컵에서 우승

1998년 골드키위(Gold Kiwi) 탄생

1998년 남극바다 5개 도서 유네스코 세계자연유산 지정

1998년 한국과 뉴질랜드 워킹홀리데이 비자 협정 체결(1999년 협정 발효)

1999년 동(東)티모르사태 때 다국적군으로 군대 파견

1999년 제7차 APEC 정상회의 개최(오클랜드)

1999년 김대중 대통령 뉴질랜드 방문(APEC 회의)

2000년 세계요트대회(아메리카컵) 우승

2000년 앨런 맥디아미드 노벨 화학상 수상

2000년 주한 뉴질랜드 대학교 동문회 설립

2001년 영화 반지의 제왕(반지원정대 2001, 두개의 탑 2002, 왕의 귀환 2003) 개봉

2001년 북한과 외교관계 수립(서울 주재 대사 겸임)

2001년 한국전 참전 50주년 기념사업 일환 마오리 장관(Parekura Horomia) 방한

2002년 뉴질랜드 우체국 소속의 키위은행(Kiwibank) 설립

2003년 한국 해군순양함대 웰링턴 방문

2003년 재뉴 상공회의소 창립

2003년 뉴질랜드 인구 400만 명 돌파

2003년 헬렌 클라크 총리 방한

2004년 뉴질랜드 대법원 설립(최고사법권 영국으로부터 독립)

2004년 동굴 속에서 슈렉 양 발견(2011년 사망)

2004년 ONTRACK 철도회사 설립

2004년 반기문 외교장관 뉴질랜드 방문

2005년 오클랜드~웰링턴 야간열차(Northerner) 운행 중단

2006년 노무현 대통령 뉴질랜드 방문

2007년 뉴질랜드 한인사 발간

2008년 주한 뉴질랜드 상공회의소(키위상공회의소) 설립

2008년 박근혜 한나라당 대표 뉴질랜드 방문

2009년 이명박 대통령 뉴질랜드 방문

2010년 마오리텔레비전방송 전파 송출

2010년 크라이스트처치 지진(진도 7.1)

2011년 크라이스트처치 지진(진도 6.3) 및 대성당 첨탑 붕괴

2011년 마오리 인구 67만 3000명

2011년 럭비 월드컵(제7회) 우승

2011년 뉴질랜드 참전 용사 한국 방문 및 뉴질랜드 참전 부대 표창

2012년 통가리로 산 화산 분출

2013년 뉴질랜드 존 키(John Key) 총리 한국 방문

2013년 한국인 약 3만 527명 뉴질랜드 거주

2014년 한-뉴 FTA 타결

참고 자료

• 뉴질랜드한인회, 2007, 『뉴질랜드 한인사』, 뉴질랜드한인사편찬위원회.
• 박선영, 2008, 『뉴질랜드 100배 즐기기』, 랜덤하우스.
• 윤경철, 1999~2002, 『NZ 코리아타운』 126~204호.
• 윤경철, 2011, 『대단한 지구여행』, 푸른길.
• 피터 오틀리(정미훈 옮김), 2005, 『뉴질랜드』, 휘슬러.
• 한일수, 2011, 『먼 바다 건너 행복이 있다기에』, 한일수 박사 칼럼집.

• _____. 1990, *Jacaranda Social Studies Atlas for Aotearoa New Zealand*, Jacaranda Press.
• _____. 1998, *The Penguin Historical Atlas of the Pacific*, Penguin Books.
• _____. 2000, *Geographica's Family Atlas*, Random House.
• _____. 2001, *The Illustrated History of the World*, Oxford University Press.

• 갈리폴리와 안작(http://www.anzacsite.gov.au)
• 뉴질랜드 1차산업부(http://www.mpi.govt.nz)
• 뉴질랜드 관광청 한국어 버전(http://www.newzealand.com/kr)
• 뉴질랜드 교통부(http://www.nzta.govt.nz)
• 뉴질랜드 국립공원(http://www.doc.govt.nz)
• 뉴질랜드 굿데이뉴스(http://www.goodday.co.nz)
• 뉴질랜드 문화유산부(http://www.mch.govt.nz)
• 뉴질랜드 생활정보(http://www.newzealand.com)
• 뉴질랜드 선데이타임즈(http://www.sundaytimes.co.nz)
• 뉴질랜드 여행 정보(http://www.tourismnewzealand.com)
• 뉴질랜드 역사(http://www.nzhistory.net.nz)
• 뉴질랜드 인터시티 시외버스(http://www.intercity.co.nz)
• 뉴질랜드 정부(http://www.govt.nz)

- 뉴질랜드 정부 백과사전(http://www.teara.govt.nz/en)
- 뉴질랜드 통계청(http://www.stats.govt.nz)
- 대한민국 외교부(http://www.mofa.go.kr)
- 마오리 개발부(http://www.tpk.govt.nz/en)
- 마오리 예술 센터(http://www.maoriart.org.nz)
- 마오리 텔레비전(http://www.maoritelevision.com)
- 오클랜드 공항(http://www.aucklandairport.co.nz)
- 오클랜드 한인회(http://www.nzkorea.org)
- 위키피디아 백과사전(http://en.wikipedia.org)
- 주뉴질랜드 대한민국 대사관(http://nzl-wellington.mofa.go.kr)
- 주한 뉴질랜드 대사관(http://www.nzembassy.com/korea)
- 쿡 해협 페리(http://www.bluebridge.co.nz)
- 허영근 목사 블로그(http://blog.daum.net/hakuna-huh)

교양으로 읽는 뉴질랜드 이야기

대단한 뉴질랜드

초판 1쇄 발행 2015년 4월 22일
초판 2쇄 발행 2019년 11월 26일

지은이 윤경철

펴낸이 김선기
펴낸곳 (주)푸른길
출판등록 1996년 4월 12일 제16-1292호
주소 (08377) 서울시 구로구 디지털로 33길 48 대륭포스트타워 7차 1008호
전화 02-523-2907, 6942-9570~2
팩스 02-523-2951
이메일 purungilbook@naver.com
홈페이지 www.purungil.co.kr

ISBN 978-89-6291-281-4 03960